일제강점기 영남지역에서의 고적조사

일제강점기 영남지역에서의 고적조사

2013년 5월 25일 초판 1쇄 인쇄
2013년 5월 30일 초판 1쇄 발행

엮 은 이 | 영남고고학회
펴 낸 이 | 권혁재

펴 낸 곳 | 학연문화사
출판등록 | 1988년 2월 26일 제2-501호
주   소 | 서울시 금천구 가산동 371-28 우림라이온스밸리 B동 712호
전   화 | 02)2026-0541
팩   스 | 02)2026-0547
이 메 일 | hak7891@chol.com
홈페이지 | www.hakyoun.co.kr

ISBN 978-89-5508-312-5   93910

책값은 뒤 표지에 있습니다.
잘못된 책은 바꾸어 드립니다.

※ "이 책은 2012년도 영남고고학대회 정기학술대회 발표토론문을 엮은 것이다."

일제강점기 영남지역에서의 고적조사

영남고고학회

학연문화사

간 행 사

해방이 된지 60년이 넘었지만, 학계는 물론 오늘날 우리 사회는 여러 분야에 걸쳐 여전히 당시 상황을 충분하게 정리하지 못하고 있을 뿐만 아니라, 그 성과에 대한 평가에 대해서도 논란이 많습니다. 과거에 지나치게 매달리고 있는 것이 아니냐는 지적도 있지만, 그럼에도 불구하고 그동안 만족할만큼 정리되거나 극복되지 못하였기 때문에 여전히 논의될 수 밖에 없는 것이 지금의 실정인 것으로 생각됩니다. 그것은 잘 알다시피 대한민국이 앞만 보면서 너무 바빠 달려오면서 제대로 뒤를 돌아보지 못한 때문으로 생각됩니다. 이는 한국고고학계도 비슷한 상황이라고 하지 않을 수 없습니다. 물론 지금까지 각 시대 혹은 분야별로 일제강점기의 조사 연구 성과를 정리하고 비판적으로 검토한 사례가 없는 것은 아니었습니다만 학회 수준에서 이를 총체적이고도 집중적으로 다루지 못하였습니다.

일제강점기에 상대적으로 많은 조사가 이루어진 지역이 영남지역인 것은 다 아는 사실입니다. 5-6세기경 경주의 신라 고분을 비롯하여 고령, 창녕, 함안 등의 가야 고분은 물론 기원전 1천년기 전반의 대구 지석묘와 기원전 1세기경의 경주, 영천 등의 청동기 유물군과 같은 한국 고고학에서 이정표와 같은 유적 유물들도 사실은 일제강점기에 조사된 것입니다.

영남고고학회에서는 2012년 4월 제21회 학술발표회에서 지역 차원에서 처음으로 그러한 일제강점기의 고고학적 조사성과를 정리하고 재평가하는 자리를 마련하였습니다. 다른 분야도 그러하지만, 역사학이나 고고학은 항상 과거사에 대한 재해석은 물론이거니와 연구사 자체에 대해서도 끊임없이 재해석하고 나아가 재평가를 할 수 밖에 없습니다. 타민족 타국가에 의해 우리 민족과 국가가 연구조사된 일제 강점기의 경우는 더욱 그러합니다.

이러한 일제강점기의 고고학 조사를 주제로 영남고고학회의 어려운 재정상황에 별다른 보상없이 적극 발표하고 원고를 수정하여 지금의 발간에 이르게 한 정인성 선생을 비롯하여 이성주, 이기성, 함순섭, 김대환, 윤상덕, 김수환, 이주헌, 신종환, 이은석 여러 선생님께 깊은 감사의 말씀을 드립니다. 이 책의 발간은 우리 영남고고학회에서 영남고고학개설을 준비하고 있는 지금에 더욱 뜻이 깊다 하겠습니다. 아무쪼록 이 성과물이 영남지역은 물론 한국 전체 나아가 동아시아 고고학의 학문적 발전에 도움이 되길 희망합니다.

그리고 어려운 작업에도 노고를 아끼지 않으신 학연문화사 권혁재사장님과 관계자분들에게도 다시 한 번 감사를 드립니다.

2013. 5.
영남고고학회 회장 이청규

| 차례 |

간행사 _ 5

日帝强占期 考古學調査와 그 性格 • 李盛周 _ 9

일제강점기 영남지역의 선사시대 조사 • 이기성 _ 39

日帝强占期 鳥居龍藏의 慶州月城 및 大邱達城 調査에 대하여 • 咸舜燮 _ 65

일제강점기 조사된 경주 지역 적석목곽묘 • 김대환 _ 103

日帝强占期 慶州地域 橫穴式 石室墳 調査에 대하여 • 尹相悳 _ 121

일제강점기 창녕·양산지역의 고적조사 • 김수환 _ 167
-고적조사 5개년기의 고분 발굴을 중심으로-

일제강점기 진주·함안 지역의 고분조사법 검토 • 이주헌 _ 201

일제강점기 고령지역의 고고학적 조사와 그 영향 • 신종환 _ 239

일제 강점기 신라 도성 연구와 그 의의 • 이은석 _ 283

종합토론문 • 정인성 _ 311

日帝强占期 考古學調査와 그 性格

李 盛 周 慶北大學校

Ⅰ. 머리말

 한국에서의 근대적인 고고학은 일제강점기의 조사와 연구로부터 비롯되었다. 일제강점기의 고고학적 조사와 보고는 양적으로도 상당한 수준에 달하여 해방 이후 꽤 오랫동안 한국고고학 연구의 기본 자료가 되어왔다. 특히 남한에서는 해방 이후 상당기간 고고학적 활동이 침체기에 빠져 있었기에 일제 강점기의 조사성과는 1980년대까지도 연구 자료로서 절대적인 비중을 차지해 왔다. 일제강점기의 고고학이 한국고고학에 준 영향은 보고서류가 연구 자료로서 활용되어 왔다는 점에 그치지는 않을 것이다. 당시 일본고고학의 개념과 용어들, 그리고 선사 및 고대의 사회문화 변동에 대한 해석의 관점, 고고학적 문화에 대한 이해의 방식에서도 그 영향력을 가벼이 볼 수 없다.

 해방 이후 오랫동안 일제강점기의 조사 성과가 연구 자료로서 활용되어 온 가운데에도 그에 대한 비판적인 검토가 없었다는 사실은 오히려 흥미롭다. 1990년대 이전까지 적어도 남한의 고고학계에서는 일제강점기의 조사활동과 그로부터 나온 담론들을 분석하고 비판적으로 평가한 연구를 찾아보기가 어렵다. 단편적인 언급도 인접 역사학계에서 진행시켜 온 식민사관의 논의를 피상적으로 인용하는 수준을 넘어서는 일이 없었다. 1990년대 들어서도 일제강점기의 고고학적 담론을 분석한 연구는 매우 한정되어 있었을 뿐이다(申淑靜 1993, 1994 ; 李盛周 1995). 고고학 이외의 분야에서 오히려 일제강점기의 문화재에 대한 그릇된 처우와 정책적 조사의 문제점을 지적한 연구사례가 있을 뿐이다(이구열 1996 ; 吳世卓 1996). 일제강점기 일본인의 조사 성과를 연구 자료로서는 활용하되 그들의 식민주의적 담론은 적극 분석하고 비판하고자 했던 인류학 · 민속학계와 비교하면 1990년대까지도 고고학계는 비판적 평가에 매우 미온적인 입장을 취해 온 셈이다.

2000년대에 접어들면서 고고학사 연구에 대한 학계의 관심이 증대되면서 일제강점기의 고고학적 조사활동에 대한 연구도 본격화되고 짧은 기간 동안 비교적 많은 성과들이 제출되었다(국성하 2004 ; 李基星 2005, 2009, 2010a·b ; 鄭仁盛 2006, 2009 ,2010 ; 차순철 2006 ; 姜仁旭 2008, 2010 ; 李順子 2009 ; 金龍星 2010 ; 천선행 2010 ; 咸舜燮 1996, 2011). 최근 李順子(2009)의 『일제강점기 고적조사사업 연구』와 같이 당시 중앙과 지방의 官製 組織을 통해 이루어진 고고학 조사활동을 집성하고 체계화한 연구 성과가 출간되기도 하였다. 이번 영남고고학회가 마련한 논의의 장은 영남지역, 즉 신라·가야 고분군이 밀집된 지역을 중심으로 일제강점기 고고학 조사를 집중 검토하고자 한데서 특별한 기획이라 할 수 있으며 여러모로 의미가 크다.

이 책의 다른 연구논문들은 일제강점기 동안 영남지역에서 이루어진 고고학적 조사와 연구들을 분야별로 세밀히 분석하고 검토하게 될 것이다. 따라서 이 글에서는 개별 조사·연구 사례들을 세부적으로 검토하는 일은 가급적 피하고자 한다. 여기서는 첫째, 일제강점기의 고고학적 조사와 연구를 분석하고 검토하는 작업이 오늘날, 그리고 우리 고고학 연구에 어떤 의미가 있는가 하는 문제에 대해 의견을 개진해 보고자 한다. 흔히 서구, 혹은 제1세계의 문화적 헤게모니에 저항할 것인가 어쩔 것인가를 놓고 고민하기에 이른 탈식민주의의 시대에 오늘날의 고고학계는 식민지 고고학뿐만 아니라 식민지에 관한 고고학의 연구를 중요한 주제로 선언해 놓고 있다. 이러한 시점에 식민지고고학에 대해 우리가 왜, 그리고 어떻게 논의할 것인가 하는 문제는 피할 수 없는 연구과제라고 생각된다.

둘째로는 해방 이후 남북한, 그리고 일본의 고고학계가 일제강점기의 고고학을 어떻게 검토하여 왔는가에 대해 논의할 필요가 있을 것 같다. 해방 직후부터 식민지시대 고고학을 적극적으로 비판하고 고고학 조사와 연구의 행태를 새롭게 정립하면서 이를 실천하고자 했던 것은 북한학계이다. 물론 뒤에 북한의 고고학이 학문 그 자체의 평가 기준을 상실한 채, 黨이 강요하는 극단적인 民族主義 혹은 國粹主義的 해석만을 반복하게 되는 모습을 보이지만 초창기의 학문적 활동은 나름대로 일본 식민주의 고고학의 대안으로 보아도 좋을 듯하다. 일본학계에서도 전후에 결성된 '考古學研究會'를 중심으로 제국주의 시대의 고고학을 반성하고 대안을 모색하는 노력이 역력했다. 한국고고학에 대한 것이 아니라 그들 자신의 학사적 입장 정리였지만 이는 일본고고학의 연구사에서 매우 중요한 발전이었던 것으로 평가된다. 이에 비하면 남한 학계에서는 1980년대까지도 식민지 고고학에 대한 비판적 분석과 평가를 전혀 찾아볼 수 없었다. 1970년대 초, 西川宏이 한국고고학계에서도 극복해야 할 제국주의 고고학의 담론을 지적해 준 바(西川宏 1970a·c)도 있지만 이에 대한 반응은 없었다. 남한 학계에서는 2000년대 들어와서야 일제강점기의 고고학사에 대한 논의가 본격화된다. 우리 고고학의 현실에서 일제강점기의 잔재를 걷어 내려는 노력이 부족하기는 하지만 2000년대 제출된 일제강점기 고고학사의 다양한 시각과 주제들은 몇 가지로 유형화가 가능하기에 이를 기초로 제 연구들의 핵심적인 논점이 무엇인가를 파악해 보고자 한다.

셋째로는 일제강점기의 고고학 그 자체에서 가장 문제시 될 수 있는 것은 무엇인가? 하는 것을 검토해 보고자 한다. 사실 세계 고고학계는 제국주의 시대 이루어진 고고학적 조사와 식민지 물질문화에 대한 해석의 문제점을 다양한 관점에서 비판해 왔다. 그리고 앞서 말한 것처럼 해방 이후 남북한의 학계와 일본학계에서도 일제강점기의 고고학에 대해 논의해 왔고 무엇이 문제인지에 대해서는 다양한 지적이 있었다. 그럼에도 우리 학계에서 문제가 되고 더 논의가 필요한 것이 있다면 그것은 어쩌면 지금까지도 우리가 벗겨내지 못한, 극복하지 못한 식민지적 의식의 잔재가 있기 때문이 아닐까 하는 생각을 가지고 이 문제에 접근하고자 한다.

Ⅱ. 植民地와 植民地時代의 考古學

1. 전후 세계의 재편과 탈식민주의

2차 세계대전의 종전과 함께 한국은 해방을 맞이하고 일제강점기에서 벗어났다. 우리만 그러했던 것이 아니라 2차 대전의 종식과 함께 식민지배체제하에 있던 많은 민족들이 독립하게 된다. 그러면서 일부의 민족국가가 다른(여러) 민족을 지배했던 식민지시대가 종식된 것이다. 그러나 하나의 민족이 하나의 국가를 이루지 못해 생기는 감정적인 대립을 포함하여 불편한 문제들이 완전히 해소된 것은 아니다. 민족의 수보다 국가의 수가 적기 때문에 스스로 국가라고 할 수 있는 것을 가지지 못한 문화적 동질집단은 자신의 권리를 침해당하고 힘겨워하고 있다(Gellner 이한우 역 2009). 우선 그처럼 고통스러워하는 집단 중에는 새로 독립한 민족국가 내에 포괄된 소수민족이 있다. 그리고 또 하나의 집단으로 먼 과거로 거슬러 올라가 16세기 서구의 팽창 초기부터 땅을 빼앗기고 내몰리기 시작한 신대륙의 원주민들이 있다. 이들은 작게라도 국가를 구성해보지 못했으며 유럽으로부터 독립한 백인국가 내에 소수로 잔존하는 인종집단들이 되었다.

지배적인 것과 그에 대한 저항은 정치적 독립 여부에 한정되는 것은 결코 아닙니다. 식민지시대, 혹은 어쩌면 그리스-로마 시대에 기원하는 서구의 문화적, 이론적 헤게모니는 제3세계의 저항적 대안을 모색하게 하였다. 탈식민주의로 번역되는 포스트콜로니얼리즘 시대의 개념에는 역사적으로 식민지시대를 벗어났다는 의미가 담겨 있다고 보아도 좋다. 그러나 탈식민주의의 선언은 서구중심주의의 편견과 그에 뿌리를 둔 지배적인 담론들이 헤게모니를 쥐고 있는 현실, 즉 식민지시대의 차별과 억압이 여전히 현재 진행형이라는 인식에 기초하고 있다(고부응 2003 ; 이경원 2003).

2. 西歐中心主義의 반성과 지역토착의 고고학

20세기 전 기간 동안, 서구, 혹은 유럽중심주의의 확산이 진행되는 가운데 중반 이후부터는 그에 대한 반성과 대안의 모색이 이어졌다. 세기말에 시작된 (세계)고고학계의 움직임 하나를 예로 들어보자. 가속화되어 가는 세계화의 진행을 보면서 1986년 9월 영국 사우드햄턴에서 개최된 세계 고고학 대회에서는 70여 개국 850명의 연구자가 발표한 성과가 『한 세계의 고고학One World Archaeology』라는 제목으로 20권의 연작물로 출간되었다. 적어도 그 중 4권은 서구중심주의 과학과 이념에 대한 철저한 비판과 새로운 방식의 고고학적 대화를 찾아보자는 주제로 편집되어 있다.

이 고고학대회에 제출된 탈식민주의 고고학과 관련된 주제는 크게 두 가지로 나뉜다. 첫째로는 식민지시대에 유럽중심주의로 왜곡된 과거의 재평가와 과거와 현재에 걸친 고고학 지식과 권력의 관계를 해부했던 연구들이다(Miller, D., M. Rowlands and C. Tilley 1989 ; Gathercole, P. and D. Lowenthal 1990). 그리고 두 번째 주제는 서구의 과학이라는 이론과 방법론으로만 해석되어왔던 세계 여러 지역의 과거는 객관적인 지식이 아니며 객관화 시킬 수 있는 성질이 아니라는 점을 인정하는데서 출발한다. 그것은 서구문화의 가치관이 투영되고 서구인이 과거를 탐구하는 특유의 관심과 방법으로 구축해 낸 지식일 뿐이라는 것이다.

서구인들이 다루는 세계 각지의 과거는 그들이 구축해 온 것이 아니며 그들 스스로도 자신들의 과거 아니라는 점은 깊이 생각해보지 않아도 알 수 있는 일이다. 서구인들이 독점적으로 조사하고 연구해 왔던 세계 여러 지역의 과거는 지역 토착인들의 것이다. 서구인들이 과학이라는 이름으로 그것을 객관적 자료라는 입장에서 연구를 독점하거나 서구과학의 해석이 우월하다고 강변해서는 안되는 일이다. 그 지역의 과거는 일차적으로 그 지역 토착인들에게 권리와 책임이 있다고 본다. 오늘날 글로벌화 된 세계의 고고학이 정당성을 가지려면 지역토착의 지식과 토착민의 주장과 요구가 수용되어야 한다. 서구의 과학적 고고학에 대한 비판으로부터 출발하여 21세기 고고학의 정당성을 확보하기 위해서는 실천적 차원에서 지역토착의 고고학을 어떻게 진행시킬 것인가 하는 문제가 핵심적인 논의의 대상이 될 수밖에 없다(Layton 1989a · b). 사실 한 세계의 고고학이 거듭되면서 1986년 대회부터 제기된 지역토착 고고학의 문제는 반복되는 주제로 다루어졌고 특히 과학적 연구자료로 거두어들였던 지역토착민의 물질적 과거를 되돌려주고 복구해주려는 실천적 노력까지 담고 있다(Fforde, et. al.(eds) 2002 ; Smith and Wobst(eds) 2005).

3. 식민지의 고고학

지금까지의 논의는 식민지시대와 그 이후의 서구중심주의에 뿌리를 둔 과학으로서의 고고학에 대한 반성과 그 대안의 모색에 대해서였다. 그런데 지금 말하는 '植民地의 考古學'이란 지난 오랜 역사를 거쳐 전 세계에 나타났던 식민현상을 고고학적으로 어떻게 이해할 것인가 하는 연구의 장르이다. 사실 식민주의colonialism란 말을 언급하면, 18·19세기, 어쩌면 20세기 전반에 걸친 시대에 세계가 겪은 결코 정당화 할 수 없는 역사적 경험이 우선 떠올려진다. 그렇기 때문에 다른 시대의 현상에 대해서 식민지, 혹은 식민주의라는 용어를 쉽게 적용하지 않는 것이 보통이었다. 특히 고고학은 더욱 그러했던 것으로 보인다. 현대로 넘어오는 과정에서 식민지를 경험한 우리 자신으로서도 樂浪의 設置와 같은 역사적인 현상을 식민지라고 부르는 것을 극도로 꺼려왔다.

그러나 메소포타미아의 국가들에 의해 문명지역 주변에 설치된 자원획득을 위한 거점을 생각해 보자. 페니키아, 그리스 도시국가가 지중해 연안에 설치한 식민도시라든가 로마가 온대유럽으로 진출하면서 구축되는 로마의 성채와 읍락, 그리고 안데스 문명의 팽창으로 설치된 잉카의 도시들에서는 본토로부터 이주한 주민들과 토착민들의 접촉이 시작된다. 물론 이러한 사례들 중에는 근대 산업사회의 식민지처럼 반드시 지배와 피지배의 관계가 성립되지 아니한 경우도 있고 경제적 착취가 뒤따르지 않기도 하지만 이들을 식민현상으로 보는 것이 옳다는 입장이 1990년대 이후 식민지의 고고학을 매우 비중 있는 연구 분야로 이끌고 있다. 사실 식민현상은 사회문화변동의 중요한 동인이면서 변동의 역사적 설명에 의미있는 맥락을 구성해 준다고 본다.

식민 현상은 본토로부터 떨어진 지역에 주민이 이주하고 그곳에서 토착인과 상호작용하게 되는 과정이다. 고대로부터 확인되는 이러한 현상을 식민지화로 간주하고 접근하는 연구관점은 세계체계론이나 중심지-주변의 상호작용 모델의 약점을 극복하고자 등장했다고 말하기도 한다(Gosden 2004: 7-23). 한편 메소포타미아 지역의 연구자인 스타인은 식민현상, 혹은 식민 접촉colonial encounter을 지역적 상호작용의 과정으로 이해하려 하면서(Stein 2002, 2005) 중립적인 이론을 추구하는 듯 보인다. 하지만 용어상으로도 식민주의colonialism는 제국주의imperialism와 대칭을 이루고 어느 시기와 지역에서도 식민자the colonizer와 식민지주민the colonized의 구분으로 인해 식민화colonization 그 자체에는 복잡한 이념적인 입장이 뒤섞일 수밖에 없다. 이러한 이념의 형성과 그것이 물질문화에 어떻게 표현되는가에 각별한 관심을 가진 연구자는 디틀러이다. 그래서 그는 프랑스 남부 지중해 연안의 그리스 식민도시들을 연구대상으로 삼아 유럽중심주의는 근대세계의 형성과 함께 유럽이 세계의 나머지 지역을 식민지화 하면서 등장한 것이 아니라 고대 그리스-로마의 식민지 개척으로부터 기원한다고 주장했던(Dietler 2010) 것이다.

4. 탈식민주의와 일제강점기 고고학

지금까지 18-20세기 전반의 역사를 겪은 세계가 현재의 시점에서 앞으로의 고고학이 어떠해야 하는가 하는 논의에 대해 간략히 살폈다. 편의상 그 목표가 유럽중심주의의 해체, 지역토착고고학의 실현, 그리고 과거 식민현상에 대한 이론적인 설명 등으로 나누어 이해할 수 있을 것 같다. 이러한 논의가 이루어진 계기는 탈구조주의나 탈식민지이론과 같은 외부의 영향도 있겠지만 고고학이란 학문 내적인 전개에서도 찾을 수 있다. 이제 많은 고고학자들은 자신들의 학문이 엄격한 실증주의 경험과학이어야만 한다고 생각하지 않는다. 실증주의 논증절차, 기능주의-체계이론, 그리고 물질적 진화주의를 객관적 이론과 방법론으로 절대시할 수 없다는 점을 인정한다. 그러면서 고고학이 '다양한 목소리'에 귀를 기울여야 한다는 탈과정주의의 주장도 지역토착고고학의 실현에 중요한 역할을 했다. 어쩌면 식민지의 고고학은 유럽중심주의나 실증주의 과학의 해체와는 관련이 없는 것처럼 보일 수도 있다. 말하자면 광역에 걸친 지역-간 상호작용의 문제를 다루다가 새로운 개념으로서, 혹은 이론적 방향으로서 제안되었다고 볼 수도 있다는 것이다. 그러나 과거 식민현상을 물질문화의 변이를 통해 설명하는데 있어서는 지식과 권력관계에 대한 푸코식의 탈식민주의 이론이 중요한 해석의 틀이 된다.

탈식민주의의 관점에서 본 문화적 지배와 저항이라는 것은 西歐와 非西歐의 대립으로 우선 정리되기 마련이다. 그러나 동북아와 같은 지역이 그러하겠으나 국지적으로는 그와는 다른 대립의 구도가 있을 것이다. 과거에는 脫亞를 부르짖으며 다른 아시아 민족을 차별화 했던 일본이 있었고 미래에는 엄청난 인구를 지닌 중국과 인도의 경제성장이 서구를 포함한 세계 문화 권력의 향방을 가늠키 어렵게 만들고 있다. 그러나 어떤 현실에서도 문화적, 혹은 이론적 헤게모니와 그에 대한 저항의 구도는 잠재적인 상태로 될 수는 있을지 몰라도 쉽게 역사에서 제거되기는 어려울 것이다.

우리는 해방과 함께 일본의 식민지 정치와 경제의 체제, 그리고 식민지 교육과정에서 벗어났다. 그들이 이 땅에 배치시켜 놓은 문화경관들을 걷어내고 식민지인으로 살면서 체득하게 된 의식까지도 청산하고자 했다. 해방이 되고 약 70여년의 시간이 흘렀다. 한일강제병합 100년이 되는 2010년, 고고학계에서는 그런 움직임이 없었지만 인문학 분야의 여러 학계에서는 식민지시대의 학문적

인식체계에 대한 비판적 논의들을 모아 학회를 열었다. 이처럼 일제강점기의 인문학적 조사와 연구를 재검토하는 목적은 무엇이며 그 논의의 방향은 어디에 두어야 하는가? 첫째로는 일제강점기에 역사학과 미술사학, 인류민속학 그리고 고고학 등의 분야에서 구축해 놓은 해석과 인식체계가 우리에게 내면화된 상태와 같이 여전히 남아 있는 것이 있기 때문일 것이다. 둘째로는 탈식민지시대, 즉 문화적 헤게모니가 끊임없이 전이하는 시대에 우리는 일제강점기의 인문학적 조사연구 성과와 해석을 새로운 관점에서 검토해야 하기 때문이다. 셋째로는 고고학의 문제에 국한된 것이기는 하지만 이제는 일제강점기의 고고학을 고고학하는 데에서 그치는 것이 아니라 일제강점기의 물질문화 그 자체를 고고학해야 한다는 이중적인 목표를 향해야 하기 때문이다.

Ⅲ. 日帝强占期 考古學에 대한 批判과 學史的 接近

1. 唯物史觀에 의한 제국주의 고고학 비판

2차 대전 이후 일제강점기의 고고학적 활동에 대한 철저한 비판과 평가는 북한의 고고학계에 의해 이루어졌다. 다분히 감정적인 어투로 거칠게 비판하는 서술방식이 물론 문제이기는 했지만 고고학이란 학문의 성격에 대한 이해의 측면에서나 학문 활동의 실천적인 측면에 있어서도 50년대와 60년대 전반의 북한학계는 일제강점기의 고고학을 진지하게 극복해 가는 모습을 보여주었다.

이러한 북한학계의 비판을 學問 外的인 것에 대해서 (사례의 분석 없이) 비판한 것이라고 의미를 축소하는 견해(早乙女雅博 2010)도 있다. 그러나 한국전쟁으로 피폐해진 상황에서도 선사시대 유적의 구제발굴과 보고에서 보여준 학문적 실천과 엄밀한 역사과학적 해석의 틀에 고고학 연구를 정초시키려는 노력은 일제강점기의 고고학에 대한 비판에 그친 것이 아니라 그것을 넘어서려는 시도였다(李進熙 1959 ; 고고학 및 민속학연구소 1960 ; 도유호 1960). 물론 당시 북한 학계가 사례를 분석해가면서 일제강점기의 고고학사를 서술하지는 않았다. 당시 다른 나라의 사회주의 과학자들이 그러하였듯이 북한 학계는 일제강점기의 고고학을 학사적으로 연구하는데 관심이 없었을 뿐만 아니라 그러한 작업를 통해 일제강점기의 고고학과 자신들의 고고학을 연결시킬 필요성도 느끼지 못했기 때문에 연구사 자체를 쓰지 않았던 것으로 여겨진다. 하지만 해방 이후 북한 고고학계의 노력은 말로만 하는 비판은 아니었으며 고고학의 실천과 해석에서 일제강점기 고고학을 구체적으로 극복해나는 모습을 보여주었다고 생각된다. 물론 북한 학계도 일제강점기처럼 고고학적 활동과 성과를 정치적 선전에 활용한 측면은 비판적 평가가 필요한 부분이며 이러한 학문 활동과 그 성과의 왜곡된 활용은 시간이 지남에 따라 더욱 심각한 모습을 보이게 되는 것도 사실이다.

  1950년대와 60년대의 일본학계에서는 식민지시대의 고고학을 비판적으로 검토하는 연구보다는 당시 식민지 한국에 와서 조사를 했던 인물들에 의한 이른 바 회고록과 한국고고학 개설서(藤田亮策 1958)의 간행이 간간히 이루어지는 정도였다. 회고록 속에서는 식민지고고학을 반성했다거나 비판했던 논조는 찾아볼 수 없고 아쉬움이나 변명을 표했던 내용이 주를 이룬다(藤田亮策 1951, 1952 ; 梅原末治 1969). 1970년에 접어들 즈음, 일제강점기 한국에서 이루어진 고고학적인 조사와 연구를 제도, 이념, 그리고 실천적인 측면에서 철저한 비판을 진행시킨 연구(西川宏 1968, 1970a · b · c)가 제출된다.

西川宏은 일련의 논문을 통해 당시의 고고학적 조사를 무단적 정치기구 안에서 조직적으로 이루어진 사업이었다고 전제하고 그럼으로써 고고학 연구의 방법이나 해석이 학술적인 모색 그 자체에서 멀어져 갔음을 명석하게 지적하였다. 「日本帝國主義下에 있어서 朝鮮考古學의 形成」이라는 논문의 결론에서 그는 "일본제국주의가 패배한 이후에도 지금까지 조선고고학 연구자들은 그러한 학문적 태도를 심각하게 반성한 적이 없으며 외부로부터의 비판도 충분하지 않았다."고 지적하였다. 외부적인 비판(북한 학계)은 어느 정도 있었지만 내부적인 반성(일본 학계)이 극히 적다는데 불만을 표현한 것이다. 이처럼 제국주의 고고학에 문제제기의 필요성을 느끼지 못하는 자세를 "학문과 현실을 분리하는 것, 즉 주관적 중립주의와 사료조작의 실증주의에 의해서 지탱되어 온 것, (그것이 바로) 관학아카데미즘의 역사적 성격"이었다고 西川宏은 강조했다.

그러나 사실은 그와 같은 자세야말로 일제강점기의 고고학에 대해 시종 무비판의 입장을 견지해 온 남한 학계의 태도가 아니었던가 하는 생각이 든다. 물론 고고학은 다른 학문과는 달리 발굴이라는 자료수집의 절차가 재정적, 제도적 뒷받침 없이는 학문적인 진전이 불가능하다. 당 주도로 유적 발굴조사와 보고를 진행시켜 온 해방직후의 북한 학계에 비하면 자본주의 경제가 미약한 수준에 머물렀던 남한 학계의 고고학적 실천은 상대적으로 위축될 수밖에 없었을 것이다. 그래서 한국고고학개설 초판 서문에는 "더구나 1945년까지는 일본인들만이 한국고고학의 실무를 독점하고 있었기 때문에 아직까지도 과거 일본인학자들에 의해 세워진 학설이나 가설이 뿌리 깊게 남아 있을 뿐 아니라, 오히려 그들의 입설 위에서 때로는 헤매게 되는 것이다. 물론 해방 이후로 새로운 유적·유물이 많이 발견되었고, 그에 입각한 신학설이 나오게 된 부분도 적지 않으나...... 前後 15년이란 기간은 ....너무 짧은 시간이었으며..." 라고 적고 있는 것이다.

  그러나 필자는 이러한 현실적인 사정이 문제의 본질은 아니며 실은 연구자가 지녔던 과학관에서 문제를 찾아야 한다고 본다(李盛周 1990: 640). 그러한 학문관을 갖게 되고 그래서 일제강점기 고고학을 비판하지 못했던 것은 어쩌면 사유형식의 빈곤에 있었다고 보는 것이 옳지 않을까 한다. 즉 우리의 현대사가 식민체제에서 군사독재 하의 분단체제로 이행하면서 제국주의 고고학을 비판적으로 평가해 볼 수 있는 사유의 기초가 허용되지 않았던 이유가 더 컸다는 것이다(李盛周 1995). 오히려 일제강점기의 제국주의 고고학자들과 같은 관점에서 입장만 달리하여 당시의 고고학을 민족주의적으로 비판을 한다면 그것은 설득력을 가지기 어려운 것이다. 和島誠一이나 西川宏의 제국주의 고고학 비판이 그러했듯 마르크스주의는 비판적 사유의 토대였다. 하지만 남한에서는 분단체재의 군사독재 하에서 오랫동안 그러한 사유가 불가능했고 정치적 민주화의 덕택으로 비로써 자민족중심주의가 아닌 비판의 도구를 가질 수 있게 된 것은 아닌가 하는 생각도 해 보는 것이다. 일제강점기의 제국주의 고고학을 또 다른 자민족중심주의로 평가하는 것은 입장만 바꾼 비판이지 그것을 의미 있다고 할 수는 없다. 식민체제는 해체되었지만 연구자의 사유를 긴박했던 분단체제 하에서 민족주의의 대안을 찾기는 어려웠던 것으로 보고자 한다.

2. 학사적 논의의 제 관점

  일제강점기의 고고학을 학사적으로 검토하기 시작 한 것은 1990년대부터라고 할 수 있다. 고고학사라고 하면 고고학적 실천과 해석의 역사일 것이다. 고고학적 조사·연구 활동과 고고학 자료의 분석과 해석이 학문 그 자체의 객관적·중립적인 문제제기와 연구절차에 따라 수행되는 것만은 아니라는 점에 대해 대부분의 고고학자는 동의한다. 사회적 조건이나 정치적인 이념, 혹은 학자 사회의 세계관 등에 의해 고고학적인 활동과 해석이 큰 영향을 받는다는 점에 의문을 제기하지 않는다. 특히 고고학 자료는 문화재 보호라고 하는 법제적 틀에 얽혀 있거나 그 처리에 있어 사회적 합의가 필요한 경우가 많고, 그 수집과정에 나름대로 비용이 많이 드는 발굴이라는 절차에 의존한다. 이러한 점을 생각하면 고고학은 자료수집과정에서 이미 제도나 관행에 큰 제약을 받는다는 사실을 알 수 있게 된다.

해방 직후 북한 학계나 80년대까지 남한의 역사학계나 고고학계에서는 일제강점기의 고고학에 대해 크게 세 가지 측면에서 문제점을 지적하였다. 첫째는 일제의 관학자들이 식민지 지역의 문화재이기 때문에 함부로 조사했고 발굴의 기본적인 절차도 무시했다는 점이다. 둘째는 거의 모든 고고학조사를 총독부가 주관하였고 관학자들이 실행에 옮겼으므로 모든 발굴 및 고고학적 자료수집이 정책적으로 이루어졌다는 점이다. 그래서 예컨대 임나일본부설을 입증하기 위해 가야고분 발굴하고 漢의 植民地임을 강조하기 위해 낙랑고분을 집중적으로 발굴했다는 것이다. 셋째로는 금석병용기라는 시대 설정처럼 당시의 고고학자들이 식민사관에 기초하여 고고학 자료를 편향되게 분석하고 객관적 사실을 놓고서도 그 해석을 왜곡하고 부정적으로 개념화 했다는 점이다. 세 번째의 비판은 좀 더 숙고할 필요성이 있지만 대체로 세 가지 문제점을 지적한 것은 타당한 비판으로 이해된다. 그러나 이러한 관점이 1980년대부터 등장하여 90년대 초까지 구체적인 논의나 다양한 관점의 모색이 결여된 채 비판적 담론으로 재생산되어 왔다는 점은 문제로 지적되지 않을 수 없다.

최근 20년 여 간에 걸쳐 이루어진 일제강점기 고고학사는 기존의 비판적인 시각의 연장선에서 세부적인 사례를 분석하기도 하지만 연구사의 관점이 훨씬 다양화되었다는 점도 주목할 만하다. 논증이 뒷받침되지 않은 비판이 아니라 당시의 자료를 면밀히 검토한다는 점에서 학사적 연구가 본격화된 것이라고 말할 수 있다. 단일한 평가의 기준이나 하나의 연구사적 관점에 따라 일제강점기의 고고학사를 서술한 연구는 적은 편이다. 대부분의 연구에서 학사적 검토를 통해 드러내고자 하는 일제강점기 고고학의 성격은 복합적이라 할 수 있으므로 각각의 연구들을 관점에 따라 일별해 보는 일은 사실 불가능하다. 하지만 일제강점기의 고고학에 대한 연구의 관점들을 구분해서 살핀다면 여섯 가지 정도 뽑아 볼 수 있을 것 같다.

첫째는, 일제강점기에 이루어진 발굴조사의 절차와 방법을 보고서를 통해 분석해 봄으로서 조사자의 고고학 자료에 대한 인식을 가늠하고 당시 조사성과물을 어떻게 받아들이고 활용해야 하는지를 판단해 보는 작업이다(李熙濬 1987, 1990 ; 李柱憲 1996 ; 鄭仁盛 2006 ; 吉井秀夫 2006 ; 金龍星 2010). 엄밀한 재발굴을 통한 유구해석의 타당성을 검증하고(李熙濬 1987), 유적의 형성과정에 대한 의식, 그리고 고고학 자료에 대한 연구자로서의 태도(鄭仁盛 2006 ; 金龍星 2010) 등을 드러내고자 하는 연구이다.

둘째로는 문화재 조사정책의 목적과 그 변화, 그리고 고고학적 발굴조사 주체의 성격, 그리고 문화재 보호정책의 문제 등에 대한 검토이다(吳世卓 1996 ; 국성하 2004 ; 차순철 2006 ; 姜仁旭 2008 ; 李順子 2009 ; 李基星 2009 ; 鄭仁盛 2010).

셋째로는, 당시의 고고학적 조사가 식민사관을 뒷받침하여 식민지배를 정당화 하고 동화이데올로기 조작해내기 위한 고고학적 사실의 생산에 초점을 맞추었는가 하는 문제를 검토한 연구가 있다(국성하 2004 ; 李順子 2009 ; 최석영 2012: 282-311).

넷째로는 일제강점기 고고학자의 한국 선사시대에 대한 인식체계가 어떤 것인지에 대한 검토이다. 특히 이러한 관점에서 일제강점기의 연구를 살핀 경우에는 당시의 고고학자들이 과연 식민사관을 정당화하기 위해 고고학적 사실을 의도적인 왜곡했는가 하는 문제에 대해 깊이 있게 검토하기도 했다(신숙정 1993, 1994 ; 강인욱 2010 ; 李基星 2010a · b).

다섯째로, 최근 새로운 자료의 발굴과 분석을 통해 특히 평양일원의 낙랑고분과 경주일원의 신라고분을 둘러싸고 표출되는 고고학자, 문화재 관리자, 골동상인, 향토사학자, 그리고 지역의 관리들 사이에 엮여지는 다양한 이해관계와 한국인과 일본인, 고 · 하위관리와 일반인, 그리고 전문가와 아마추어 등 중층적인 권력관계와 최종적인 의사결정과정 등에 대한 분석적인 연구검토들이 있다(吉井秀夫 2006: 29-38 ; 李順子 2009: 377-492 ; 鄭仁盛 2009, 2010 ; 咸舜燮 2011).

여섯째로는 일제강점기의 고고학적 조사활동과 해석 그 자체를 이해하는 것도 중요하지만 그것이 해방 이후 한국고고학의 연구 관점이나 방법론과 관련하여 비판적으로 보아야 할 것이 있는가 하는 점을 검토한 연구가 있다. 이러한 연구는 해방 이후까지 영향력을 행사하고 있는 제국주의 고고학적 요소, 바꾸어 말하면 우리가 청산하지 못한 그 무엇을 파악하고 그것을 일제강점기의 고고학적 실천과 해석에서 찾아내는데 그 목표를 두고 있다(李盛周 1995, 2008). 근대의 정치이념이 고고학적 해석과 그 체계에 지대한 영향을 미쳤음을 밝힌 부르스 트리거(Trigger 1984, 1989)와 西川宏(1970a)의 연구를 토대로 해방 이후 한국고고학에서 제국주의 고고학의 요소를 찾아내는 작업을 시도한 것이다.

Ⅳ. 맺음말 : 日帝强占期의 考古學, 무엇이 문제인가?

일제강점기 고고학적 활동에서 가장 큰 문제는 문화유산적 가치를 지닌 고고학자료 즉 문화재를 낭비했다는 점일 것이다. 일제강점기의 고고학자들이 고고학 조사를 할 때 그들의 그릇된 관념과 태도로 인해 수많은 유적들이 조사라는 미명하에 원상을 심각하게 훼손당한 것이다. 이는 고고학적 조사방법의 차원에서도 문제가 되지만 문화재에 대한 태도 혹은 의식에 더 큰 문제가 있는 것이 아닌가 생각된다. 말하자면 당시 문화재 관리자, 혹은 관학자들의 문화재에 대한 가치관이 문제라는 것이다.

유럽에서도 18~19세기 전반까지는 고고학적 관심을 가진 연구자에게 주어진 자료는 콘텍스트에서 유리된 유물, 그 자체일 뿐이었다. 유물을 연구하였지 발굴하여 유적을 연구하려는 것은 드문 일이었다. 특히 19세기 중반까지도 근동의 고대문명지에서 도굴은 횡행하였지만 고고학자가 유적 혹은 유구를 노출시켜 유물과의 관계를 살피는 일은 적었던 것이다. 유럽과 아메리카에서 체계적인 발굴의 시도가 19세기 후반에는 이루진다고 하지만 사례에 따라 발굴의 수준은 천차만별이었다고 한다(Lucas 2001: 19-36). 그러나 적어도 19세기 후반부터는 고고학적 유적에 대한 윤리의식이 정착하기 시작했고 문화재 보존을 위한 법제화가 추진되기에 이른다. 그리고 20세기에 들어서면 고고학적 조사는 유물의 채집을 위한 것이 아니라 콘텍스트의 확인에 목표를 두어야 한다는 인식이 정착하게 된다.

이러한 점을 생각하면 고적조사 5개년계획의 실천을 포함하여 1910년대 한국에서 이루어진 일본 관학자의 발굴조사는 전반적으로 유물의 채집을 목적으로 한 비학문적, 비윤리적인 작업이었다. 발굴의 경험이 거의 없는 조사자가 발굴의 책임을 맡았고 발굴자가 고고학 자료로서의 유적이 지닌 가치와 의미에 대해 숙고하지 않은 듯하다. 물론 시간이 가면서 발굴조사의 기록이 좀 더 체계화되고 기록방법은 오히려 식민지 한국에서 발전하여 일본에 영향을 주었다는 사실이 지적된(吉井秀夫 2006) 바 있다. 그리고 유적 발굴보고서가 일본 내에서도 볼 수 없는 양질에 수준 높은 것이었다는 평가도 있다(早乙女雅博 2010). 그러나 그것은 눈에 보이는 유구의 형태를 기록한 것이지 유적을 더 잘 이해하기 위하여 유적을 해부하는 절차와 방법에 대해 고민한 사례는 보기 어렵다. 대형고분군의 고분을 발굴하다 유물이 없으면 덮고 바로 다음 고분을 허무는 태도를 보이기도 했다(鄭仁盛 2006). 말하자면 유물 수집을 위해 발굴을 한다는 기본입장은 시종 변하지 않았다는 것이다. 그리고 문화재 보존에 대한 법제화는 되어 있었지만 도굴을 방치하고 문화재 유통에 대해 아무런 조치를 취하지 않았던 것을 보면 그에 대한 실천의 의지가 있었는지 지극히 의문스러운 것이다.

어쨌든 일제강점기에 한국에서 처음으로 고고학적 조사가 이루어지고 고고학 자료에 대한 나름대로의 해석도 이루어진다. 그 주체는 일본 제국대학의 연구자였고 그들은 식민지 통치기관의 명을 받아 조사와 연구를 수행했다. 물론 식민지 한국에 학회가 성립된 것도 아니어서 보고서도 일본 학회를 위한 것이었고 학문적 해석도 그들 사이에 유통되었다. 해방 이후 한국 학계는 당시 조사 성과들 이용하지 않으면 안 되었고 특히 남한 학계에서는 형식적이고 표면적인 차원에서의 비판을 시도했을 뿐 한국 학계가 일제강점기의 고고학을 계승했다고 보는 것이 옳다.

해방 이후 오랫동안 일제강점기의 고고학 그 자체를 평가해 보려는 심각한 노력은 거의 없었다. 미성숙했던 한국 고고학계는 일제 강점기의 학문적 실천과 해석을 비판적으로 평가하기 보다는 고고학적 성과로 받아들였고 오히려 그것을 계승하였다고 보는 것이 옳다는 것이다. 이러한 점에서 그 동안 우리가 자연스럽게 받아들이고 내면화했던 고고학의 용어, 개념, 연구방식, 해석의 틀에 대해 적극적으로 검토하는 작업이 늦었지만 이루어져야 한다고 본다. 어떤 면에서는 일제강점기의 유산 중에서 표면적이어서 쉽게 철거할 수 있는 것도 있지만 우리가 자연스럽게 받아들여서 내면화한 것들을 걷어내는 작업이 가장 어려울지도 모른다(구인모 2010). 특히 고고학적 문화에 대한 본질주의적인 관념, 계통론적인 관심, 유물중심의 연구 등은 일본 제국주의고고학으로부터 우리가 받아들여 건전하고도 온당한 연구태도로 내면화해 온 것이 아닌가 하고 생각된다(李盛周 1995, 2008).

흔히 일제강점기의 고고학적 활동을 평가함에 있어서는 이제 중층적이고 복잡한 구도로 접근해야 할 필요성이 제기된다. 가령 뛰어난 보고서를 발간했다는 주장과 발굴 오류와 유적 훼손의 문제를 제기하는 주장이 대립됨을 본다. 유물을 있는 그대로 정리보고 했다는 주장이 있는 반면 그러한 조사를 통해 식민지배를 합리화 하는데 응용했다는 주장이 대립되고 있는 것을 본다. 하지만 일제강점기의 고고학에 대한 비판적 접근은 결코 이러한 이분법적 대립의 틀로 제시되어서는 안 된다. 즉 단순한 긍정론·부정론의 대립으로 보이게 만들어서는 그 핵심에 접근할 수 없다는 것이다. 친일과 반일의 대립, 식민지 근대화론의 주장과 민족주의적 입장의 대립처럼 비판을 단순화해서는 곤란하다는 것이다(윤해동 2003). 이러한 이분된 주장의 대립은 상황을 좀 더 세부적으로 명확히 드러내는 것을 방해하며 역사적 대전제마저도 흔들 것 같아 보이기 때문이다.

이를테면 한 민족이 국가를 소유한 다른 민족을 병합시켜 지배하는 제국주의 침략은 정당하지 않다는 것은 대전제이다. 그러므로 발굴하기 어려운 적석목곽분을 제외하고 신라가야의 대형분 태반을 속도전으로 발굴하고 도굴에 방치했음은 정당하지 않다는 것, 역시 대전제이다. 이분법적 논란으로 세부적인 접근이 방해를 받아서는 안 되며 대전제를 흔들 필요도 없다. 그래서 비판적인 검토는 식민지 고고학 활동에 참여한 다양한 층위들의 한국 문화재에 대한 가치관, 그들에게 내면화되어 있는 한국문화에 대한 본질주의적 관념, 고고학의 연구절차와 방법에 대한 의식들을 드러내는 복잡하고도 지난한 작업이어야 한다.

끝으로 일제강점기의 고고학을 평가하는데 반드시 피해야 할 논점이 있다면 그것은 자민족중심주의의 관점이다. 물론 일제강점기의 담론을 비판적으로 평가해야 할 것은 그러해야 하지만 자민족중심주의의 관점에서 우리 자신의 우월함을 강조하는 평가는 적절하지 않다. 민족관계에서 가급적 중립적인 이론을 추구해야 함이 온당하다. 일제강점기 연구자들이 한국의 역사에서 부정적인 것을 발견하려 하고 한국 문화를 자신들의 문화와 비교하여 열등하다는 담론을 전개해온 것은 사실이다. 이는 연구자들이 고의로 그러한 담론을 재생산하였다고 하기보다는 그러한 본질주의적인 민족우열론이 연구자들에게 내면화되어 있었기 때문일 것이다. 우리가 제국주의 고고학자들과 입장만 바꾸어서 자민족중심주의를 내면화 한다면 지금도 고대의 한일관계, 낙랑의 해석, 고조선의 실체 등과 관련하여 적절한 해석을 내놓지 못할 가능성이 크다.

참고문헌

강인욱, 2008, 「日帝强占期 咸鏡北道 先史時代 유적의 조사와 인식」, 『韓國上古史學報』 61, pp. 5-34.

강인욱, 2010, 「鳥居龍藏으로 본 일제강점기 한국 선사시대에 대한 이해」, 『移住의 고고학』, -제34회 한국고고학전국대회-, pp. 504-517.

고고학 및 민속학 연구소, 1960, 「해방후 조선 고고학이 걸어온 길」, 『문화유산』, 1960-4, pp. 1-15.

고부응 편, 2003, 『탈식민주의 이론과 쟁점』, 서울: 문학과 지성사.

구인모, 2010, 「다카하시 도루와 조선총독부가 펴낸 '조선인'」, 다카하시 도루 저, 구인모 번역, 『식민지 조선인을 논하다』, 서울: 동국대학교출판부, pp. 6-31.

國立慶州文化財研究所·慶州市, 2011, 『日帝强占期 新羅古墳 發掘調査 關聯資料集』, 慶州: 國立慶州文化財研究所·慶州市

國立慶州文化財研究所·慶州市, 2011, 『慶州 金冠塚 發掘調査報告書(國譯)』, 慶州: 國立慶州文化財研究所·慶州市

국성하, 2004, 「일제강점기 일본인의 낙랑군 인식과 평양부립박물관 성립」, 『古文化』 63, pp. 109-127.

김용성, 2010, 「일본인의 신라고분조사」, 『先史와 古代』 33, pp. 31-58.

金元龍, 1974, 『韓國考古學槪說』, 서울: 一志社.

吉井秀夫, 2006a, 「일제강점기 경주 신라고분의 조사」, 『신라고분 발굴조사 100년』 -국립경주문화재연구소 학술심포지엄-, pp. 7-30.

도유호, 1960, 『조선 원시 고고학』, 과학원출판사.

신숙정, 1993, 「우리나라 신석기문화 연구경향-1945년까지-」, 『韓國上古史學報』

12, pp.149-182.

신숙정, 1994,『우리나라 남해안지방 신석기문화의 연구』, 서울: 학연문화사.

오세탁, 1996,「日帝의 文化財政策」,『文化財』29, 文化財管理局, pp. 255-276.

윤해동, 2003,『식민지의 회색지대』, 서울: 역사비평사.

이경원, 2003,「탈식민주의의 계보와 정체성」, 고부응 편,『탈식민주의 이론과 쟁점』, 서울: 문학과 지성사, pp. 23-58.

이구열, 1996,『한국 문화재 수난사』, 서울: 돌베개.

李基星, 2005,「植民地時代の考古學-その認識と評價-」,『立命館大學고고학논집』 Ⅵ, pp. 353-365.

李基星, 2009,「朝鮮總督府의 古蹟調査委員會와 古蹟及遺物保存規則」,『嶺南考古學』51, pp. 35-60.

李基星, 2010a,「일제강점기 '금석병용기'에 대한 일 고찰」,『韓國上古史學報』68, pp. 35-60.

李基星, 2010b,「일제강점기 '石器時代'의 조사와 인식」,『先史와 古代』33, pp. 5-30.

李基星, 2011,「초기 북한 고고학의 신석기·청동기시대 구분」,『湖西考古學』25, pp. 4-29.

李盛周, 1990,「新石器時代」,『國史館論叢』16, pp. 1-65.

李盛周, 1995,「帝國主義時代 考古學과 그 殘迹」,『古文化』47, pp. 70-27.

李盛周, 2008,「型式論과 系統論」, 崔夢龍 편,『21세기 한국고고학』Ⅰ, 서울: 주류성출판사, pp. 97-129.

이순자, 2009,『일제강점기 고적조사사업 연구』, 서울: 景仁文化社.

李柱憲, 1996,「末伊山 34號墳의 再檢討」,『碩晤尹容鎭敎授停年退任紀念論叢』, 碩

晤尹容鎭敎授停年退任紀念論叢刊行委員會, pp. 403-418.

李熙濬, 1987,「慶州 皇南洞 第109號墳의 構造 再檢討」,『三佛 金元龍敎授 停年退任記念論叢』I(考古學編), 서울: 一志社, pp. 597-616.

李熙濬, 1990,「解放前의 新羅·伽耶古墳 發掘方式에 대한 硏究-日帝下 調査報告書의 再檢討(2)-」,『韓國考古學報』24, pp. 49-80.

전경수, 1998,「한국박물관의 식민주의적 경험과 민주주의적 실천 및 세계주의적 전망」, 한국문화인류학회 편,『韓國人類學의 回顧와 展望』, 서울: 集文堂.

鄭仁盛, 2006,「關野貞의 낙랑유적 조사·연구 재검토-일제강점기 '古蹟調査'의 기억1」,『湖南考古學報』24, pp. 139-156.

鄭仁盛, 2009,「일제강점기 '慶州古蹟保存會'와 모로가 히데오(諸鹿央雄)」,『大邱史學』95, pp. 1-39

鄭仁盛, 2010,「일제강점기의 낙랑고고학」,『移住의 고고학』, -제34회 한국고고학전국대회-, pp. 518-534.

정창석, 2005,「식민지 시대 한·일 양국의 상호인식」,한일관계사연구논집 편찬위원회 편,『일제 식민지배의 구조와 성격』, 서울: 景仁文化社, pp. 60-113.

주영하, 2004,「동아시아 민속학에서의 민족과 국가: 20세기 초반을 중심으로」,『정신문화연구』27-3, pp. 3-28.

차순철, 2006,「일제강점기의 신라고분조사연구에 대한 검토」,『文化財』39, pp. 95-130.

천선행, 2010,「일제강점기 고적조사 결과물」,『移住의 고고학』, -제34회 한국고고학전국대회-, pp. 548-560.

최석영, 1997,『일제의 동화이데올로기의 창출』, 서울: 서경문화사.

최석영, 2001,『한국 근대의 박람회·박물관』, 서울: 서경문화사.

최석영, 2012, 『일제의 조선연구와 식민지적 지식생산』, 서울: 민속원

咸舜燮, 1996, 「大邱 達城古墳群에 대한 小考」, 『碩晤尹容鎭敎授停年退任紀念論叢』, 碩晤尹容鎭敎授停年退任紀念論叢刊行委員會, pp. 345-375.

咸舜燮, 2011, 「日帝强占期 慶州의 博物館에 대하여」, 『慶北大學校考古人類學科 30周年 紀念 考古學論叢』, 大邱: 慶北大學校出版部, pp. 1373-1401.

高橋潔, 2001, 「關野貞을 中心으로 한 朝鮮古蹟調査行程」, 『考古學史硏究』 9, 東京木曜クラブ.

高橋潔, 2010, 「朝鮮考古學の始まりと日本考古學」, 『考古學ジャナル』 No. 596, 2010-2, pp. 22-25.

高正龍, 1996, 「八木奘三郎の韓國調査」, 『考古學史硏究』 6, 東京木曜クラブ.

工藤雅樹, 1987, 「日本人種・民族論」, 『論爭學說 日本の考古學』 I (總論), 東京: 雄山閣.

菊地曉, 2003, 「帝國の'不在'-日本の植民地人類學をめぐる覺書」, 山本有造 編, 『帝國の硏究』-原理・類型・關係-, 名古屋: 名古屋大學 出版會, pp. 357-388.

近藤義郎, 1985, 「日本考古學硏究序說」 東京: 岩波書店.

吉井秀夫, 2006b, 『植民朝鮮における考古學調査の再檢討』 -平成15年度~平成17年度科學硏究費硏究成果報告書-.

都出比呂志, 1989, 「森本六爾論」, 『彌生時代の硏究』 10(硏究の步み) 雄山閣.

東亞考古學會, 1929, 『貔子窩』 東方考古學叢刊 弟一冊: 東亞考古學會.

藤田亮策, 1948, 『朝鮮考古學硏究』, 京都: 高桐書院.

藤田亮策, 1951, 「朝鮮古文化財의 保存」, 『朝鮮學報』 1, 朝鮮學會, pp. 95-148.

藤田亮策, 1952, 「朝鮮古蹟調査」, 『古文化の保存と硏究』, 黑板博士紀念會(1963,

『朝鮮考古學論考』, 藤田先生記念事業會, pp. 67-88)

梅原末治, 1969,「日朝併合の期間に行なわれた半島の古墳調査と保存事業にたずされっは一考古學從の回想錄」,『朝鮮學報』51, 朝鮮學會.

梅原末治, 1973,『考古學六十年』, 東京: 平凡社.

濱田耕作, 1922,『通論考古學』大鐙閣.(有光敎一編 1974,「日本考古學選集』13, -濱田耕作集(上)-, 東京: 築地書館.)

濱田耕作, 1939,『考古學研究』座石寶刊行會.

三澤 章(和島誠一), 1937,「日本考古學の發達と科學的精神」,『唯物論研究』11-60・62, 唯物論研究會.

三澤 章, 1970,「日本考古學の發達と科學的精神」,『考古學研究』16-4, 考古學研究會.

西川宏, 1968,「帝國主義下の朝鮮考古學」,『朝鮮研究』7, 日本朝鮮研究所.

西川宏, 1970a,「日本帝國主義下における朝鮮考古學の形成」,『朝鮮史研究會論文集』7, 朝鮮史研究會, pp. 94-116.

西川宏, 1970b,「日本考古學の帝國主義的 思想」,『考古學研究』16-3, 考古學研究會.

西川宏, 1970c,「朝鮮考古學における系統論について」,『考古學研究』17-1, 考古學研究會, pp. 5-14.

李進熙, 1959,「解放後における朝鮮考古學の發展」,『考古學研究』6-2, 考古學研究會, pp. 21-35.

齊藤忠, 1974,『日本考古學史』, 東京: 吉川弘文館.

齊藤忠, 1974a,「學史上における鳥居龍藏の業績」,『日本考古學選集』6, -鳥居龍藏集(上)-, 東京: 築地書館: pp. 1-10.

早乙女雅博, 2010a, 「第1章 新羅考古學史」, 『新羅考古學硏究』, 東京: 同成社, pp. 2-53.

早乙女雅博, 2010b, 「總論, 植民地期の朝鮮考古學」, 『考古學ジャナル』 No. 596, 2010-2, pp. 3-9.

Caroline, P. and H. Allen, (eds), 2011, *Bridging the Divide: Indigenous Communities and Archaeology into the 21st Century*, Walnut Creek: Left Coast Press.

Diaz-Andreu, M. 2007, *A World History of Nineteenth-Century Archaeology: Nationalism, Colonialism, and the Past*, Oxford: Oxford University Press.

Dietler, M. 2010, The archaeology of colonization and the colonization of archaeology: Theoretical challenges from an ancient Mediterranean oolonial encounter, Stein, G. J. (ed), *The Archaeology of Colonial Encounters*, Santa Fe: School of American Research Press, pp. 33-68.

Dietler, M. 2010, *Archaeologies of Colonialism*, Berkeley and Los Angeles: University of California Press.

Fforde, C., J. Hubert and P. Turnbull(eds), 2004, *The Dead and their Possessions: Repatriation in Principle, Policy and Practice*, London: Routledge.

Gellner, E. 1983, *Nations and Nationalism*, Oxford: Blackwell.

Gellner, E. 1994, *Encounters with Nationalism*, Oxford: Blackwell.

Given, M. 2004, *The Archaeology of the Colonized*, London: Routledge.

Gathercole, P. and D. Lowenthal, (eds), 1990, *The Politics of the Past*, London: Unwin Hyman.

Gosden, C. 2004, *Archaeology and Colonialism: Cultural Contact from 5000Bc to the Present*, Cambridge: Cambridge University Press.

Larsen, M. T. 1989, Orientalism and Near Eastern archaeology, In Miller, D., et. al. (eds) *Domination and Resistance*, London: Unwin Hyman, pp. 229-239.

Lyons, C. and J. K. Papadopoulos, (eds), 2002, *The Archaeology of Colonialism*, Los Angeles: Getty Research Institute.

Layton, R. (ed), 1989a, *Conflict in the Archaeology of Living Traditions*, London: Unwin Hyman.

Layton, R. (ed), 1989b, *Who Needs the Past: Indigenous Values and Archaeology*, London: Unwin Hyman.

Liebmann, M. and M. S. Murphy, (eds) *Enduring Conquests: Rethinking the Archaeology of Resistance to Spanish Colonialism in the Americas*, Santa Fe: SAR Press.

Liebmann, M. and U. Z. Rizvi, (eds), 2008, *Archaeology and Postcolonial Critique*, Plymouth: Altamira.

Lucas, G. 2001, *Critical Approaches to Fieldwork: Contemporary and Historical Archaeological Practice*, London: Routledge.

Lucas, G. 2006, *An Archaeology of Colonial Identity: Power and Material Culture in the Dwars Valley, South Africa*, New York: Springer.

Fforde, C, J. Hubert and P. Turnbul, 2002, *The Dead and their Possessions: Repatriation in Principle, policy and practice*, London: Routledge.

Miller, D., M. Rowlands, C. Tilley. (eds), 1989, *Domination and Resistance*, London: Unwin Hyman.

Rowlands, M. 1989, The archaeology of colonialism and constituting the African peasantry, In Miller, D., M. Rowlands, and C. Tilley, (eds) *Domination and Resistance*, London: Unwin Hyman, pp. 261-283.

Schmidt, P. R. and T. C. Patterson, 1995, Introduction: from Constructing to Making Alternative Histories, In Schmidt, P. R. and T. C. Patterson (eds), *Making Alternative Histories*, Santa Fe: School of American Research Press, pp. 1-24.

Sillitoe, P. 2007, Local science vs global science: An Overview, In Sillitoe, P. (ed), *Local Science vs Global Science: Approaches to Indigenous Knowledge in the International Development*, New York: Berghahn Books, pp. 1-22.

Stein, G. J. 2005, Introduction: The comparative archaeology of colonial encounters, In Stein, G. J. (ed), *The Archaeology of Colonial Encounters*, Santa Fe: School of American Research Press, pp. 3-31.

Trigger, B. 1984 Alternative archaeologies : nationalist, colonialist, imperialist, *Man* 19, pp. 355-70.

Trigger, B. 1989 *History of Archaeological Thought*, Cambridge: Cambridge University Press.

일제강점기 영남지역의
선사시대 조사

이 기 성 한국전통문화대학교 문화유적학과

I. 들어가며

20세기 초반까지 한반도의 가장 오래된 역사는 당연히 문헌 기록에 의한 삼한시대 또는 삼국시대였으며, 선사시대의 존재가 알려지게 된 것은 일본인 고고학자들의 연구가 시작되면서 부터이다. 그러나 일제강점기의 고고학조사가 순수하게 한반도의 과거를 밝히고자 하는 학문적인 성격만이 아닌, 제국주의의 시각에 의한 조사와 문화적 해석이 이루어졌음을 부정할 수는 없으며, 특히 문헌자료가 전혀 존재하지 않는 시대에 대한 해석에서는 그러한 경향을 더욱 뚜렷하게 볼 수 있다.

이 중 동삼동패총, 김해패총 등으로 대표되는 영남지역의 선사시대에 대한 조사는 한반도의 가장 남쪽에 위치하며 일본과 가장 가깝다는 지리적인 이유로 인해 한반도 북부, 중부지역과는 다른 고고학적 해석의 대상이었다.

본고에서는 영남지역을 대상으로 일제강점기에 실시된 선사시대[1] 유적 조사 현황과 당시의 고고학적 해석을 석기시대와 금석병용기로 구분하여 개관하고, 그 배경에 대해서 검토해 보도록 한다.

---

[1] 일제강점기에는 선사시대, 석기시대라는 용어가 혼용되었으며, 본고 역시 문맥에 따라 선사시대와 석기시대의 용어를 혼용하였다. 선사시대는 석기시대와 금석병용기 일부를 포함하는 개념으로, 석기시대는 즐문토기와 무문토기가 사용되던 시대 개념으로 구분할 수 있다.

Ⅱ. 일제강점기 영남지역의 석기시대 유적 조사 현황

일제강점기 전 기간을 통틀어 실시되었던 고적 조사 중, 선사시대 유적 조사는 극히 적으며, 그 중에서도 체계적인 발굴 조사 그리고 보고된 유적은 손에 꼽을 정도에 불과하다. 또한 실제적으로 발굴 조사가 실시되고 그 내용이 일부라도 보고된 지역은 한, 두 사례를 제외하고는 한반도 동북지역과 영남지역에 국한되어 있다. 웅기 송평동유적으로 대표되는 함북지방은 주로 후지타 료사쿠 藤田亮策가 조사를 담당하였으며[2], 동북지역의 선사시대를 설명하는데 있어 주요한 근거로서 인용되었다. 본고에서 살펴보는 영남지역은 동삼동패총을 가장 대표적인 유적으로 들 수 있다.

일제강점기 영남지역의 석기시대 조사는 조사 주체를 기준으로 크게 3가지로 구분할 수 있다.

첫째는 1915년까지 도리이 류조鳥居龍藏가 실시한 조사로, 한반도 전체에 걸친 선사시대 유적 조사의 일환으로 이루어진 조사이다. 동경제국대학 인류학교실의 교수였던 鳥居龍藏는 1910년에서 1916년까지, 예비조사 1회, 본조사 6회, 총 7회에 걸쳐 한반도 전 지역에 대한 선사시대 유적 조사를 실시하지만, 1916년을 마지막으로 세키노 타다시關野貞와의 의견 대립으로 인해 식민지 조선에서의 조사에서 밀려나게 된다. 鳥居龍藏의 조사는 한반도에 있어서 최초의 본격적인 선사시대 조사라고 할 수 있지만, 조사의 구체적인 내용이 거의 알려져 있지 않기 때문에 어떠한 조사가 이루어졌는지에 대해서는 미림리 포함층 등의

---

2) 동북지방의 선사시대 조사에 대해서는 강인욱(2007, 2008, 2009)의 자세한 연구가 있다.

일부 유적을 제외하고는 1920년대 이후 발표된 논문 등에 단편적으로 언급되어 있는 내용을 통해 추정할 수 밖에 없다.

鳥居龍藏의 6회에 걸친 조사 중, 영남지역을 답사한 것은 제3회(1913년), 제5회(1915년), 제6회(1916년) 조사이다(그림 1). 그러나 구체적으로 어느 지역, 유적

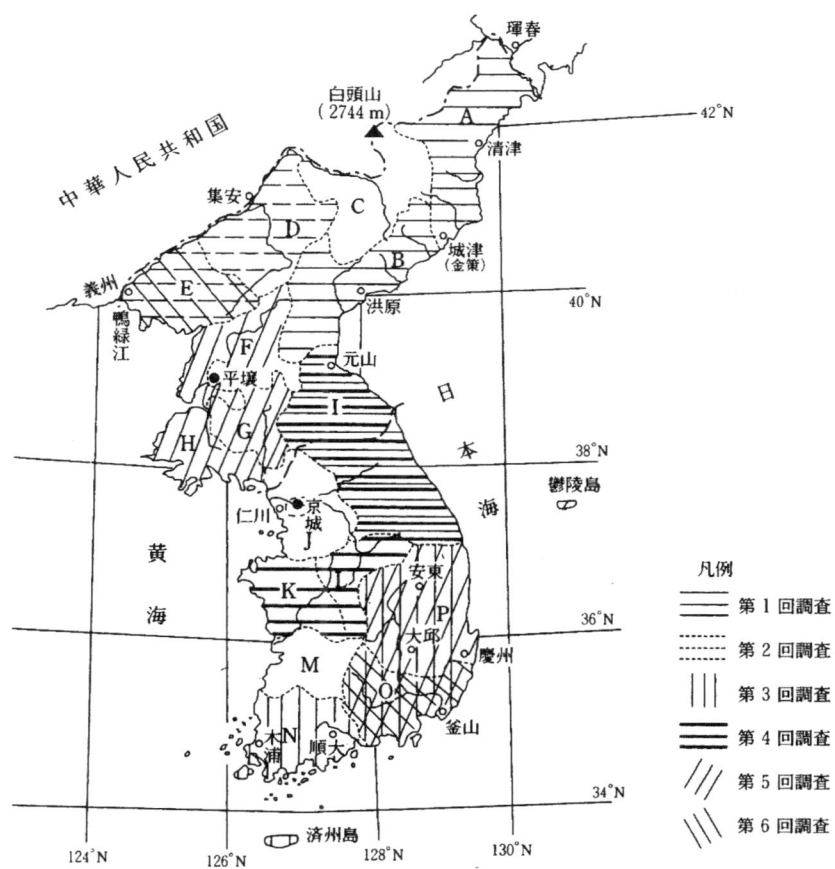

그림 1. 鳥居龍藏의 조사 지역
田畑久夫, 2007, 第13図 轉載

을 조사하였으며, 어떠한 유물을 채집하였는지에 대해서는 명확하게 보고되어 있지 않아 그 정확한 양상을 파악할 수 없다. 영남지역 '대부분의 지역에서 선사시대 유물을 얻을 수 있었으며, 채집된 유물은 거의 모두가 무승문토기로, 야요이식토기에 가까운 것들이며, 석기는 거의 마제석기로, 타제석기는 보이지 않는다'(鳥居龍藏 1953: 165~166)는 내용 정도에 불과하며, 그의 조사 보고, 논문 등에서 유적명이 언급되는 것은 1915년에 慶尚南道 金海貝塚, 慶尚北道 慶州 半月城臺下, 大邱 達城臺下에서 석기시대 유물층을 확인하였다는 기록(鳥居龍藏 1917: 786)과 김해 부근 酒泉面 固城에서 패총을 발견(鳥居龍藏 1953: 172)하였다는 정도이다. 오히려 도리이 류조의 조사 내용을 파악하는데 참고가 되는 것이 「朝鮮古蹟及遺物(藤田亮策 1925)」이다. 후지타 료사쿠가 조선총독부에 부임한 직후, 총독부박물관 수장품을 대상으로 유사이전의 유물들에 대해 설명한 글로, 제시된 도면에 수집된 지역이 표시되어 있어 당시 석기시대 유물의 출토지를 확인할 수 있다(그림 2). 이 유물들 모두가 도리이 류조에 의해 수집된 것

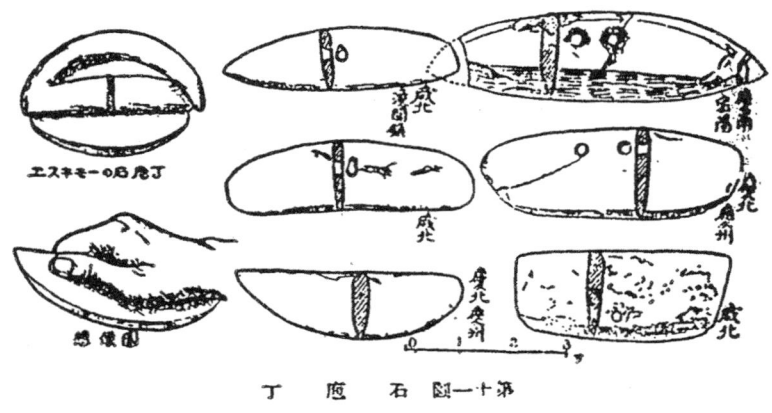

그림 2. 藤田亮策, 1925, 「朝鮮古蹟及遺物」, 『朝鮮史講座 朝鮮史学会』 第11圖 轉載

인지는 단정할 수 없지만, 1920년대 이전까지 석기시대를 조사한 이는 도리이 류조가 유일했기 때문에 대부분의 유물은 그의 조사 과정에서 채집된 것으로 보아도 좋을 것이다. 여기서 구체적으로 언급된 지명은 경상남북도를 통틀어 수 십여 개소에 달한다(그림 3, 표 1).3)

영남지역의 조사를 통해 도리이 류조가 얻은 결론은 영남지역의 선사시대에는 일본의 죠몽식 석기시대繩文式 石器時代가 존재하지 않으며, 야요이식토기계弥生式土器系와 밀접한 관계를 가지고 있다는 것과 지석묘를 명확하게 인식하기 시작한 것으로 요약할 수 있을 것이다.

그림 3. 『日本石器時代遺物發見地名表』(東京帝國大學, 1928)

두 번째로는 영남지역 석기시대 유적 조사에 중요한 위치를 차지하는 釜山考古會 주도의 조사를 들 수 있다4). 1931년 부산 지역에 살고 있던 일본인 유지들

---

3) 그 외 『日本石器時代遺物發見地名表(東京帝國大學 1928)』에는 당시 조선에서 발견된 유적의 지명을 구체적으로 언급하고 있다. 이에 의하면 경상북도 53개소, 경상남도 13개소로 총 66개소에 달한다. 鳥居龍藏 澤俊一의 조사 외에도 新居勝三朗의 조사가 주목된다.
4) 부산고고회에 대해서는 다음의 연구들이 있다.
西谷正, 1982, 「釜山考古會のこと-朝鮮考古學史にふれて-」, 『福岡考古懇話會會報』 11.
吉井秀夫, 2002, 「釜山考古會とその活動について」, 『倭城の研究』 5.
吉井秀夫, 2006, 「3．釜山考古會とその活動についての再考」, 『植民地朝鮮における考古學的調査の再檢討』 科學研究費補助金研究成果報告書.
吉井秀夫, 2006, 「4．釜山考古會と博物館建設運動」, 『植民地朝鮮における考古學的調査の再檢討』

을 중심으로 조직된 釜山考古會는 선사시대와 왜성을 주된 연구 대상으로 삼았으며, 특히 선사시대 유적의 조사 성과는 중요한 평가를 받고 있다. 영남지역에서 釜山考古會에 의해 확인된 석기시대 유적은 모두 3개소로, 청학동패총靑鶴洞貝塚, 영선정패총瀛仙町貝塚, 동삼동패총東三洞貝塚이다(及川民次郞 1933: 139). 모두 절영도絕影島에 위치한 패총으로, 이 중 청학동패총은 이미 그 위에 민가가 있어 조사가 불가능하였다(及川民次郞 1933: 147). 영선정패총은 현재 영선동식토기로 알려져 있는 유물을 1933년 10월 30일 釜山考古會의 오오마가리 미타로大曲美太郞가 채집하고, 다음날 아리미츠 쿄이치有光敎一가 현장에서 가서 유물을 채집, 보고하면서 그 양상이 일부 알려지게 되지만, 이후 釜山府都市計劃의 일환으로 도로가 개설되면서 완전히 없어지게 되었다(有光敎一 1936). 가장 잘 알려져 있는 유적은 동삼동패총5)으로, 1930년 2회, 1931년 1회, 총 세 번에 걸쳐 조사가 실시되었다. 첫회의 조사는 답사 성격의 조사였으며, 두 번째는 1930년 7월 23일부터 3일간, 세 번째는 釜山考古會 일주년을 기념해 1932년 8월 28일 釜山考古會의 멤버를 중심으로 조사가 실시되었다(及川民次郞 1933 ; 橫山將三郞 1933)(그림 4).6)

세 번째는 朝鮮古蹟硏究會가 주도한 조사로 대구의 대봉동 지석묘를 들 수 있다. 대봉동 지석묘군의 조사는 모두 4차례에 걸쳐 실시되었는데7), 1927년 코

科學硏究費補助金硏究成果報告書
　이순자, 2008, 「1930년대 부산고고회의 설립과 활동에 대한 고찰」, 『역사학연구』 33.
5) 문헌에 따라 絕影島東三洞貝塚, 牧ノ島東三洞貝塚 등으로 지칭되나 동일한 유적이다.
6) 뒤에서 살펴볼 橫山將三郞는 실제 釜山考古會의 회원은 아니었으나, 본고에서는 편의상 釜山考古會의 활동에 포함하여 살펴보도록 한다.
7) 대봉동지석묘의 조사 과정에 대해서는 정인성(2008)의 연구를 들 수 있다.

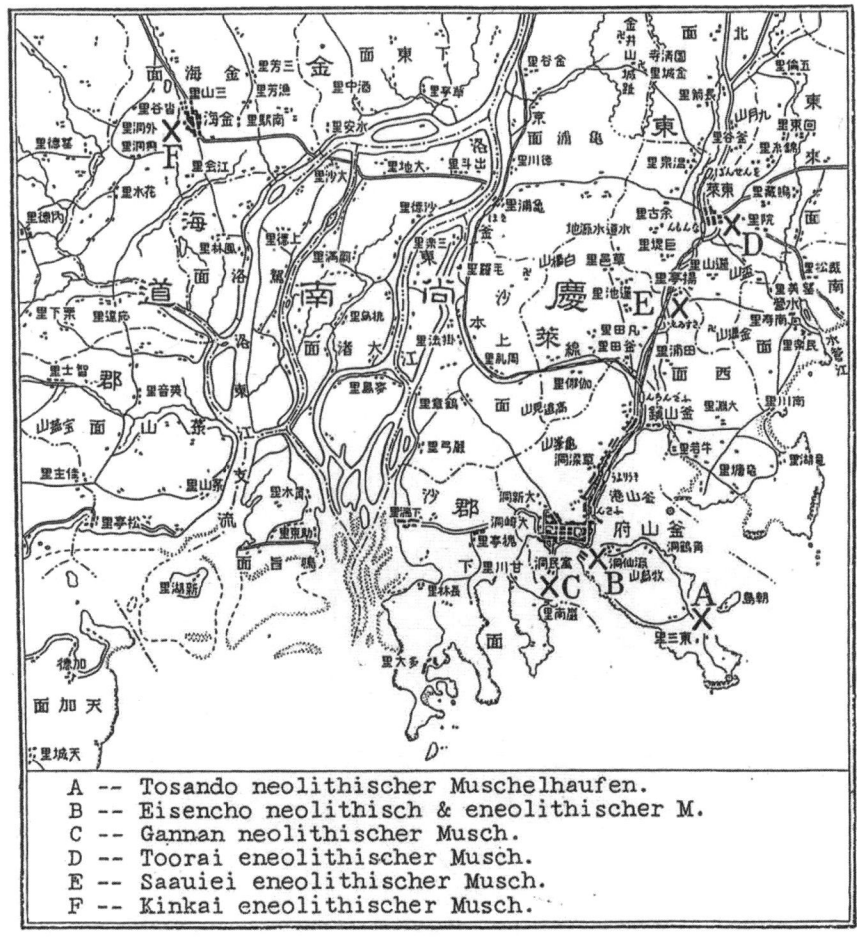

그림 4. 1930년대 남해안 신석기 패총 위치도
橫山將三郎 1933, Fig 1 轉載

이즈미 아키오小泉顯夫, 사와 슌이치澤俊一, 1936년 9월 카야모토 카메지로榧本龜次郎, 동년 10월 후지타 료사쿠, 카야모토 카메지로, 1938년 11월 후지타 료사쿠, 스에마츠 야스카즈末松保和가 조사를 담당하였다. 영남의 지석묘는 이미 기존에 도리이 류조가 주목한 바 있으며, 朝鮮古蹟研究會의 조사 결과는 모두 지석묘의 연대를 금석병용기로 비정하고 있음이 주목된다(朝鮮古蹟研究會 1937, 1940). 그 외 아리미츠가 1939년 大邱府 외곽에서 지석묘와 선사유적을 조사하였고, 1940년도에는 카야모토 카메지로가 大邱師範 앞의 지석묘를 발굴 조사하였다(榧本龜次郎 1952).[8]

표 1. 영남지역 석기시대 대표 유적 조사 일람

유적명	조사시기	조사자	문헌
・慶尙南道 東萊郡, 金海郡, 晋州郡, 固城郡, 陜川郡, 密陽郡, 蔚山郡 ・慶尙北道 大邱府, 達成郡, 慶州郡, 安東郡, 榮州郡 [9]	1913년 1915년 1916년	鳥居龍蔵, 澤俊一	鳥居龍蔵, 1953, 鳥居龍蔵, 1917
靑鶴洞貝塚	미조사		
瀛仙町貝塚	1933년	有光敎一	有光敎一, 1936
東三洞貝塚	1930년(4월, 5월)	橫山將三郎 외	橫山將三郎, 1933
	1932년	及川民次郎 외	及川民次郎, 1933
大鳳町支石墓	1927년	小泉顯夫, 澤俊一	朝鮮古蹟研究會, 1937, 朝鮮古蹟研究會, 1940
	1936년 9월	榧本龜次郎	榧本龜次郎 1937
	1936년 10월	藤田亮策, 榧本龜次郎	朝鮮古蹟研究會, 1937, 朝鮮古蹟研究會, 1940
	1938년	藤田亮策, 末松保和	朝鮮古蹟研究會, 1937, 朝鮮古蹟研究會, 1940
大邱 先史遺蹟(?)	1939년	有光敎一	有光敎一, 1943(?),
大邱 支石墓	1940년	榧本龜次郎	榧本龜次郎 1952

---

8) 대구 師範前의 지석묘 조사 자료는 일본 패전 후 일본으로 건너갈 당시 모두 짐과 함께 도난당했다고 한다(榧本龜次郎 1952: p57).

〈표 1〉은 영남지역 석기시대 유적 조사의 현황을 간단히 표로 작성한 것으로, 이러한 조사 성과를 통시적으로 살펴보면 다음과 같이 요약할 수 있다. 영남지역의 선사시대 유적을 최초로 조사한 도리이 류조는 영남지역 전체에서 석기시대 유물을 채집하였는데, 특이한 점은 유문토기와 타제석기가 없으며[10], 야요이계통의 것으로 생각되는 무문토기와 마제석기만이 채집된다는 사실이었다. 그러나 1930년대 초반부터 기존에 영남지역에서 확인되지 않았던 유문토기가 남해안 지방을 중심으로 확인되고, 더군다나 흑요석이 확인되면서 일본과의 관계에 대한 새로운 시각이 요구되었다. 더불어 지석묘에 대한 조사가 대구를 중심으로 이루어진 것 역시 특기할 만한 사실이다.

   조사 성과를 바탕으로 한 해석 역시 시간에 따라 변하게 된다. 그러한 해석의 변화는 당연히 새로 발견되는 자료의 증가에 기인한 것도 있으나, 보다 중요한 것은 어떠한 측면에 초점을 맞추는가 그리고 석기시대에 대한 인식이 어떠한 목적에 바탕을 두고 있는가에 의한 점 일 것이다.

Ⅲ. 영남지역 석기시대에 대한 인식

   앞에서 살펴보았듯이 영남지역의 석기시대 유적 조사는 크게 도리이 류조와 朝鮮古蹟研究會의 관제조사 그리고 아마추어 고고학자들의 모임인 釜山考古

---

9) 위의 조사 지역은 「朝鮮古蹟及遺物」에 제시되어 있는 유적 출토 지명을 郡 단위로만 정리한 것이다.
10) 鳥居龍藏은 부산 부근에서 유문토기를 채집하였다고 하며 岩南里貝塚을 언급하고 있지만 구체적인 내용은 전혀 알려져 있지 않다(鳥居龍藏 1925).

會의 조사로 나눌 수 있다. 그렇다면 석기시대의 인식은 어떠한 식으로 변하였는가.

필자가 이전의 논고에서 다루었듯이(이기성 2010a · b), 일제강점기 한반도의 석기시대 에 대한 인식은 도리이 류조와 후지타 료사쿠로 대표된다.

도리이 류조의 조사 이전에 한반도에서의 석기시대 존재는 부정되었다. 그러나 1910년부터 실시된 도리이의 조사로 인해 한반도에서 석기시대의 존재가 확인되고, 더욱이 일부 지역만이 아닌 한반도 전 지역에서 석기시대의 유물이 채집된다는 사실이 알려지게 되었다. 그러나 그 당시까지도 삼한시대 이전을 통틀어 석기시대로 칭하는 것이었으며, 지금의 고고학적 상식인 신석기시대와 청동기시대의 구분은 전혀 이루어지지 못하였다. 당시 조사에서 확인되었던 유문토기와 무문토기를 도리이는 유물이 출토되는 입지와 지리적 분포를 근거로 생업경제의 방식이 다른 두 집단이 동시기, 석기시대에 한반도에서 생활하고 있었다고 설명하며, 이것은 1930년대 이전까지 식민지 조선의 석기시대를 이해하는 유일한 틀이었다. 1922년 조선총독부에 부임한 후지타 료사쿠 역시 자신이 스스로 선사시대의 유적을 조사하기 이전까지는 도리이 류조의 석기시대 인식의 틀을 그대로 따르고 있다.

그러나 1930년대 들어와 藤田亮策은 이전 鳥居龍藏의 틀에 조금씩 수정을 가하게 된다. 이전 鳥居龍藏이 토기를 크게 두 종류로 구분하였던 것에 반해, 그는 한반도의 석기시대 토기를 厚手式無文土器와 薄手櫛文土器, 丹塗土器(彩文土器), 新羅燒式土器로 구분하게 된다(藤田亮策 1930c). 그리고 그는 이 중 즐문토기에 초점을 맞추어 '북방문화론'을 주장하게 되고, 厚手式無文土器를 재지적 문화로, 丹塗土器(彩文土器), 新羅燒式土器는 외부의 영향으로 해석하였다(藤田亮策 1942).

藤田亮策이 厚手式無文土器로 이야기하고 있는 것은 실제 鳥居龍藏이 구분한 薄手無文土器와 다르지 않다. 그의 논문「櫛目文樣土器の分布に就きて(1930c)」에 薄手無文土器라는 용어가 처음으로 등장하게 되는데, 아마도 그는 동삼동패총 출토 원시무문토기를 지칭하는 듯 하며, 또한 무문토기를 한반도의 재지적 토기로 해석하고 있는 것 역시 동삼동패총에서 유문토기 아래층에서 무문토기가 출토되는 사실을 근거로 하는 듯 하다. 그럼에도 무문토기와 유문토기를 시간적인 차이로 인식하지 않으며, 후수무문토기와 즐문토기가 일반적으로 혼합되어 있다고 말하고 있을 뿐이다.

鳥居龍藏과 藤田亮策으로 대표되는 일제강점기 관제고고학자들의 석기시대에 대한 인식은 조금씩의 차이는 있지만, 석기시대의 문화는 크게 토기를 기준으로 유문토기와 무문토기로 구분되며, 이것은 집단의 차이를 반영하는 것으로 한반도의 석기시대, 藤田亮策의 표현대로 한다면 신석기시대에 두 집단이 동시에 존재하고, 이후 발달된 중국의 금속기문화의 영향에 의해 금석병용기로 이어진다는 것이다. 그러나 釜山考古會가 중심이 되어 조사한 동삼동패총에 대한 해석은 조금 차이를 보인다.

아마도 기존의 학사적 연구에서 가장 많이 주목되는 것 중의 하나는 동삼동패총의 층위적 발굴조사로, 요코야마 쇼자부로橫山將三郞가 동삼동 패총의 층위적 발굴을 통해 유문토기의 시간적인 변화를 인지하였다는 점일 것이다(신숙정 1993). 일제강점기 선사고고학 조사에 있어 중요한 위치를 차지하고 있는 橫山將三郞는 매우 특이한 이력의 소유자이다. 원래 고고학 전공이 아닌 윤리학 전공자로 京城帝國大學 豫科 교수로 부임한 후, 지속적으로 선사시대 유적 조사를 실시하였으며, 그 결과는 여러 편의 논문 등으로 발표되어 있다. 일본 패전 이후 愛知大學에 부임한 후에도 愛知大學綜合鄕土硏究所에서 여러 유적의 발

굴조사와 함께 아래의 다수의 논문을 작성하였다.[11]

앞에서 살펴보았듯이 실제 동삼동패총의 조사는 橫山將三郎의 조사가 먼저였으나, 발굴 결과는 오이카와 타미지로及川民次郎의 조사가 먼저 발표되었다. 두 건의 조사 보고 모두 무문토기의 존재를 인지하고 있으나, 그에 대한 해석은 조금씩 차이를 보이고 있다. 及川民次郎의 경우 무문토기와 유문토기가 층위를 달리하면서 확인되는 것에 대해 동일한 지점을 무문토기 사용집단과 유문토기 사용집단이 점유하였던 시간의 차이 또는 두 집단의 교류의 증거로 보았으나(그림 5, 及川民次郎 1933)[12], 그에 비해 橫山將三郎는 교란층을 제외하고 동삼동 패총을 두 개의 층위로 구분하고 무문토기와 유문토기가 서로 다른 층에서 중점적으로 출토된다는 사실을 지적하면서도, 무문토기와 유문토기를 시간적인

---

11) 橫山將三郎의 고고학관계 논문으로는 다음의 것들이 있다.
　橫山將三郎, 1930, 「京城府外應峰遺跡報告」, 『史前學雜誌』 2-5.
　橫山將三郎, 1933, 「釜山絶影島東三洞貝塚調査報告」, 『史前學雜誌』 5-4.
　橫山將三郎, 1934a, 「油坂貝塚に就いて」, 『小野先生頌壽記念朝鮮論集』.
　橫山將三郎, 1934b, 「朝鮮の史前土器硏究」, 『人類學·先史學講座 第17卷 特集土器の硏究』.
　橫山將三郎, 1943, 「不作爲の倫理性」, 『吉田博士古稀祝賀記念論文集』 宝文館.
　橫山將三郎, 1953, 「ソウル東郊外の史前遺跡」, 『愛知大學 文學論叢』 5·6.
　輯橫山將三郎, 1955, 「渥美半島の考古學的調査硏究 ―田原町遺蹟群―」, 『愛知大學綜合鄕土硏究所紀要』 2.
　橫山將三郎, 1956, 「豊橋市野依町佛餇遺蹟發掘報告」, 『愛知大學文學論叢』 12.
　橫山將三郎, 1957, 「豊橋市天伯町南高田遺蹟發掘報告」, 『愛知大學綜合鄕土硏究所紀要』 3.
　橫山將三郎, 1958a, 「一宮村德台遺跡」, 『愛知大學文學論叢』 18.
　橫山將三郎, 1958b, 「一宮村炭燒平古墳發掘調査報告」, 『愛知大學綜合鄕土硏究所紀要』 4.
　橫山將三郎, 1959, 「一宮村上長山古墳發掘調査報告」, 『愛知大學綜合鄕土硏究所紀要』 5.
　橫山將三郎, 1953, 「ソウル東郊外の史前遺跡」, 『愛知大學 文學論叢』 5·6輯.
12) 及川民次郎와 橫山將三郎는 층위 구분에 있어서 차이를 보이고 있다. 及川民次郎기 이래층부터 무문토기-유문토기-무문과 유문의 혼합의 순으로 보았던 것을 橫山將三郎는 가장 상층의 무문토기 중심층을 교란층으로 파악하며 동삼동 패총을 두 개의 층으로 구분하였다.

차이로 해석하는 것에 대해서는 신중해야 한다고 말하며 시간적인 선후관계에 대한 해석을 피하고 있다(그림 6, 橫山將三郞 1933).

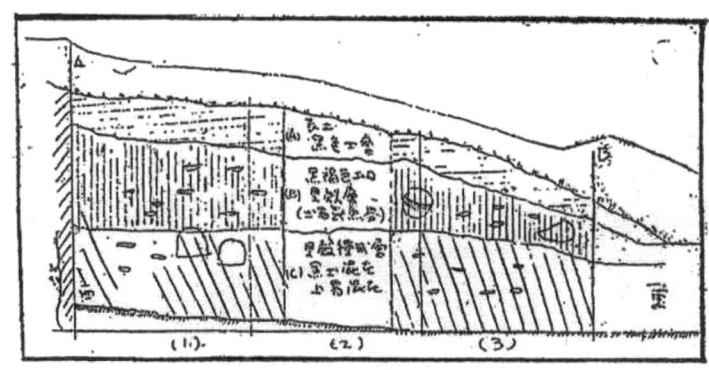

그림 5. 동삼동 패총 층위도
及川民次郞 1933: p. 141 도면 轉載

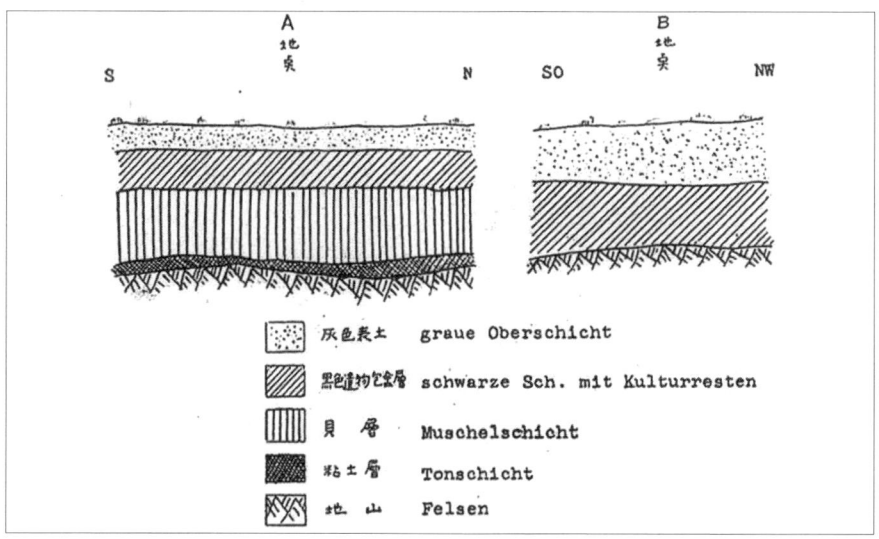

그림 6. 동삼동 패총 층위도
橫山將三郞 1933, Fig 2 轉載

이렇게 시간적인 선후관계를 인정하지 않는 것은, 이미 석기시대 해석의 대전제로서 유문토기와 무문토기는 동시기에 존재한 다른 집단이라는 인식이 있었기 때문이었을 것이다. 대신 橫山將三郞는 鳥居龍藏이 토기 문양의 유무에 기준한 구분을 집단의 차이로 해석하는 것에 반대하며 계통의 차이로 보고 있다. 추측컨대 이러한 橫山將三郞와 藤田亮策의 의견은 상호 영향을 주었을 것이며, 藤田亮策이 유문토기와 무문토기의 계통을 각각 다르게 파악하고 있는 것 역시 이러한 과정에서 등장한 해석이었을 것이다.

그러나 동삼동 패총의 조사 결과가 이전의 조사와 가장 차이를 보이는 점은 한반도 석기시대 내의 시간적 선후관계가 아니라 일본과의 관계에 대한 부분이다.

鳥居龍藏과 藤田亮策의 경우 유문토기와 무문토기를 구분하고 이 중 일본 내지와의 관계에 있어 무문토기가 일본의 야요이토기와 관계되어 있다고 본다는 점에서는 공통되지만, 유문토기에 대해서는 서로 다른 입장을 취하고 있으며, 이것은 그들의 연구 목적에 기인한 차이이다.

鳥居龍藏의 경우 그의 식민지 조선에 대한 선사시대 유적조사와 인식은 일본인의 기원과 일본 선사문화의 규명에 대한 보조적인 연구였다(이기성 2010b). 그는 유문토기와 무문토기의 구분이 생업경제를 달리하는 집단의 차이라는 것에 착안하고, 이것이 그 세부적인 양상에서는 차이가 있을지언정 다른 집단이 동시기에 거주한다는 것이 일본에서도 확인된다는 점을 중요시하고 있다(鳥居龍藏 1925). 또한 그는 일본의 죠몽문화가 한반도에서 전혀 보이지 않는다는 점을 근거로 기존에 이야기되던 '아이누 남진설'을 반대하고 무문토기와 야요이토기와의 관계성에 보다 주목하고, 조선에서 출토되는 석부와 반월형석도가 일본에서도 출토된다는 점을 근거로 한반도의 영향으로 인해 '固有日本人'의 석기시대가 시작되었다고 말하며, 이것이 결국 '日鮮同祖論'과 연결되는 것이다 (이기성 2010b).

그러나 藤田亮策은 이와는 약간 다르다. 藤田亮策 역시 큰 틀에서 鳥居龍藏과 차이를 보이지는 않고 있다. 유문토기와 무문토기로 대별된다는 점에서는 차이가 없지만, 그는 무문토기보다는 오히려 유문토기에 보다 더 초점을 맞추고 있다. 그는 당시 일괄되어 유문토기로 불리우던 것을 즐목문토기로 지칭하며 북방에서 유입되었다는 것을 주장하고(藤田亮策 1930c), 그와 더불어 무문토기는 한반도 재지의 토기로 해석하고 있다(藤田亮策 1942). 물론 藤田亮策 역시 무문토기와 야요이토기와의 관계를 전혀 부정하고 있는 것은 아니었지만 그에게 있어 중요한 것은 식민지 조선의 선사시대에 있어서 외부 문화의 영향을 강조하는 것이었다. 즉 鳥居龍藏과 藤田亮策은 큰 틀에서 식민지 조선의 선사시대의 물질문화를 인식하는 방식에 있어 커다란 차이는 없었지만, 결국 그들이 그것을 통하여 이야기하고자 하였던 목적에 따라 해석은 큰 차이를 보이게 된다. 일본 선사문화의 규명을 목적으로 하는 鳥居龍藏은 무문토기와 야요이토기의 관계에, 조선 선사문화의 외부 영향을 강조하고자 하는 藤田亮策은 즐목문토기의 기원지에 초점을 두고 있는 것이다.

鳥居龍藏이 1910년대 중반 식민지 조선의 선사시대 조사에서 멀어진 이후, 藤田亮策의 인식이 거의 정설로서 인정되게 되며, 이것이 우리가 일반적으로 인식하는 관제고고학 입장에서의 해석으로 볼 수 있다.

橫山將三郞의 동삼동 패총에 대한 해석에서 가장 차이가 나는 것은 앞에서 언급한 일본과 조선의 관계 부분 일 것이다. 그는 즐문토기와 죠몽토기의 관계를 적극적으로 해석하고 있다. 그러나 북부 구주에서 유사한 유물이 발견되지 않기 때문에 직접적인 문화의 영향지역을 일본 관동, 동북지역으로 보며, 그것이 다시 일본 내륙을 거쳐 동북지역에서 서일본으로 확산되고 다시 南鮮, 西鮮으로 전파된 것으로 이해하고 있다. 그리고 그러한 전파의 근거로서 해류의 흐름을 들고 있다(그림 7, 橫山將三郞 1933). 그러나 橫山將三郞는 즐문토기가 북방

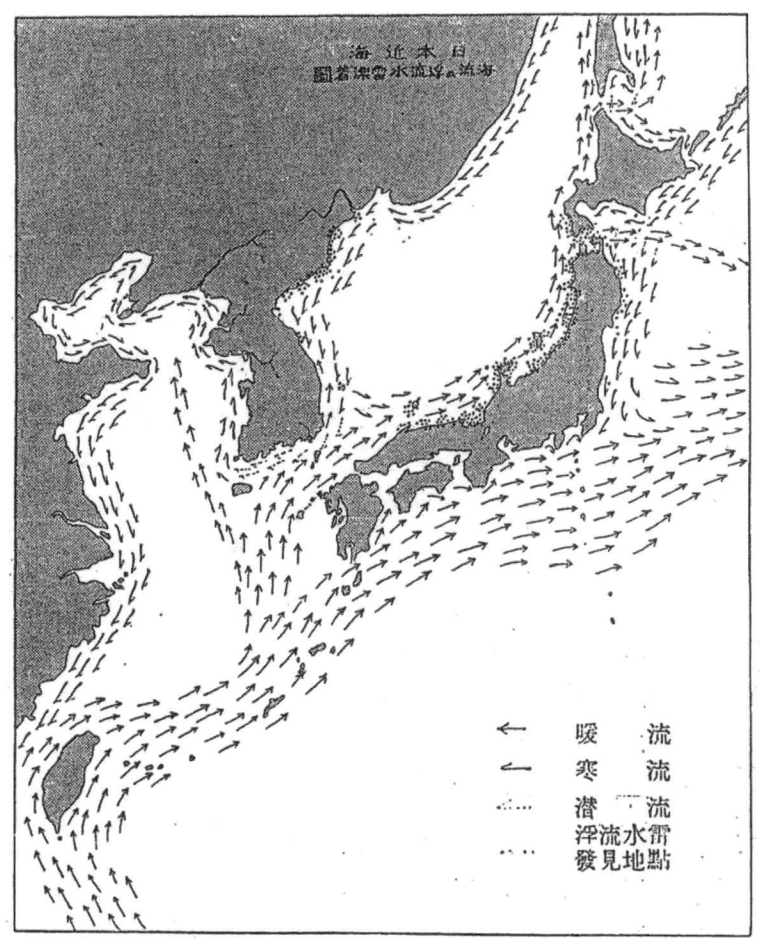

그림 7. 일본 근해 해류의 흐름
橫山將三郞 1933, Fig 43 轉載

계임을 부정하지는 않고 있다. 그리고 무문토기와 즐문토기의 시간적 구분 역시 시도하지 않고 있다.

이러한 해석의 한계는 당시 많지 않은 조사 자료에 근거하고 있다는 현실적인 문제점과 당시의 낮은 학문적 수준에 기인한 바가 클 것이다. 그러나 1930년대는 이미 일본 내에서 층위적 발굴이 시도되면서 각 시대 및 시기의 구분이 활발하게 이루어지고 있을 때로, 층위적 구분을 인식하지 못할 정도는 아니었다.

석기시대에서 금석병용기로의 전환이라는 기존의 큰 틀에서 橫山將三郞의 해석 역시 자유롭지 못하였던 것이다.

Ⅳ. 일제강점기 선사시대 연구의 문화권 설정

실제 鳥居龍藏이나 藤田亮策에 있어 식민지 조선내의 문화권 구분은 사실 큰 의미는 없었다. 그들에게 있어 식민지 조선은 하나의 문화권역이었으며, 동북지방에서 출토되는 유문토기, 한강유역에서 출토되는 유문토기, 남해안에서 출토되는 유문토기가 모두 동일한 북방에서 전파되어온 유문토기 문화였을 뿐이다(藤田亮策 1930c).

이러한 점에서 선사문화의 지역권을 설정하고 있다는 점에서 橫山將三郞는 주목되지만 실제 그 내용은 극히 단순하다. 「朝鮮の史前土器硏究」(橫山將三郞 1934b)'에서 한반도를 北鮮, 西鮮, 南鮮의 세 지역으로 구분하고 있지만[13], 이것

---

13) 이러한 지역 구분은 이후 有光敎一로 이어지게 된다(有光敎一 1962).

은 유물의 양상보다는 지세와 풍토, 환경 등을 기준으로 하고 있는 것으로, '南鮮은 內鮮文化의 관계에 있어서는 가장 중요한 역할을 하지만, 조선의 史前土器文化의 개성을 논하는데 있어서는 무시해도 지장이 없다(橫山將三郞 1934b: 4)'고 하며, 영남지역에 대해서는 그 설명조차 생략되어 있다.

당시에 있어 석기시대의 문화권 구분은 큰 의미를 가지고 있지 않았다. 그것은 체계적인 발굴이 적었으며, 토기의 형태, 문양의 차이를 단순히 '풍부함'으로 생각하였던 인식에 기인한 것이었으며, 무엇보다도 당시 집단의 생활을 가장 명확히 이야기해 줄 수 있는 석기 양상에서 지역적 차이를 찾아볼 수 없었기 때문일 것이다.

V. 영남지역의 金石竝用期

金石竝用期는 잘 알려져 있는 것처럼 1923년 김해패총 발굴 보고서가 발간되면서 원래의 고고학적인 의미와는 다르게 한반도의 역사를 설명하는데 사용되기 시작하였고, 궁극적으로 일제강점기 식민사관을 긍정하는데 있어 결정적인 고고학적 증거로서 인용되었다(이기성 2010a). 이러한 점은 여러 연구에서 지적되었으며, 금석병용기는 일제강점기 고고학이 학문적인 목적에서 벗어나 제국주의에 의해 의도적으로 왜곡된 전형적인 사례로 이해되고 있다.

잘 알려져 있듯이 금석병용기라는 것은 '식민지 조선은 미개한 석기시대의 문화를 지속하고 있었는데, 발달한 금속기문화를 가진 漢의 식민지배에 의해 강제적으로 금속기문화가 이식되며, 그러한 과정에서 재지의 석기와 외부 문화의 영향인 금속기가 동시에 사용되는 시대가 있었으니 그 단계가 금석병용기'

이며 이것을 문화 전환의 과도기로 보는 것이 아니라 식민지배의 영향으로 해석하고 있는 것이다. 그러나 이러한 금석병용기가 모든 고고학자들에게 긍정된 것은 아니며, 실제 김해패총의 보고서를 작성하면서 금석병용기의 용어를 주창한 梅原末治는 단순한 과도기로서 금석병용기를 이해하고 있으며(梅原末治 1922), 鳥居龍藏은 금석병용기 자체를 부정하는 것은 아니지만 김해패총의 금석병용기 근거를 강하게 비판하며 더구나 그에 대한 어떠한 역사적인 의미도 부여하지 않고 있다(鳥居龍藏 1925a). 지금의 고고학에서 비판받는 금석병용기의 내용은 대부분 藤田亮策이 주창한 내용인 것이다.

금석병용기는 결국 석기시대와 삼국시대의 중간단계이며, 이것을 어떻게 해석하는가의 문제로 귀착된다. 藤田亮策이 이 시대를 보는 시각은 시간이 흐름에 따라 조금씩 달라지는데, 漢族植民文化(藤田亮策 1925), 秦漢文化의 浸潤 → 樂浪帶方文化(藤田亮策 1934), 金石竝用時代 → 樂浪帶方時代(藤田亮策 1942) 등으로 구분하고 있다.

이 중 금석병용시대와 낙랑대방시대는 일부 연대적으로 중복되는데, 낙랑대방시대는 군현이 설치된 기원전 108년에서 기원후 313년까지의 기간이며, 금석병용시대는 낙랑 설치 이전단계를 포함하고 있는 것이다.

금석병용기와 이후 낙랑대방시대를 설명하는데 있어 김해패총 등의 영남지역 유적은 매우 좋은 증거였다. 藤田亮策이 금석병용시대, 낙랑대방시대의 근거 및 특징으로 삼는 유물은 明刀錢 등의 중국 동전류, 銅劍 및 銅鉾 등의 금속기들이었다. 그런데 明刀錢을 제외하고 많은 수의 금속기 유물이 영남지역에서도 출토된다는 사실은 그에게 있어 중요한 의미를 주는 것이다. 한반도 남부에서도 중국 문화의 영향이 확인된다는 사실은 한반도 북부가 낙랑대방 등의 식민지가 되기 이전부터 한반도 전역에 중국의 문화적 영향이 강하게 미쳤던 것이고, 한반도 북부에 낙랑 대방 등의 식민지가 있었을 당시에도 남방의 韓族에게 큰 문화적 영향을 주었다는 것이다.

즉 藤田亮策에게 있어 영남지역의 金石竝用期는 한반도 북부 뿐 아니라 한반도 전 지역이 중국의 문화적 영향에 있었다는 것을 증명하는 것이며, 결국 이것은 조선의 고대문화에 있어 외부문화의 영향을 강조하는 그의 입장에 매우 적합한 논리였던 것이다.

Ⅵ. 맺음말

일제강점기 선사시대의 조사는 鳥居龍藏의 조사, 藤田亮策으로 대표되는 관제조사, 釜山考古會의 조사 등으로 크게 나눌 수 있다. 그리고 그들의 고고학 자료에 대한 해석은 조금씩 차이를 보이고 있다. 그럼에도 결국 석기시대 내에서 유문토기와 무문토기를 동시기로 해석한다는 점에서는 藤田亮策으로 대표되는 관제고고학의 해석을 벗어나지는 못하고 있다. 즐문토기문화의 해석, 일본과의 관계를 보는 입장은 조금씩 차이를 보이고 있지만 이 역시 그들이 결국 한반도의 선사시대에서 무엇을 찾고자 했는지에 따른 차이일 뿐이다. 그리고 석기시대의 해석, 동삼동 패총 무문토기의 문제, 금석병용기의 해석은 해방 이후 북한고고학과 남한고고학으로 이어지게 되고, 1970년대 이전까지 한국고고학의 여러 측면에 큰 영향을 주게 된다.

결국 지금의 고고학자들이 일제강점기의 고고학 조사를 다시금 검토하는 것은, 이렇듯 한국고고학에 이어지게 된 일제강점기 조사의 해석과 인식을 한국고고학의 前史로 인식하고, 그에 대한 보다 철저한 검증이 필요하기 때문인 것이다.

참고문헌

강인욱, 2007, 「藤田亮策과 日帝强占期 韓國先史考古學의 硏究」, 『동북아시아문화학회 국제학술대회 발표자료집』.
강인욱, 2008, 「日帝强占期 咸鏡北道 先史時代 유적의 조사와 인식」, 『한국상고사학보』 61.
강인욱, 2009, 「Ⅴ고찰 1. 藤田亮策의 연길 소영자 유적과 두만강 유역 조사 의의」.
신숙정, 1993, 「우리나라 신석기문화 연구경향-1945년 까지-」, 『한국상고사학보』 12.
이기성, 2010a, 「일제강점기 '金石竝用期'에 대한 일고찰」, 『韓國上古史學報』 68.
이기성, 2010b, 「일제강점기 '石器時代'의 조사와 인식」, 『先史와 古代』 제33호.
이기성, 2011, 「초기 북한 고고학의 신석기·청동기시대 구분-일제강점기 고고학의 극복과 문화전파론-」, 『湖西考古學』 25集.
이순자, 2008, 「1930년대 부산고고회의 설립과 활동에 대한 고찰」, 『역사학연구』 33.
정인성, 2008, 「후지타 료우사쿠와 대봉동 지석묘 발굴의 평가」, 『한국청동기학회 연구사분과 제1차 발표회 자료』.

及川民次郎, 1933, 「南朝鮮牧ノ島東三洞貝塚」, 『考古學』 4-5.
吉井秀夫, 2002, 「釜山考古會とその活動について」, 『倭城の研究』 5.
吉井秀夫, 2006, 「3. 釜山考古會とその活動についての再考」, 『植民地朝鮮における考古學的調査の再檢討』 科學研究費補助金研究成果報告書.
吉井秀夫, 2006, 「4. 釜山考古會と博物館建設運動」, 『植民地朝鮮における考古學的調査の再檢討』 科學研究費補助金研究成果報告書.
東京帝國大學, 1928, 『日本石器時代遺物發見地名表』 增訂五版.

藤田亮策, 1925,「朝鮮古蹟及遺物」,『朝鮮史講座 朝鮮史學會』.

藤田亮策, 1930a,「雄基の石器時代遺跡」,『朝鮮』184号.

藤田亮策, 1930b,「雄基松坪洞石器時代遺跡の發掘」,『靑丘學叢』第二号.

藤田亮策, 1930c,「櫛目文樣土器の分布に就きて」,『靑丘學叢』第二号.

藤田亮策, 1931,「雄基松坪洞石器時代遺跡の調査」,『靑丘學叢』第六号.

藤田亮策, 1934,「朝鮮古代文化」,『岩波講座 日本歷史』.

藤田亮策, 1942,「朝鮮の石器時代」,『東洋史講座』18.

梅原末治, 1922,「上代の南朝鮮に就いて」,『思想』4(1944『東亞考古學論功第一』에 재수록).

榧本龜次郎, 1937,「大邱ドルメンの調査」,『歷史公論』6-6.

榧本龜次郎, 1952,「大邱大鳳町支石墓調査について」,『考古學雜誌』39-2(榧本龜次郎, 1980,『朝鮮の考古學』에 재수록).

西谷正, 1982,「釜山考古會のこと-朝鮮考古學史にふれて-」,『福岡考古懇話會會報』11.

有光敎一, 1936,「朝鮮釜山瀛仙町の一貝塚に就いて」,『人類學雜誌』51-2.

有光敎一, 1962,『朝鮮櫛目文土器の硏究』京都大學文學部考古學叢書第3冊.

鳥居龍藏, 1917,「平安南道黃海道古蹟調査報告書」,『大正五年度古蹟調査報告』.

鳥居龍藏, 1925a,「浜田·梅原兩氏著『金海貝塚報告』を讀む」,『有史以前の日本』.

鳥居龍藏, 1925b,「有史以前の日鮮關係」,『有史以前の日本 改訂版』.

鳥居龍藏, 1953,『ある老學徒の手記 考古學とともに六十年光』朝日新聞社.

朝鮮古蹟硏究會, 1937,「第五 大邱大鳳町支石墓調査」,『昭和十一年古蹟調査報告』.

朝鮮古蹟硏究會, 1940,「第七章 大邱大鳳町支石墓調査(第二回)」,『昭和十三年古蹟調査報告』.

朝鮮總督府, 1923,『大正九年度古蹟調査報告第一冊 金海貝塚發掘調査報告』.

田畑久夫, 2007,「第8章 朝鮮半島におけるフィールドサーウエイ」,『鳥居龍藏の みた日本民族・文化の源流を求めて』.

横山將三郞, 1930,「京城府外鷹峰遺跡報告」,『史前學雜誌』2-5.

横山將三郞, 1933,「釜山絶影島東三洞貝塚調査報告」,『史前學雜誌』5-4.

横山將三郞, 1934a,「油坂貝塚に就いて」,『小野先生頌壽記念朝鮮論集』.

横山將三郞, 1934b,「朝鮮の史前土器研究」,『人類學・先史學講座 第17卷 特集 土器の研究』.

横山將三郞, 1943,「不作爲の倫理性」,『吉田博士古稀祝賀記念論文集』宝文館.

横山將三郞, 1953,「ソウル東郊外の史前遺跡」,『愛知大學 文學論叢』5・6輯.

横山將三郞, 1955,「渥美半島の考古學的調査研究 —田原町遺蹟群—」,『愛知大 學綜合鄕土硏究所紀要』2.

横山將三郞, 1956,「豊橋市野依町仏餉遺蹟發掘報告」,『愛知大學文學論叢』12.

横山將三郞, 1957,「豊橋市天伯町南高田遺蹟發掘報告」,『愛知大學綜合鄕土硏 究所紀要』3.

横山將三郞, 1958a,「一宮村德台遺跡」,『愛知大學文學論叢』18.

横山將三郞, 1958b,「一宮村炭燒平古墳發掘調査報告」,『愛知大學綜合鄕土硏 究所紀要』4.

横山將三郞, 1959,「一宮村上長山古墳發掘調査報告」,『愛知大學綜合鄕土硏 究所紀要』5.

日帝强占期 鳥居龍藏의
慶州月城 및 大邱達城 調査에 대하여

咸 舜 燮 國立大邱博物館

Ⅰ. 머리말

최근 우리 고고학계에서는 日本帝國主義 官學者가 植民地 朝鮮에서 실시한 문화유산 조사를 재검토하는 연구 경향이 무르익고 있다. 대체적인 방향은 考古學史의 정리 차원에서 일제 관학자의 조사를 평가하는 데 맞추어져 있다. 그런데 우리나라에 남아있는 관련 자료는 일제강점기의 공적 자료가 대부분인데, 식민지 통치기관인 조선총독부가 생산하거나 획득한 행정기록물 및 유물이다. 이에 비해 일본제국주의의 침략과정에 동반된 관학자의 대한제국 탐사 자료와 조사의 상황 및 의향을 추론할 수 있는 관학자의 개인 기록은 거의 모두 일본에 남아 있다. 이러한 자료의 한계와 더불어 學史的 입장에서도 약간의 혼란이 있다. 이는 일제 관학자의 조사를 韓國考古學史의 범주에 곧이곧대로 넣을 수 있는지에 대한 의문이다. 조사지점에 대한 屬地的 觀點은 당시의 조사를 한국고고학사의 일부로 다룰 수 있는 단초를 제공한다. 하지만 학문의 주체 및 해석에 대한 屬人的 觀點은 기획에서 결과 정리까지 철저히 일본제국주의 중심으로 이루어진 당시의 상황으로 볼 때 섣부른 단정을 경계하게 만든다. 식민지 조선에서의 일제 관학자의 조사는 비록 日本考古學史에서 前期의 성과 가운데 하나일지 모르겠으나, 오늘날 우리의 입장에서 체계적으로 평가하고 재해석해야만 韓國考古學史에서 前史 이상의 자리로 다시 태어나게 될 것이다(鄭仁盛 2011: 151~152 ; 咸舜燮 2011b: 59).

지금까지 일제 관학자의 조사 그 자체를 실증적으로 탐색하는 연구는 그리 많지 않았다. 1970년대 이후 나름의 성장을 이룬 한국고고학계는 특히 1980년대를 지나며 대폭 늘어난 발굴 성과로 인해 더 이상 일제강점기 자료에 전적으로 얽매이지 않게 되었다. 또한 일제강점기 자료가 우리나라와 일본의 특정 기관에서 폐쇄적으로 관리되거나 방치되었던 점도 연구의 태동을 지체시켰다. 하지만 최근에 일제강점기 자료 그 자체를 史料로써 평가하게 되고, 史的 脈絡을 탐구하는 경향이 생겨나게 됨에 따라 관련 연구는 서서히 성숙되어 가고 있다.

　鳥居龍藏은 식민지 조선에서 실시한 자신의 조사에 대해 공식 보고서를 상대적으로 적게 또한 기록을 불확실하게 남겼다. 공식 보고서의 문제는 일제 관학자들 사이에 발생하였던 갈등 때문인 것으로 널리 알려져 있다(朝倉敏夫 1993: 46). 불확실한 기록은 우선 鳥居龍藏 자신에 의해 유발되었으며, 당시 행정처리 과정의 혼선도 한몫을 하였다. 다행히 鳥居龍藏의 年代記는 최근 연구(朝倉敏夫 1993; 石尾和仁 2010a, 2010b, 2011)에 의해 상당부분 교정되었다. 하지만 아직까지 검토해야 할 사항이 상당히 많으며, 조사 내용에 대한 검토도 첫걸음에서 크게 벗어나 있지 않다.

　慶州月城 및 大邱達城에서 실시된 鳥居龍藏의 발굴은 이미 두 차례에 걸쳐 조사 내용이 소개되었으며(有光敎一 1943, 1959), 관련된 琉璃乾板 寫眞과 文書의 일부도 최근에 공개되었다(筆者不明 1925; 대구문화예술회관 2007; 國立慶州文化財研究所·慶州市 2010). 이 논문의 목적은 경주월성 및 대구달성에 대한 鳥居龍藏의 1914년과 1917년 조사를 현재의 관점에서 검토하는 데 있다. 우선 조사 상황의 사실 관계를 확인한 다음, 그 내용을 그간 이루어진 고고학적 판단과 비교해 보고자 한다. 아쉽게도 이 논문에서는 발굴된 유물과 그 이후에 이루어진 발굴의 성과를 본격적으로 다루지 못하였다.

Ⅱ. 第三回 및 第四回 史料調査의 回數와 期間에 대한 問題

1914년 慶州月城 및 大邱達城의 조사는 최근까지 시점이 잘못 또는 불명확하게 알려졌다. 우선 조사 시점이 기왕에 1915년으로 알려진 것(有光敎一 1959: 491~492)은 현재까지 확인된 근거로 볼 때 1914년이 확실하다. 鳥居龍藏은 『1916年度 古蹟調査報告』(1917년 3월 提出)에 다음과 같이 서술하였다.

'나는 前年에 慶尙南道 金海의 貝塚과 慶尙北道 慶州半月城 및 大邱達城의 성벽 아래를 發掘하였다. 그 유적의 下部는 石器時代이며, 中部는 이보다 조금 늦고, 上部에는 三國時代(신라, 가야 등)의 유물이 있는 것을 확인함으로서, 같은 민족이 문화를 점차 발달 진보시켰다는 것을 알 수 있었다. 이번 美林里遺蹟의 조사에서도 또다시 이 같은 사실을 확인하였다.'(鳥居龍藏 1917: 786)

鳥居龍藏이 해당 유적의 보고서를 남기지 않았기 때문에, 基點이 없는 '前年'이란 모호한 표현은 이후에 불필요한 오해를 낳았다. 有光敎一은 조사 내용을 소개한 논문에서 '前年'을 문자 그대로 받아들여 1916년의 작년인 1915년으로 소개하였다. 물론 이후에 有光敎一의 글을 인용한 여러 논문들도 조사시점을 의심하지 않고 그대로 따랐다. 鳥居龍藏의 서술은 스스로 착각한 것이었을 수도 있고, 넓은 의미에서 '以前의 어떤 해, 先年'을 표현한 것일 수도 있다. 하여튼 국립중앙박물관에 소장된 유리건판에는 '大正三年(1914년)'이란 附記가 남아 있다. 같은 유리건판의 사진을 편철한 서울대학교 중앙도서관 소장 도서의 표지에도 『大正三年調査 慶尙北道地方 遺蹟寫眞集 第二集』(그림 1-①)이라

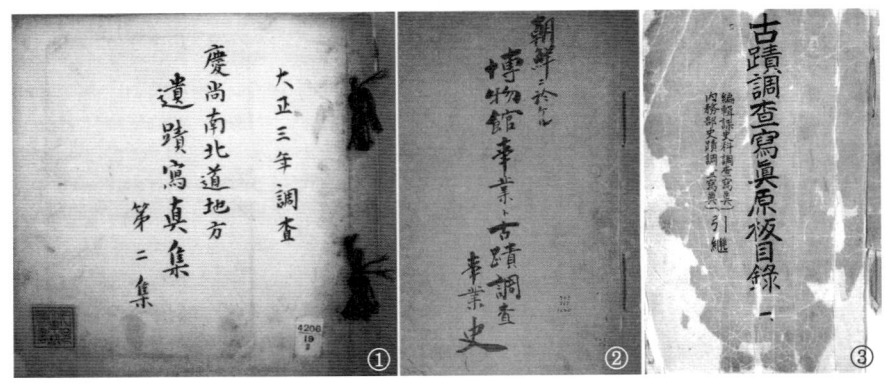

그림 1. 國立中央博物館 및 서울大學校 所藏 資料의 表紙

고 표기되어 있다(國立慶州文化財硏究所·慶州市 2010-Ⅰ: 37).[1]

한편 鳥居龍藏의 1914년 조사는 기왕의 연구(朝倉敏夫 1993: 44 ; 石尾和仁 2010b: 103~104)에서 밝혀진 것과 같이 史料調査의 횟수에서 다소 모호한 부분이 있다. 국립중앙박물관에 소장된 朝鮮總督府博物館 資料를 통해 그 내용을 재검토해 보고자 한다.

'(鳥居囑託)第三回 史料調査[1913년 12월부터 1914년 3월까지]: 第三回는 주로 慶尙南北道의 有史以前 유적을 조사하고 人種上에 풍속, 체격 등의 조사를 또한 계속하였다. 이때에 鳥居囑託이 慶南 昌寧에서 新羅 眞興王의 巡狩拓境碑를 발견한 것은 가장 주목할 만한 일이다.[1914년 3월 22일]. 第四回 史料調査[1914년 4월부터 같은 해 6월까지]: 第四回는 慶尙北道 慶州 및 全羅南道 全般에 걸쳐 有史以前

---

1) 경주월성의 조사시점은 필자도 이전부터 잘못 알려져 있음을 알고 있었으며, 공식 출판물로 國立慶州文化財硏究所·慶州市의 『慶州 月城』 보고서(2010)에서 처음으로 교정되었음을 밝혀둔다.

유적을 조사하였다.'(筆者不明 1925: 52)

　　'博物館事務의 範圍: …… 二, 古蹟調査 內務部地方局第一課로부터 옮김. 三, 有史前遺蹟調査(史料調査) 內務部學務局編輯課로부터 옮김.……'(筆者不明 1925 : 55)

　이는 1925년 4월경에 작성된 筆者不明의 朝鮮總督府博物館 文件(以下『文件』)「朝鮮二於ケル博物館事業ト古蹟調査事業史」(그림 1-②)²⁾에 있는 기록이다. 이에 비해 朝鮮總督府博物館의 琉璃乾板 目錄(以下『目錄』)인『古蹟調査寫眞原板目錄 一』(그림 1-③)에는『文件』에 언급된 위의 조사에서 촬영된 유리건판을 '第三回史料調査寫眞原板(慶南北)'과 '第四回史料調査寫眞原板(全南)³⁾'으로 횟수를 분명히 구분해 두었다.
　『目錄』은 모두 3册⁴⁾으로 편철되어 있는데, 그 가운데 첫 번째 편철인『古蹟

---

2) 藤田亮策의 글(1931,「朝鮮に於ける古蹟の調査及び保存の沿革」,『朝鮮』199)은 이 조선총독부박물관 문건을 토대로 작성된 것으로 판단된다.
3)『古蹟調査寫眞原板目錄 一』에서 第四回 史料調査의 제목은 '第四回史料調査寫眞原板(全北)'으로 되어 있으나, 그 내용이 모두 全羅南道에서 촬영된 것뿐이다. 괄호 속의 '全北'은 '全南'의 오기이다. 실제 전라북도의 조사는 위 목록에서 1915년 第五回 史料調査(全北, 忠南北, 京畿, 江原)에 속한다.
4) 조선총독부박물관은 3卷으로 편철된 유리건판 목록에 일련번호를 기입하였고, 그 일부에 소장품 번호도 부여하였다. 유리건판 목록의 일련번호는 이관서류인 편철과 상관없이 대체로 연도별로 순서를 정하여 붙였다. 즉 史料調査와 古蹟調査로 목록이 따로 편철되어 있음에도 불구하고, 조선총독부박물관은 업무를 이관 받은 1916년 7월 이후 조사된 순서에 따라 관리용 일련번호를 이어 붙였다. 연도의 기준은 會計年度이며, 일련번호의 앞자리 두 개는 西曆을 기준으로 하였다. 국립중앙박물관이 발간한 유리원판 목록집은 이 일련번호에 따라 재편집한 것인데, 이 목록집만으로는 원래 목록이 지닌 형태를 가늠하기 어렵다. 이 논문과 관련된 국립중앙박물관

調査寫眞原板目錄 一』의 표지에는 '編輯課史料調査寫眞 · 內務部史蹟調査寫眞 引繼'라는 부기가 있다. 이 부기와 관련된 사항은 위의 인용문과 같이 『文件』에서도 확인된다. 『古蹟調査寫眞原板目錄 一』은 내용으로 보아 內務部 學務局 編輯課의 史料調査와 관련된 서류이다. 『古蹟調査寫眞原板目錄 二』는 대부분 關野貞 調査團의 古蹟(史蹟)調査와 관련된 內務部 地方局 第一課의 서류인데, 매회 조사별 목록의 앞에 촬영자인 谷井濟一의 引繼證이 붙어있다. 조선총독부박물관은 1915년 11월 19일에 설치가 결정되었고, 總督官房 總務局에서 所管하여[5] 12월 1일에 개관하였다. 하지만 박물관의 업무는 1916년 7월 4일에 '古蹟及遺物保存規則'과 '古蹟調査委員會規程'이 공표되어 古蹟調査事業이 통합됨에 따라 비로소 확정되었다. 박물관의 조직은 별도의 직제를 지닌 독립된 문화기관이 아니라 조선총독부의 局 · 課에 소속되었고, 그나마 서로 다른 소속의 직원들이 겸직하여 업무를 수행하는 정도에서 불완전하게 이루어졌다 (金仁德 2009). 1912년부터 總督官房 總務局에 소속되어 鳥居龍藏의 史料調査에 동행하였던 澤俊一은 곧바로 寫眞技術員[職級 雇員]으로 學務局 編輯課에 고용되어 박물관 업무를 겸임하였다(筆者不明 1925: 58, 61, 64 ; 吉井秀夫 2008). 위의 사실로 미루어 볼 때, 소관부서별로 관리되던 『目錄』은 1916년 7월 이후에 조선총독부박물관으로 이관되었고, 이후에 원래의 편철을 그대로 둔 채 통

의 목록집은 『유리원판 목록집 I』(1997)이다. 국립중앙박물관의 『유리원판 목록집』에서 사료조사의 횟수가 冠稱된 것과 아닌 것은 1915년까지 따로 편철된 史料調査와 古蹟調査의 원판목록을 의미한다.
5) 조선총독부박물관 개관 당시에 사무는 總督官房 總務局 總務課의 소관이었으나, 건조물의 보존관리 · 입장객 및 고용인에 관한 사무만 總督官房 總務局 會計課가 따로 담당하였다.

합관리 지침에 따라 일련번호를 추가⁶⁾한 상태로 남게 되었음을 알 수 있다.

조선총독부박물관 자료인 『文件』과 『目錄』은 같은 내용을 다루고 있으면서도 내용에서 약간 차이를 드러내고 있다. 결국 이 차이는 鳥居龍藏의 第三回 및 第四回 史料調査의 문제점이기도 하다. 만약에 『文件』에서 第四回의 '慶尙北道 慶州'만을 第三回의 慶尙南北道에 포함되는 것으로 본다면, 『文件』과 『目錄』은 내용에서 합치된다. 그러나 『文件』에 기록된 第三回[1913년 12월부터 1914년 3월까지, 1914년 3월 22일]와 第四回[1914년 4월부터 같은 해 6월까지]의 조사기간을 염두에 둔다면, 第三回의 '1914년 3월 22일'과 第四回의 '慶尙北道 慶州'는 特記事項으로 볼 수 있다. 『文件』에서 鳥居龍藏의 第一回·第二回·第三回의 史料調査는 어떤 해의 下半期에 시작되어 항상 이듬해 3월에 종료되었고, 특이하게 第四回 史料調査는 第三回에 연속하지만 4월부터 따로 시작되었다. 第五回 史料調査는 8월부터 11월까지 이루어져 앞의 사례와 실시기간에서 공통분모가 없다. 여기서 공통되는 시점은 3월말인데, 이를 통해 당시 행정기관에서 정한 회계연도의 종료시점을 짐작할 수 있다.⁷⁾ 예를 들면, 1913년도 회계기간은 1914년 3월말까지이고, 1914년도 회계기간은 같은 해 4월부터 시작되었던 것이다. 이러한 회계연도는 『目錄』의 일련번호에도 잘 드러난다. 第三回 史料調査가 대부분 1914년에 이루어졌음에도 불구하고, 관련 유리건판의 일련번호는 회계연도상 1913년도에 해당되므로 여섯 자리의 일련번호에서

---

6) 전체 일련번호의 추가는 정황으로 보아 藤田亮策이 朝鮮總督府 學務局 古蹟調査課의 博物館主任 및 古蹟係主任으로 부임한 1922년 이후에 이루어졌을 수도 있다(京都木曜クラブ 2003: 15, 咸舜燮 2007: 219).
7) 일제강점기 연구자인 金仁德 선생과 국립중앙박물관 유물관리부의 사진담당인 金榮敏의 조언이 있었다.

서력의 끝 두 자리 숫자인 '13□□□□'을 冠稱하고 있다. 이는 第四回 史料調查의 유리건판이 1914년도 회계연도에 적용되므로 일련번호에 '14□□□□'를 冠稱하고 있는 것에서도 알 수 있다. 그런데 『目錄』에서 '慶尙北道 慶州'는 『文件』과 다르게 모두 第三回 史料調查에 속하고, 유리건판의 일련번호도 모두 '13□□□□'의 형태를 지닌다. 결국 『文件』에 있는 두 개의 特記事項은 第三回 史料調查에서 발생한 어떤 문제를 행정적으로 조정한 것에 대한 기록일 수 있다. 이는 1913년도 회계연도에 따라 '1914년 3월 22일'을 기점으로 第三回 史料調查를 임의로 종료시켰고, 또한 최초에 허가된 사항이 지켜지지 않았기에 '慶尙北道 慶州'를 특정하여 第四回 史料調查에 임의로 포함시켰음을 짐작하게 한다. 이상의 근거에 따르면, 『目錄』은 回數別로 실시된 조사 내용 그 자체이며, 『文件』은 조선총독부가 통제한 사항을 바탕으로 문서행정의 整合性에 맞춘 기록이라고 판단할 수 있다.

『目錄』을 기준으로 본 第三回 史料調查의 동선(그림 2)은 南海-河東-晋州-咸安-固城-統營-巨濟-鎭海-金海-東萊(釜山)-蔚山-密陽-昌寧[以上 慶尙南道]-大邱-慶州A-浦項-慶州B[8)]-盈德-靑松-安東-榮州-醴泉-尙州-金泉-星州-高靈[以上 慶尙北道]이다(國立中央博物館 1997: 81~110). 이 동선은 앞뒤로 양분하여 道單位의 행정구역을 벗어나지 않는 점에서 특징적이다. 前半인

---

8) 慶州A에서 조사는 당시 慶尙北道 慶州郡의 西面, 慶州面, 內東面, 外東面에서 이루어졌다. 慶州B에서 조사는 당시 慶尙北道 長鬐郡 東海面(甘浦와 陽北의 感恩寺址 및 石窟庵)과 慶州郡 內東面(佛國寺 및 聖德王陵)에서 실시되었다. 長鬐郡은 오늘날 경주와 포항의 동쪽 해안을 관할하던 행정구역이었다. 長鬐郡 東海面(甘浦·陽北·陽南)은 1906년 大韓帝國의 勅令 第三十六號로 慶州郡에서 분할되었는데, 조사 도중인 1914년 4월 1일부터 朝鮮總督府 府令 第一一一號로 지방행정구역이 조정되면서 慶州郡 陽北面 및 陽南面으로 재편입되었다.

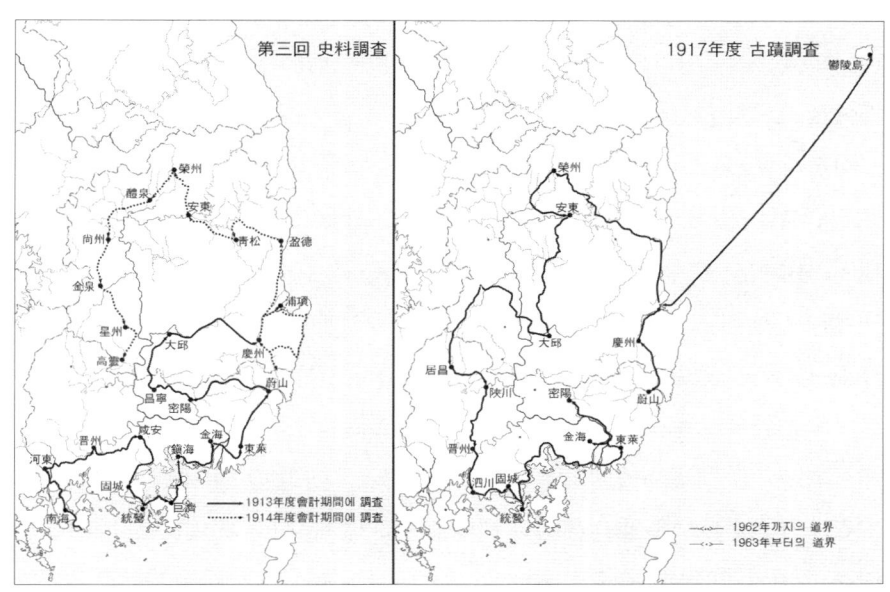

그림 2. 第三回 史料調査 및 1917年度 古蹟調査에서 鳥居龍藏의 動線

경상남도의 조사는 南部方面에서 해안과 내륙을 들락거리며 대체로 서쪽 끝에서 동쪽 끝으로, 다시 東部方面에서 해안을 남쪽부터 북쪽으로 그리고 내륙으로 꺾어 洛東江 東岸을 따라 북쪽으로 진행되었다. 後半인 경상북도의 조사는 道界를 곧바로 넘어 大邱에서 대체로 反時計方向으로 경상북도의 외곽 행정구역을 따라 진행하여 시작점의 對岸인 洛東江 西岸에서 마감하였다. 道單位의 행정구역 안에서 일정한 방향을 정하고 최적의 노선을 따라 움직였기에 이 동선에서 모순된 점은 그다지 찾을 수 없다. 그런데 『目錄』의 동선은 1914년의 史料調査에 대해 『文件』이 행정적 사유로 조정한 사항을 담고 있음을 밝히는 근거도 제공해 준다. 즉 『文件』에서 第四回 史料調査에 포함된 慶州는 이 동선에서 後半의 중간에 있다. 『文件』에 명기된 조사기간을 기준으로 하면, 경주 이후

에 진행된 모든 일정은 第四回에 포함시켜야만 정합성을 지니게 될 것이지만 실제로 그렇지 않았다.9)

아울러 『文件』의 모순점은 구체적 일정을 통해서도 찾아진다. 鳥居龍藏은 1914년 3월 3일에 大邱達城의 답사를 마치고 곧바로 이동하여, 이튿날인 3월 4일에 경주에서 조사를 시작하였다. 『目錄』으로 본 경주에서의 동선은 [大邱에서 到着]-慶州出土 新羅土器(所藏處 未詳)-金尺里古墳群-太宗武烈王陵-鮑石亭址-忠孝洞 遺蹟(金庾信將軍墓·古墳群)-邑南古墳群(路西里古墳群·皇南里古墳群)-芬皇寺-小金剛山 遺蹟(瓢巖·古墳·掘佛寺址 佛像群·栢栗寺)-人體測定-慶州古蹟保存會 所藏品-月城 周邊遺蹟(城壁 發掘·月精橋址·鷄林·雁鴨池)-四天王寺址-普門洞 古墳-慶州邑誌의 慶州郡地圖-影池 周邊 先史遺蹟-關門城과 周邊 古墳-[浦項地域 調査]-甘浦港-感恩寺址-石窟庵-佛國寺-聖德王陵-[盈德 쪽으로 移動]이다(國立中央博物館 1997: 95~101).10) 필자가 확인한 유리건판에 부기된 날짜는 忠孝洞遺蹟이 3월 4일, 人體測定이 3月中, 月城의 城壁發掘이 4월 20일, 皇南洞古墳群이 4월 21일이었다. 이 날짜들은 『文件』의 내용을 기준으로 하면, 경주에서의 조사일정이 第三回와 第四回 史料調査에 걸쳐 있음을 알려준다. 비록 『目錄』이 특정지역 안에서 세부 동선을 정확히 기록하지 않

---

9) 구체적인 일정은 유리건판에 부기된 날짜를 모두 확인하면 분명해질 것이지만, 아쉽게도 전체를 확인하지 못하였다. 다만 대구에서 경주로 이동한 일정은 이어져 있음이 확실하다.
10) 오로지 유적의 위치를 最短으로 엮은 동선으로 보면, 유리건판 목록의 순서는 약간 불합리하다. 鮑石亭址의 조사는 유적의 위치와 慶州南山의 北端인 都堂山 자락에서 촬영된 月城의 전경사진으로 볼 때, 月城 調査의 직전에 이루어져야 동선이 중복되지 않는다. 또한 '影池 周邊 先史遺蹟-關門城과 周邊 古墳'의 조사도 '佛國寺-聖德王陵'의 사이에 놓인다면 순서상 무리가 없을 듯하다. 하지만 여러 날에 걸쳐 조사가 이루어졌기에 합리성만을 따진 이 동선은 그냥 관념적 기준일 뿐이다.

았음도 보여주지만,[11] 그것보다 『文件』이 임의로 조정된 내용을 담고 있음을 뚜렷하게 증명시켜 준다. 또한 통상적인 조사 일정과 비교해 보면, 경주에서는 시작부터 중반까지 근 45일 동안 매우 길게 비정상적으로 조사를 실시하였음을 살펴보게 한다. 이는 1914년 3월과 4월 사이에 회계연도와 관련하여 조사를 일시 중단해야 할 행정조치가 있었음을 간접적으로 알려준다. 그 직접적인 증거는 鳥居龍藏의 글에 잘 나타나 있다. 1914년 4월 25일 포항에서 발송된 「通信」에서, 그는 4월 17일 京城에서 大邱에 도착하여 2일간 머물렀고, 19일 경주에 도착하여 2일간 月城을 조사하였으며 이후 石窟庵과 新羅 陵墓를 보았고, 24일 포항에 도착하였으며, 26일부터 해안선을 따라 내려가 利見臺와 感恩寺를 보고 石窟庵을 거쳐 경주로 돌아갈 豫程을 알렸다(鳥居龍藏 1914: 210~211). 이 「通信」은 鳥居龍藏이 행정조치에 의해 조사를 중단하고 京城으로 되돌아간 다음, 다시 내려와 조사를 재개하였음을 소상히 알려주고 있다.

　『目錄』과 『文件』에서 확인한 근거로 第三回 및 第四回 史料調査의 문제를 살펴보면 다음과 같다. 鳥居龍藏은 조선총독부로부터 촉탁을 받아 1913년도 회계연도의 第三回 史料調査를 慶尙南北道에서, 1914년도 회계연도의 第四回 史料調査를 全羅南道에서 실시할 예정이었다. 하지만 그는 유리건판에 부기된 날짜처럼 조사가 전반적으로 지체됨에 따라, 第三回 史料調査를 예정된 기일인 1913년도 회계연도의 종료시점인 1914년 3월말까지 모두 마치지 못하였다. 경주를 조사하던 도중에 이 문제가 드러났기 때문에, 朝鮮總督府 學務局 編輯課

---

11) 후술할 1917년도 古蹟調査의 사례를 살펴보면, 한 지역에서의 세부일정은 일기에 따라 충분히 유동적이었다. 그러므로 유리건판의 목록이 이러한 변수를 모두 담아낼 수 없었다고 필자는 판단한다.

는 '1914년 3월 22일'을 기점으로 第三回 史料調査를 행정적으로 종료시켰다. 그리고 1914년도 회계가 실제로 집행된 이후인 4월 17일부터 조사를 재개시킴과 동시에 처음 예정한 일정과 무관하게 '慶尙北道 慶州'만을 특정하여 第四回 史料調査에 임의로 포함시켜 관련예산을 집행하였던 것으로 추측된다. 『文件』은 이러한 처리 사항을 문서행정의 정합성에 맞추어 기록하였고, 『目錄』은 이러한 행정적 조치에 구애받지 않고 처음 계획에 따라 수행한 第三回와 第四回 史料調査의 내용을 있는 그대로 남겼다. 『目錄』은 후술할 1917년도 古蹟調査의 사례로 볼 때, 조사자의 복명서를 바탕으로 작성되었을 것이므로 鳥居龍藏의 의향을 담고 있을 가능성이 있다. 그러므로 '第三回 및 第四回 史料調査'를 통합하여 1914년 1월부터 7월까지 慶尙道와 全羅道 一圓에서 실시되었던 '제3회 史料調査'로 판단한 최근의 견해(朝倉敏夫 1993: 44 ; 石尾和仁 2010b: 103~104)는 조사의 시공간 범위에서 근거가 부족하므로 再考되어야 한다.

Ⅲ. 鳥居龍藏에 의한 慶州月城 및 大邱達城의 調査

慶州月城 및 大邱達城은 沖積地와 연결된 侵蝕低地를 이용한 성곽으로, 그 입지 및 형성배경에 공통점이 많다(咸舜燮 1996: 345). 즉 두 유적은 앞선 시기의 취락지 위에 그대로 성곽을 축조한 연속성이 확인되고, 高塚古墳群과 인접하며, 배후 충적지와 연결될 뿐만 아니라 강이나 하천을 가까이 끼고 있어 물길을 이용하는데 편리하다. 또한 삼한시기 이래 '國'의 중심지점에 있던 방어취락을 삼국시대에 防禦城으로 개편하여 지배의 거점으로 이용한 점에서도 같다(咸舜燮 2001: 199~200). 단지 삼국시대 이후 경주월성은 新羅의 王宮이고, 대구달성

은 신라의 지방거점에 있는 治所인 점에서 다를 뿐이다.

鳥居龍藏의 경주월성 및 대구달성 조사는 1914년과 1917년에 이루어졌다. 澤俊一이 사진 기록과 조사 보조를 위해 두 차례 모두 동행하였고, 헌병 또는 경찰이 경호를 위해 수행하였으며, 통역 또는 지역 정보를 제공하는 사람이 동원되었다. 경주월성 발굴지의 옆에서 촬영된 1914년 조사단의 기념사진에는 10명이 있으며, 이 가운데 경호원이 4명이다(그림 4). 경주에서는 1913년 5월 10일에 공식적으로 출범하였던 慶州古蹟保存會(咸舜燮 2011a: 1378~1379)의 관계자도 참관하였을 수 있다. 그 이유와 사례는 경주에 온 모든 조사단이 항상 慶州古蹟保存會 陳列館을 방문하였고, 1922년도 古蹟調査에서 월성의 답사를 大坂金太郞이 안내한 사실을 통해 알 수 있다(藤田亮策·梅原末治·小泉顯夫 1924: 7). 경주월성 및 대구달성의 조사는 항상 함께 이루어졌는데, 예비조사를 거쳐 본격적으로 발굴이 이루어진 점에서 공통점을 지니고 있다. 그러므로 연도별로 조사 내용을 살펴보고자 한다.

1. 第三回 史料調査의 內容

大邱達城의 조사는 1914년 3월 3일에 있었다. 達城의 동쪽에서 東門址를 바라보며 찍은 전경 사진(그림 3-①)과 성벽 위에서 서쪽으로 玄風方向의 月背扇狀地를 찍은 경관 사진(그림 3-②)이 있다. 달성에서는 경관만 촬영하였기에, 예비조사로 답사를 실시하였던 것으로 추측된다. 한편 달성의 인근에 삼국시대 고총이 밀집된 達城古墳群(達西面 飛山洞·內塘洞 古墳群, 咸舜燮 1996)이 있음에도 불구하고, 관련기록은 전혀 남기지 않았다. 이에 비해 최근까지 발굴에 의해 선사유적이 빼곡하게 확인된 월배선상지 방면의 경관은 남겼다. 이는 鳥居龍藏

그림 3. 第三回 史料調査의 大邱達城 調査

이 1917년 조사에서 월배선상지 일대를 답사하고 지표에서 선사시대 유물을 채집한 것(有光敎一 1943: 19~22)과도 관련이 있을 듯하다. 이밖에 대구에서도 인체측정을 실시하였다. 한편 달성에는 1894년 淸日戰爭을 계기로 日本軍이 주둔한 이래, 숱한 반대에도 불구하고 1906년 11월 3일에 皇大神宮遙拜殿이 낙성되었고, 1907년에는 공원화 사업이 추진되었으며, 1910년 이후에 參道 拜殿 神殿 幣殿 등을 증개축하여 1914년 4월 3일에 낙성식을 가진 大邱神社가 자리를 잡고 있었다. 鳥居龍藏은 대구신사가 낙성되기 직전에 달성을 답사하였는데, 1917년에 발굴한 東門址의 성벽이 대구신사의 진입로 공사 때문에 이미 절개된 상태였으므로 발굴을 하지 않았지만 토층에 대한 정보를 충분히 얻었을 것이다.

慶州月城의 조사는 유리건판에 부기된 날짜와 위에서 언급한「通信」으로 보아 1914년 4월 19일 및 20일 양일에 걸쳐 실시되었다. 경주남산의 북쪽 끝에 있는 都堂山에서 전경을 촬영하였고, 월성의 남서쪽 끝에서 성벽을 조사하였다(圖 4, 5). 조사지점은 월성의 서남쪽 모퉁이에 있는 望樓址의 바로 동쪽에 있는 門址, 즉 自然垓子인 南川을 따라 쌓은 남쪽 성벽에서 가장 서쪽에 있는 문지이

그림 4. 第三回 史料調査의 慶州月城 調査

다. 이 문지는 남천방향으로 경사져 넓게 뚫렸는데, 문지의 東側面이 이미 인위적으로 상당히 깎인 상태였다. 누가 무엇 때문에 굴착을 하였는지 알 수 없으나, 이 때문에 성벽의 단면이 그대로 노출되었다.[12] 하여튼 鳥居龍藏은 성벽의 절

---

12) 성벽이 절개된 상태는 다분히 인위적이다. 당시에 경주고적보존회 회원 중에는 개인적으로 유물을 소장한 사람이 상당히 많았다. 억측을 한다면 그들에 의해 굴착되었을 수도 있다고 보며, 鳥居龍藏이 그 정보를 들었고 그에 따라 발굴지점을 선택하였을 수도 있다고 본다.

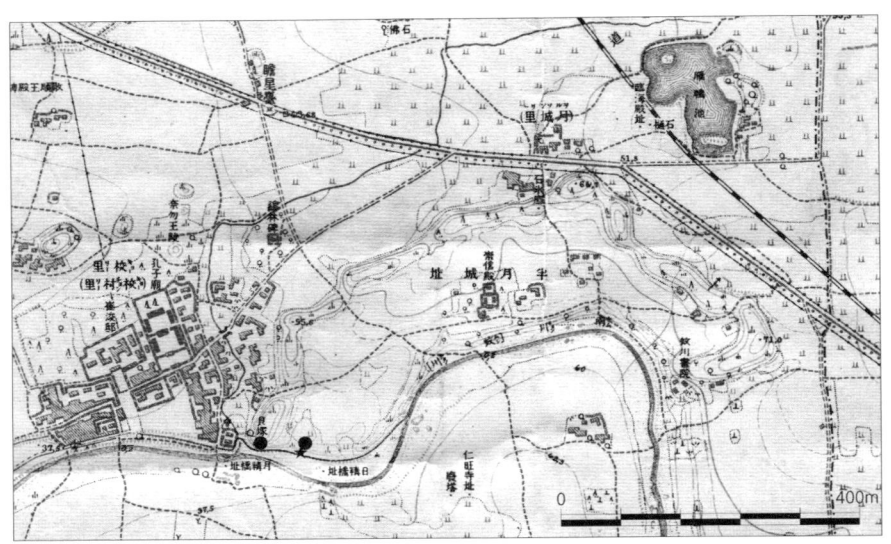

그림 5. 慶州月城 周邊 地形圖
朝鮮總督府 1/10000地形圖, 1916년 測圖, 1919년 第1回 修正測圖
第三回 史料調査 地點: ★, 1917年度 古蹟調査 地點: ●

개지점에 대한 정보를 조사에 앞서 알았던 듯하다. 왜냐하면 단순한 답사가 아니라, 성벽 단면의 조사를 위해 인부를 동원하였기 때문이다. 조사는 성벽의 절개지점 중에서 남천쪽의 外側 基底部에서 이루어졌다. 그는 이곳에서 남천과 나란히 흐르는 좁은 수로의 높이까지 성벽의 단면을 정리하여(有光敎一 1959: 492) 신라의 성벽 축조 이전에 형성된 문화층을 확인하였다. 이 문화층에서 질그릇과 골각기를 비롯하여 패각과 물고기·새·동물의 뼈를 수습하였는데, 이는 金海 會峴里貝塚과 같은 시기의 것이었다(鳥居龍藏 1914: 210~211). 또한 그는 성벽 아래의 문화층에서 생활 폐기물을 확인하였기에 『目錄』에서 이를 '貝塚'이라 명명하였다. 이 패총에 대한 그의 인식은 이후 넓게 확산되어 조선총독부에서 발간한 지도에도 실렸다(그림 5).

앞에서 살펴 본 바와 같이 1917년 3월에 제출한『1916年度 古蹟調査報告』에는 경주월성 및 대구달성의 성벽 아래에서 석기시대부터 삼국시대까지 세 개의 문화층을 확인하였다고 간략히 전한다(鳥居龍藏 1917: 786).

2. 1917年度 古蹟調査의 內容

조선총독부는 1916년 7월 4일에 '古蹟及遺物保存規則'과 '古蹟調査委員會規程'을 공표하였으며, 이에 따라 古蹟調査委員會를 설치하였고 기존의 조사사업을 통합하여 1916년도부터 1920년도까지의 古蹟調査 5個年 計劃(제1차)을 수립하였다. 이 계획에서 1917년도의 古蹟調査는 '第二年(大正六年度)' 사업이었다(朝鮮總督府 1917: 2~3). 鳥居龍藏은 1916년 4월 26일에 古蹟調査委員으로 임명되었고, 史料調査 때의 임무를 그대로 이어서 有史前 遺蹟의 조사를 수행하였다.

1917년도 고적조사에서 鳥居龍藏의 조사기간은 京城을 기점으로 1917년 10월 24일부터 1918년 1월 14일까지였다.『1917年度 古蹟調査報告』에 기록된 조사 동선은 慶州-蔚山-鬱陵島-榮州-安東-大邱-居昌-陝川-晉州-泗川-固城-統營-東萊-密陽-金海이다(朝鮮總督府 1920: 14~15).『目錄』에서의 順序는 慶州-鬱陵島-榮州-安東-大邱-居昌-陝川-晉州-泗川-固城-金海-密陽-蔚山-[居昌의 人體測定 資料]이다(國立中央博物館 1997: 199~207). 두 자료는 약간의 차이를 보이는데, 이는 국립중앙박물관에 소장된 조선총독부박물관 문서 중에서 1918년 3월 25일에 제출된「鳥居古蹟調査委員復命書」(이하「復命書」)를 통해 구체적인 사항을 살펴볼 수 있다.「復命書」는 결재양식의 표지와 '復命書 本文'에 제출서류인 '大正六年度古蹟調査蒐集品目錄(鳥居委員提出)', '大正六年度古蹟調査寫眞及原板目錄(鳥居委員提出)', '大正六年度古蹟調査實測圖目錄(鳥

居委員提出)'이 첨부되어 있다.13) 아래는 「復命書」의 '本文'과 '蒐集品 目錄'에 기록된 날짜를 기준으로 동선을 재구성한 것이다. 조사 동선은 京城 出發-10월 25일 着: 慶州(途中에 蔚山) 調査: 11월14일 發-浦項 經由-18일 着: 鬱陵島 調査: 22일 發-27일 着: 榮州 調査: 12월 3일 發-安東 豊山面 經由-4일 着: 安東 調査: 7일 發-大邱 調査: 14일 發-金泉 經由-15일 着: 居昌 調査: 18일 發-18일 着: 陜川 調査: 21일 發-陜川 三嘉面 經由-22일 着: 晋州 調査: 24일 發-泗川 經由(途中에 遺蹟을 發見하고 調査)-25일 着: 固城 調査: 28일 發-28일 着: 統營 調査: 29일 發-釜山 經由-31일 着: 東萊(龜浦 包含) 調査: 1월 1일 發-1일 着: 密陽 調査: 3일 發-龜浦 經由-4일 着: 金海 調査: 13일 發-京城 到着이다.14) 이 동선으로 보면, 1917년도 조사는 第三回 史料調査(慶尙南北道)를 보완하고자 계획된 것임을 알 수 있다. 우선 鬱陵島·居昌·陜川은 앞선 조사에서 빠졌던 곳이며, 나머지는 앞서 개략적인 조사를 한 차례 진행하였던 곳이다(그림 2). 이로서 鳥居龍藏은 慶尙南北道의 대부분을 직접 조사하게 되었고, 이전 조사에서 축적한 정보를 토대로 주요 유적을 본격적으로 발굴하게 되었다.

경주월성의 발굴은 第三回 史料調査와 연속선상에 있었다. 조사는 第三回 史料調査의 지점에서 불과 수 미터 안쪽으로 들어간 성벽의 中央 基底部(調査地點 A)와 이와 더불어 남서쪽 望樓址의 남쪽 사면(調査地點 B)에서 이루어졌다(그림 5, 6). 남서쪽 망루지의 남쪽 사면 조사는 外側 基底部의 상면을 등고선을 따라

---

13) 1916년 7월 4일에 朝鮮總督府內訓第十三號로 공표된 '古蹟及遺物調査事務心得'의 第五條에 의해 조사자는 의무적으로 관련서류를 갖추어 제출해야만 하였다.
14) 대구에 도착한 시점은 분명하지 않으나 조사기간이 8일부터 13일까지라고 한 점에서, 7일에 안동을 출발하여 그날 도착하였을 것으로 보인다.

그림 6. 1917年度 古蹟調査의 慶州月城 調査

짧게 굴착하였는데, 전경 사진에서만 확인될 뿐 자세한 사항을 알 수 없다.[15]

---

15) 有光敎一은 월성의 성벽 발굴이 남서쪽 망루지의 사면에서 이루어진 듯, 1940년에 小林文次가 촬영한 사진을 제시하였다(有光敎一 1959: 492). 그러나 두 차례의 주된 발굴은 이 망루지의

성벽의 中央 基底部는 方錘形으로 탐색 pit를 파고 문화층을 확인하는 방식으로 조사되었다. 조사지점의 상태는 1922년도 고적조사에서 大坂金太郎의 안내로 현장을 답사한 藤田亮策 調査團의 기록이 있는데, '……성벽은 너비가 약 36척, 높이가 중앙에서 12척 안팎이다. 표면에는 1척4~5촌의 부식토 아래에 폭 2척 안팎의 깬 돌이 산 모양으로 쌓여[割石積山形狀] 있는데 안에 자갈이 혼합된 토사가 포함되어 있다.……성벽 아래에 뚫린 깊이 5~6척의 pit……이 pit는 大坂氏에 따르면 鳥居委員이 發掘한 것이라고 한다.'라고 하였다(藤田亮策・梅原末治・小泉顯夫 1924: 8~9). '蒐集品 目錄'에는 구체적으로 上層, 中層, 下層, 最下層, 最下砂層[16]을 순차적으로 발굴하여, 유물을 수습한 것으로 되어 있다. 上層에서는 陶器 및 土器 破片・獸骨片을, 中層에서는 陶器 및 土器 破片・土製丸玉・土製紡錘車・鐵器破片・獸骨片・鹿角片・猪牙・貝殼・木炭을, 下層에서는 陶器 및 土器 破片・獸骨片・骨鏃・骨針・骨器未成品・獸爪・貝殼・麥 및 貝殼 包含 土塊를, 最下層에서는 陶器 및 土器 破片・獸角・獸骨片・貝殼을, 最下砂層에서는 土器片을 수습하였다. 수집품 명칭으로 볼 때 陶器는 還元燒成의 灰靑色 土器 및 陶質土器를, 土器는 酸化燒成의 赤葛色

동쪽에 있는 문지의 성벽 절개지점에서 이루어졌다. 망루지 사면의 조사는 1914년 조사의 사진에 없으므로, 1917년도 조사에서 추가로 이루어진 것으로 보아야 한다. 그러나 鳥居龍藏의 기록에서 이 지점의 발굴은 도저히 확인할 수 없다. 혹시 이 지점은 발굴이 아니라 1917년 조사 이전에 누군가에 의해 굴착된 것이 아닌지 의심스럽다. 하여튼 두 지점에서 발굴 흔적은 오늘날에도 미약하지만 확인할 수 있다.

16) '蒐集品 目錄'에는 '最後砂層'이라고 표기되어 있다. 이를 有光敎一은 '最下砂層'이라 하였고, 필자 역시 어법상 잘못된 표현인 것으로 보아 그의 용어에 따른다. 그는 자신의 논문에서 '세 개 층의 두께, 깊이, 特長에 대해서는 전혀 단서가 되는 것이 없었다. 다만 最下層은 最下砂層이라고도 기록되어 있었으므로, 위쪽의 粘土質과는 다른 아마도 강모래 같은 모래층이었던 것으로 생각된다.'라고 하였다(有光敎一 1959: 493).

土器를 의미하는 듯하다.「復命書」에 언급된 발굴도면은 1/300축척의 발굴지 평면도와 1/50축척의 단면도로 제도되었으며, 현재 日本 德島縣立 鳥居龍藏記念博物館에 소장되어 있다.[17] 그런데 탐색 pit의 토층단면도는 관입된 토층을 제외하면 크게 4개의 층위이므로,「復命書」의 '蒐集品 目錄'과 차이를 보인다. 즉 토층단면도의 위에서 두 번째 '土層'이라 명명된 층위는 '蒐集品 目錄'으로 보아 둘로 나누어 中層과 下層이 되어야 정합성을 지니게 된다. 한편 有光敎一은 中層이란 層位名을 아애 빼고 最下砂層을 最下層으로 바꾸어, 上層·下層·最下層으로 임의 분류하여 鳥居龍藏의 수집품을 분석하였다(有光敎一 1959: 492~497). 有光敎一은 鳥居龍藏의「復命書」를 읽었을 가능성이 다분히 있고 조선총독부박물관에 소장된 발굴품을 보았음에도 불구하고, 논문에서 1917년도 조사를 언급하지 않고 있다. 이러한 정황으로 볼 때, 有光敎一의 논지는 오히려 鳥居龍藏이『1916年度 古蹟調査報告』에서 제시한 견해(鳥居龍藏 1917: 786)를 지나치게 의식하고 있는 것으로 해석할 수 있다.

이 발굴의 유리건판은 모두 13장이며, 부기된 날짜는 1917년 11월 1일·11일·12일이다.『1917年度 古蹟調査報告』에 있는 경주의 일정은 10월 25일에 도착하여, 南山 西便山麓 月城城壁 發掘-孝峴里·也尺里 山上-見谷 下邱里 山上-川北 神堂里·東川里·毛兒里·吾也里 山上-外東 掛陵里·影池附近 山上이다(朝鮮總督府 1920: 14).『目錄』에서의 순서는 月城 城壁發掘 및 隣近-南山-孝峴里·也尺里-神堂里-掛陵·影池附近-慶州古蹟保存會 所藏品 調査이다(國立中央博物館 1997: 199~201). 이에 비해「復命書」의 '蒐集品 目錄'은 위

---

17) 도면이 鳥居龍藏記念博物館에 소장된 사실은 吉井秀夫 선생을 통해 알게 되었다.

의 자료와 약간의 조합을 하면 매우 상세한 일정을 복원할 수 있게 하는데, 10월 25일 慶州 到着-慶州郡 調査開始(26일)·(?:慶州古蹟保存會 陳列館 所藏品 調査)-南山 西便山麓 內南面 塔里(27일)·鮑石里 調査-慶州面 校里 月城城壁 發掘: 上層遺物 收拾(29일)·中層遺物 收拾(30일)·下層遺物 收拾(31일)·最下層遺物 收拾(11월 1일)-慶州面 忠孝里·西岳里·孝峴里 調査(4일)-川北面 神堂里(5일)·東川里·毛兒里·吾也里 調査, 江東面 毛西里 調査, 見谷面 下邱里 調査-外東面 冷川里·上薪里·掛陵里 影池附近(6일) 調査-[慶尙南道 蔚山郡 兵營附近·下廂面 長峴里 兵營北方(8일) 調査]-(?:慶州郡 陽北面 台本里·八助里 調査)-慶州面 校里 月城城壁 發掘: 最下砂層遺物 收拾(11일)-月城 및 周邊部 調査-慶州面 也尺里 調査(12일)-(?:慶州古蹟保存會 陳列館 所藏品 調査)-慶州 出發(14일)이다. 이상의 일정으로 보아 경주월성의 발굴은 10월 28일 또는 29일에 시작하여 11월 3일 이전에 대부분 마쳤고, 다른 조사일정을 수행하다가 11일과 12일 양일간에 마무리를 한 것으로 보인다. 즉 적당한 일기에 인부를 동원하여 월성의 성벽을 발굴하다가, 여의치 않은 사정이 생기면 일정을 조정하여 다른 지점을 지표조사하였음을 알 수 있다.

大邱達城의 조사는 이미 알려진 바와 같이 모두 네 지점에서 이루어졌다. 조사지점은 東側 入口의 城壁, 城內 中央部, 北側城壁 外部, 북쪽 모퉁이[北隅]에서 突出된 丘陵이다(그림 7). 달성은 조사 이전에 진입로 확장공사로 동측 입구의 남북 측면 및 바닥이 굴착되었고, 大邱神社의 증개축으로 중앙부가 훼손된 상태였다. 조사 내용은 「復命書」 및 有光敎一의 글들을 참고하면 대략 알 수 있으며, 日本 德島縣立 鳥居龍藏記念博物館에 보관된 도면을 통해 구체적인 조사지점을 파악할 수 있다. 특히 鳥居龍藏의 도면에는 성벽의 比高를 측량하기 위한 측점과 발굴 지점이 표시되어 있다. 측점은 〈그림 7〉의 實線과 같이 동쪽 내부에서 북쪽 모퉁이의 외부까지 이어졌고, 도중에 성내 중앙부 발굴지점으로도 따로 연결되었다. 이 측점을 따라 대체로 발굴과 지표조사가 이루어진 듯하다. 동측 입구의 성벽 발굴(그림 8-①·②·③·④)은 기반암이 드러난 진입로의 북측 절개지점에서 이루어졌다. 조사단은 성벽의 내측 기저부에 좁은 탐색 pit를 설정하여 기반암 위에 퇴적된 문화층을 확인하였다. 이곳에서는

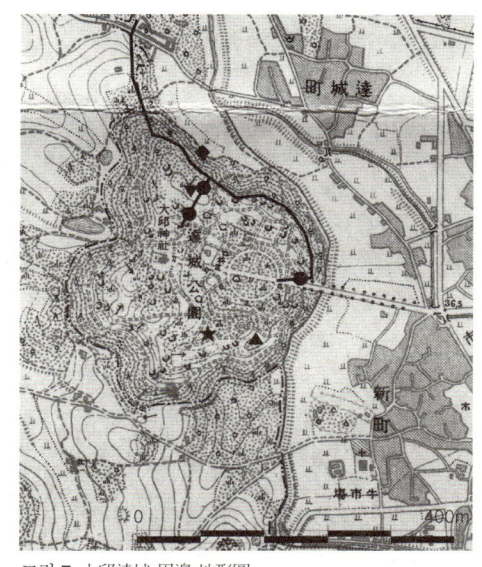

그림 7. 大邱達城 周邊 地形圖
朝鮮總督府 1/10000지형도, 1917년 測圖
1917年度 古蹟調査 地點: ●(發掘地點)
　　　　　　　　　　　 ◆(推定發掘地點)
1940年代 初 有光敎一 調査地點: ★
尹容鎭 調査地點: ▲ 1968年, ▼ 1970年

陶器 및 土器 破片·陶製牛角 破片·獸骨·貝殼·網錘를 수습하였고, 부뚜막[竈]의 흔적도 확인하였다. 아울러 수집품 중에서 有光敎一이 확인한 鐵製刀子로 다듬은 鹿角과 鹹水産 貝殼은 이 문화층의 상대편년 및 당시 사람들이 교류한 공간범위를 가늠하는 데 매우 중요한 정보이다(有光敎一 1943: 32~35, 1959: 501~502). 성내 중앙부의 발굴(그림 8-⑤)은 유리건판 사진으로 볼 때, 대구신사에서 북쪽의 연못 방향으로 완만하게 내려가는 경사지에서 실시되었다. 조사단은 경사에 직교되도록 동서방향의 트렌치를 길게 설정하여 발굴하였고, 발굴과 지표조사에서 陶器破片을 수습하였다. 鳥居龍藏의 도면에는 위의 중앙부 발굴지점에서 연못 너머 성벽의 내측에서도 발굴이 이루어진 것으로 되어 있으나,

그림 8. 1917年度 古蹟調査의 大邱達城 調査

관련 기록을 확인할 수 없다. 북측성벽 외부의 조사(그림 8-⑥)는 「復命書」의 '蒐集品 目錄'에 東壁 外部의 包含層이라 하였고 '寫眞 目錄'에 城壁北部斷崖 包含層이라 하였으나, 鳥居龍藏의 도면에서 확인되지 않는다. 이 지점은 조사 사진에서 달성의 동쪽을 흐르는 達西川에 의한 침식지형이 보이지 않고 매우 높은 성벽의 기저부에 조사지점이 위치하므로, 동측 입구와 북쪽 모퉁이 사이에 있는 북서-남동 방향의 북측성벽의 外部 基底部인 것으로 추측된다. 가로로 길게 노출된 단애의 포함층에서는 陶器 및 土器 破片이 수습되었다. 북쪽 모퉁이에서 돌출된 구릉(그림 8-⑦)은 성곽의 바깥이며 측량과 지표조사 지점이었다. 이곳에서는 石器時代의 土器片을 채집한 것으로 기록되어 있다.

이 발굴의 유리건판은 모두 16장이며, 부기된 날짜는 1917년 12월 8일과 9일이다. 『1917年度 古蹟調査報告』에 있는 대구의 일정은 達城-大鳳洞 貯水池附近-花園 沙門洞 및 月背이다(朝鮮總督府 1920: 15). 『目錄』에서의 순서는 達城-花園 沙門洞 및 月背-大鳳洞 貯水池附近-大邱驛 區內-達城이다(國立中央博物館 1997: 203~204). 이에 비해 「復命書」의 '蒐集品 目錄' 및 '寫眞 目錄'으로 재구성한 동선은 達城(東側 入口 城壁-城內 中央部-北側城壁 外部-北隅의 外部 丘陵)-花園 沙門洞·川內洞-月背 辰泉洞·上仁洞-府內 慈惠醫院·裁判所·兵營附近·大邱驛 區內-達城이다. 앞의 달성은 대구에 도착하여 12월 8일과 9일 양일간 발굴과 지표조사를 실시한 것이고, 뒤의 달성은 대구의 조사를 마감하며 도심에서 전경을 촬영한 것이다.[18]

마지막으로 경주월성과 대구달성에서 확인된 城壁下 文化層의 편년을 오늘날의 시각에서 살펴보고자 한다.

---

18) 대구달성은 일제강점기에 한 차례 더 조사되었다. 일본제국주의가 군부 파시즘으로 치닫고 國體明徵運動으로 사상통제를 시작한 이후, 1940년대 초에 접어들면서 大邱神社의 남동쪽에 國體明徵館을 신축하였다. 이때 기초공사를 위해 남동쪽 성벽의 內側 基底部를 굴착하였는데, 有光敎一이 현장 조사를 실시하였다. 조사내용은 알 수 없으나, 관련된 유리건판이 국립중앙박물관에 있다.

鳥居龍藏은 『1916年度 古蹟調査報告』에서 제시하였던 세 개의 문화층[上部·中部·下部](鳥居龍藏 1917: 786)을 甲期[三國時代 古墳 副葬土器(須惠器)의 時期]·乙期[三國 以前]·丙期[有史以前 石器時代]로 해석하는 시각을 지니고 있었다. 그런데 그는 1917년 조사 이후에 경주월성 및 대구달성 성벽 아래의 문화층을 甲期와 乙期에 해당하는 것으로 기존의 견해를 바꾼 듯하다(鳥居龍藏 1925: 394~395). 이는 이 유적의 最下 文化層을 石器時代로 보지 않는 藤田亮策 調査團의 견해(藤田亮策·梅原末治·小泉顯夫 1923: 50 ; 藤田亮策·梅原末治·小泉顯夫 1924: 10~11)에 일정부분 영향을 받은 것으로 볼 수 있다.

경주월성은 有光敎一의 논문(有光敎一 1959)에 있는 도면을 기준으로 하면, 上層이 古式陶質土器段階이고, 下層과 最下層이 瓦質土器段階에 속한다. 이는 1979년 이후 계속되고 있는 月城周邊 王宮址 發掘調査의 성과와 대체로 일치되며, 이보다 빠른 粘土帶土器段階와 그 이전 단계의 유구와 유물은 月城 外郭에서 확인된 바 있다(金洛中 1996: 7). 대구달성은 1968년에 동측 출입구의 남쪽에 있는 성벽의 內側 基底部와 1970년에 성내 연못의 바닥이 약식으로 발굴되었다. 전자에서 확인된 Ⅰ層은 현존하는 성벽이며 그 아래에 세 개의 문화층이 있었다. Ⅱ層은 初期의 新羅樣式土器(新式陶質土器)가 出土되는 층이며, Ⅲ層은 新式瓦質土器가 출토되며 최초의 築城痕迹이 확인되는 층이고, Ⅳ層은 古式瓦質土器가 출토되는 층이다. 後者에서는 前者의 Ⅲ層과 Ⅳ層에 대비되는 문화층이 확인되었다(尹容鎭 1990, 2007). Ⅱ層은 경주월성과 다르게 古式陶質土器段階가 분명하지 않으나 初期의 新羅樣式土器段階인데 4세기 후반 이후에서 5세기초에 둘 수 있고, Ⅲ層은 2세기 후반부터 3세기말을 下限으로 하며, Ⅳ層은 바닥에서 수습한 有機物의 炭素年代測定에서 1980±73BP와 1820±70BP가 나왔으므로 기원전 1세기부터 시작되었음을 알 수 있다.

Ⅳ. 鳥居龍藏의 慶州月城 및 大邱達城 調査가 남긴 것

　1910년의 韓日强制倂合은 일본제국주의의 동화정책에서 근간을 이룬 '日鮮同祖論'에 주로 이념적 기반을 두고 있었다. '日鮮同祖論'이란 양국이 고대에 같은 민족이었기 때문에 병합은 太古의 本體로 되돌아가는 것이므로 이른바 정당하다고 주장하는 침략의 합리화를 위한 일본제국주의의 자의적인 침략 이념이었다. 동시에 피식민에게 있어 독자적 발전과 주체성을 부정하는 '他律性論'과 사회경제구조의 발전이 前近代的 村落經濟 段階에 머물러 있다는 '停滯論'도 침략 이념으로써 만만찮게 작용하고 있었다. 물론 항상 전제는 '國學'이 만들어낸 자아도취적인 일본제국주의의 神聖 및 우월 의식에 있었다. 동질성을 앞세운 '日鮮同祖論'과 차별성에 기반한 '他律性論 및 停滯論'의 두 논점은 지향점을 두고 서로 대립하는 듯하였으나, 식민지배를 정당화하는 담론을 만드는 것에는 양날의 칼처럼 언제나 습합되었다. 日帝 관학자들도 역시 초창기에 어느 한쪽으로 치우치는 경우가 있었으나, 현지 조사가 거듭될수록 궁극적으로 습합된 식민지배의 담론을 입증하는데 훨씬 더 경쟁적이었다. 鳥居龍藏은 이러한 식민지배의 담론에 깊숙이 관여한 일제 관학자였고, 논쟁에서 최일선에 있었다.

　한반도를 조사한 關野貞을 비롯한 주류의 일제 관학자들은 초창기에 대체로 '他律性論' 및 '停滯論'을 강조하는 입장에 있었다. 關野貞이 펴낸 1902년 및 1909년 조사의 보고서와 今西龍이 1906년의 탐사에 임하는 태도는 이를 잘 보여준다(咸舜燮 2011b: 62~64). 아울러 1909년 京城 廣通館의 강연에서 關野貞 調査團은 한반도의 고대 역사상을 '日鮮同祖論'의 입장에서 설명하면서도(谷井濟一 1909), 시대별 문화상을 '他律性論' 및 '停滯論'의 시각에서 해설하였다(關

野貞 1909). 한편 鳥居龍藏은 1895년·1905년·1909년의 遼東半島 조사에서 얻은 식견을 통해 '日鮮同祖論'에 가까운 견해를 제시하였다. 한반도의 문화상에 대한 두 논점은 결국 일제 관학자들 사이에 지향하던 이념기반뿐만 아니라 학계에서의 권위를 둘러싼 논쟁으로 확대되었고, 이후의 고고학 조사에도 많은 영향을 끼쳤다. 구체적으로 당시 일본학계가 한반도에서 石器時代를 인정하지 않았던 시각에 대한 논쟁은 대체로 이념기반의 차이에 따른 것이고, 平安南道 大同江의 南岸에서 조사된 무덤을 고구려의 것으로 보는 견해에 대한 논쟁은 주류 관학자의 권위를 둘러싼 대립에서 확대된 것이다. 이에 鳥居龍藏은 石器時代를 인정하는 입장이었고, 大同江 南岸의 무덤이 樂浪의 것이라고 주장하였다. 이 때문에 그는 학문 외적인 이유까지 더해 일방적으로 日帝 官學界에서 배척을 당하였다(朝倉敏夫 1993: 45~46).

鳥居龍藏은 자신의 견해를 증명하고자 스스로 기회를 만들고 조사의 명분을 얻어 현지조사에 참여하게 되었으며, 특히 고고학적으로 한반도의 有史前 文化相에 천착하였다. 그에게 경주월성 및 대구달성은 金海 會峴里貝塚과 더불어 한반도 남부에서 有史前(石器時代)부터 삼국시대까지의 문화발전 단계를 究明하는 데 標識遺蹟이었다. 그는 지표에 드러난 선돌 및 고인돌을 조사하였고 석기도 채집하였지만, 무엇보다 발굴을 통해 층위적으로 증명해 내고자 하였다. 그는 이 세 유적의 最下 文化層을 石器時代의 것으로 인식하였고, 이후의 문화층을 통해 삼국시대까지의 변화를 정리하였다(鳥居龍藏 1917: 786).

이러한 鳥居龍藏의 견해는 처음과 다르게 점차 일제 관학자 주류의 인식에 여러모로 영향을 끼쳤다. 일제 관학자의 주류는 鳥居龍藏을 배제시킨 가운데 위의 세 유적을 따로 조사하거나 평가하였고, 이후에 고인돌과 같은 선사시대 유적만을 선택하여 발굴하기도 하였다. 또한 樂浪說의 근거가 뚜렷해지자, 주류의 입장은 樂浪을 오히려 강조하는 것으로 급선회하였다. 우선 石器時代가 없다고 한 초기의 인식은 石器와 骨角器가 주로 사용된 新石器時代와 金屬利器를 사용하면서도 여전히 石器時代 文化를 지닌 所謂 金石竝用期로 나누어 보는 견해로 차츰 변모되었다(藤田亮策 1943: 47~48). 이러한 '停滯論'에 樂浪의 발굴성과가 더해지면서 '他律性論'은 훨씬 더 확대 재생산되었다. 즉 大同江 南岸의 諸遺蹟은 1911년 이후에 樂浪郡治址와 관련된 것으로 확정되었고, 1916년 이후부터 조사역량을 집중시켰다(鄭仁盛 2011: 156~158). 일제 관학자들의 樂浪에 대한 인식은 개별 조사의 보고 이외에 1919년의 『古蹟調査特別報告 第一册』(平壤附近に於ける樂浪郡時代の墳墓 一)과 1927년의 『樂浪郡時代の遺蹟』(古蹟調査特別報告 第四册)을 특별히 발간함으로서 명백해졌다. 그리고 그 인식은 1920년에 金海 會峴里貝塚의 발굴(藤田亮策·梅原末治 1923)과 1925년에 소위 '漢代 遺蹟'의 집성(藤田亮策·梅原末治·小泉顯夫 1925)을 통해 樂浪郡治址에 머물지 않고 한반도 중남부까지 확대시키는 것으로 變容되었다. 즉 中國中原의 漢(三國 包含) = 樂浪(韓半島 北部) ≒ 韓半島 中南部의 등식이 마련되었다. 이에 따라 일제 관학자의 주류는 '石器時代 이후에 金石竝用期 → 漢 文化의 영향 아래에 있는 三國 以前時期 → 六朝 文化의 영향 아래에 있는 三國時代 → 唐 文化의 영향 아래에 있는 統一新羅時代'라는 他律性과 停滯性의 논점을 정립하였다. 또한 그들은 기왕의 神功皇后 新羅征伐說 및 任那日本府說에 더하여 日本列島 彌生時代와 韓半島 金石竝用期 및 三國以前時期 사이의 문화적 유사성을 주장함으로서(藤田亮策·梅原末治·小泉顯夫 1925: 142) 식민지배를 합리화하는 日鮮同祖論도 강화시켜 나갔다.

 鳥居龍藏은 본질적으로 일본제국주의 침략행위에 동조한 관학자였으나, '他律性論'과 '停滯論'에 근거한 위의 인식을 일정부분 반박하였다. 특히 경주월성 및 대구달성에서 三國以前 文化層의 양상은 漢 文化의 일방적 영향(藤田亮策·梅原末治 1923: 45~51 ; 藤田亮策·梅原末治·小泉顯夫 1925: 1~3, 129~134)이 아니라, 아시아 北方과의 교류를 통한 내적 성장의 결과가 반영된 것이라고 암시하였다(鳥居龍藏 1925: 389~390). 그러나 그의 주장은 일선동조론에 기반을 둔 것이었고, 철저히 소수의 의견으로 치부되어 확산되지 않았다. 이 때문에 한국고고학계에서 鳥居龍藏의 학설은 관련분야의 논점이 형성될 때 거의 거론되지 않았거나, 영향력이 미미하였다. 이는 원삼국시대 문화상을 둘러싼 논쟁에 잘 드러난다.

한반도가 일본제국주의의 식민지배로부터 벗어난 이후에, 고고학분야에서 관학자의 인식 가운데 가장 먼저 재평가한 대상은 선사시대였다. 舊石器時代-新石器時代-靑銅器時代-初期鐵器時代로의 단계적 진화발전은 더 이상 논의의 대상이 되지 않는다. 그러나 경주월성 및 대구달성에서 三國以前 文化層의 양상이 '漢=樂浪'의 영향이라는 시각은 아직 일정부분 남아있다. 이 문제의 본격적인 재해석은 1980년대 '瓦質土器論'의 등장(申敬澈 1982 ; 崔鍾圭 1982)에서 시작되었다. '瓦質土器論'은 樂浪土器의 製陶技術을 바탕으로 탄생된 三國時代 陶質土器 前段階의 토기양상과 문화상이라는 개념을 남겼다. 이후 지속적인 논의를 통해 한반도 남부, 특히 慶尙南北道에서 圓形粘土帶土器段階-三角形粘土帶土器段階-古式瓦質土器段階-新式瓦質土器段階-古式陶質土器段階-新式陶質土器(新羅·加耶 樣式土器)段階로의 진화발전은 형식학적으로나 상대편년적으로나 연구자 대다수의 공감을 이끌어내었다. 이로서 삼국시대 이전의 문화상은 막연히 다루어져 오던 것에서 정치하게 분석 및 해석하는 것으로 바뀌게 되었다. 하지만 이 논의의 취약점은 古式瓦質土器段階가 三角形粘土帶土器段階를 기반으로 탄생되었지만, '漢=樂浪'의 영향에 의해 촉발되었다고 본

점이다. 한반도 중남부에서 粘土帶土器段階의 初期鐵器時代가 漢郡縣 設置 以前에 이미 형성되었다는 논점에 이견을 제기하는 연구자는 없다. 그런데 형식학적으로 三角形粘土帶土器로부터 古式瓦質土器가 繼起的 變化를 이루어내었음에도 불구하고, 還元燒成의 古式瓦質土器 製陶技術은 '漢=樂浪'의 영향에 따른 것으로 보고 있다. 이는 古朝鮮段階에서 三韓으로 그리고 三國의 鼎立이라는 한반도 중남부에서의 역사적 변동과 배경이 다소 무시된 견해이다.

　물론 반론을 제기한 연구자들은 中國 戰國時代에 遼東地方에서 구축된 打捺文土器의 기술체계가 衛滿朝鮮時期에 南下하여 한반도 중남부 全域에서 原三國時代 土器의 기술체계를 성립시켰다고 주장하였다(李盛周 1991 ; 崔秉鉉 1998). 이 반론들은 '瓦質土器論'의 그 자체를 부적절하다고 보는 견해와 기술체계의 도입배경 및 시점만을 다르게 보는 견해로 약간 차이를 나타내었다. 최근의 새로운 해석(鄭仁盛 2008)은 樂浪土器와 瓦質土器 사이에는 제작기법에서 동질성을 찾을 수 없다고 '瓦質土器論'의 논의구조를 비판하며, 中國 東北地方의 戰國時代 '燕式土器'에 주목하여 衛滿朝鮮의 영향에 의해 '古式瓦質土器段階文化'가 성립된 것으로 판단하고 있다. 또한 樂浪이 漢과 시종일관 등치된 것이 아니라, 漢化된 古朝鮮系와 中國 中原에서 들어와 재지화된 土着 漢人系가 융합한 '樂浪人'에 의해 中國의 邊郡인 樂浪郡이 운영되었다고 보는 새로운 해석도 나오고 있다(吳永贊 2007). 내재적 발전을 염두에 둔 이러한 해석들은 전파라는 피동적 요인을 극복한 한국고고학의 새로운 인식에서 도출된 시각임이 분명하다. 鳥居龍藏이 일선동조론의 시각에서 내재적 발전을 논의하였고 한국고고학에 영향력을 거의 끼치지 못하였지만, 일제강점기에 설파된 그의 논점은 學史的 側面에서 마땅히 검토되어야만 할 것이다.

V. 맺음말

이상에서 鳥居龍藏이 1914년과 1917년에 실시한 慶州月城 및 大邱達城의 조사에 대하여 살펴보았다. 이를 요약하는 것으로 맺음말을 대신한다.

첫째, 1914년 경주월성 및 대구달성의 조사는 1913년도 회계에 의한 第三回 史料調査(慶尙南北道)의 일부로 기획되었으며, 회계기간인 1914년 3월말까지 마무리되어야만 하였다. 하지만 경상남도의 전부와 경상북도 대구의 조사는 당해 회계기간 안에 마쳤으나, 경상북도에서 예정되었던 경주의 일부와 나머지 지역의 조사는 지체되어 완료하지 못하였다. 이러한 사정으로 인해 조선총독부는 조사를 일시 중단시켰고, '慶尙北道 慶州'만 특정하여 1914年度 會計에 의한 第四回 史料調査에 편입시키는 행정조치를 내렸다. 이 때문에 第三回 史料調査로 기획된 경주를 비롯한 나머지 지역의 조사는 실제로 1914年度 會計期間이 시작된 4월 이후에 재개되었다. 그러나 행정조치는 단순히 행정편의와 문서행정의 정합성만을 위한 것이었다고 밖에 볼 수 없다. 왜냐하면 鳥居龍藏의 의향은 처음의 기획에 따라 경상북도의 일정이 계속 第三回 史料調査였을 뿐이었다. 이러한 그의 생각이 復命書를 바탕으로 작성되었을 조선총독부의 유리건판 자료에 잘 반영되어 있다. 경주에서의 조사가 조선총독부 자료에 따라 第三回 또는 第四回 史料調査로 혼란스럽게 분류된 이유는 이 때문이었다.

둘째, 1917년 경주월성 및 대구달성의 조사는 1917년도 고적조사에 포함된 有史前 遺蹟의 조사였다. 1914년 조사가 실태 파악을 위한 예비조사라면, 1917년 조사는 실질적인 발굴조사였는데 인위적인 발굴갱을 설정하는 것과 같은 조사방식의 변화도 뚜렷하다.

셋째, 경주월성과 대구달성에서 안정된 문화층은 모두 성벽 아래에서 발굴되었다. 이 두 유적은 金海 會峴里貝塚과 더불어 鳥居龍藏에게 한반도 남부에서 石器時代부터 三國時代까지의 문화발전 단계를 究明하는 데 標識遺蹟이었다. 鳥居龍藏은 세 시기로 분별한 문화층을 三國時代(甲期)·三國 以前時期(乙期)·石器時代(丙期)로 인식하였다. 그런데 처음과 다르게 일제 관학자의 주류에서 제기한 반론을 받아들여, 그는 경주월성 및 대구달성의 城壁下 文化層을 三國時代와 三國 以前時期로 파악하였다. 다만 그는 삼국 이전시기의 文化相이 아시아 北方과의 교류를 통해 내적으로 성장한 결과를 반영하고 있다고 암시하여 주류와 다른 인식을 드러내었다.

넷째, 일제 관학자의 주류는 삼국 이전시기의 문화를 鳥居龍藏과 다르게 이른바 '漢=樂浪'의 문화에 영향을 받아 형성된 것이라고 하였다. 이러한 주장은 해방 이후 한국고고학계에 많은 영향을 끼쳤는데, 대표적인 논점이 '瓦質土器論'이다. 하지만 한국고고학계에서 최근의 새로운 주장은 樂浪土器와 瓦質土器 사이에 製作技法上 同質性이 없다고 비판하며, '三角形粘土帶土器段階 文化'에서 발전한 '古式瓦質土器段階 文化'가 衛滿朝鮮의 영향으로 성립되었으며 그 근거를 中國 東北地方의 戰國時代 '燕式土器'에서 찾을 수 있다고 하였다. 이러한 원삼국시대 문화상에 대한 논쟁은 내재적 발전을 둘러싼 인식의 차이에서 촉발되었다. 내재적 발전론은 최근에 새로 주목 받기 시작하였지만, 그 기본 인식은 鳥居龍藏에게서 맹아를 찾을 수 있을 듯하다. 다만 鳥居龍藏의 인식은 일선동조론이란 일본제국주의 식민사관에서 벗어나지 않았고, 해방이후 한국고고학계에 영향을 끼치지 못하였기에 學史로서의 의미 이상을 부여하기 어렵다.

참고문헌

國立慶州文化財硏究所·慶州市, 2010, 『慶州 月城』基礎學術調査 報告書Ⅰ·Ⅵ.

國立中央博物館, 1997, 『유리원판 목록집 Ⅰ』.

金洛中, 1996, 「慶州 月城周邊 出土 原三國時代 後期 土器」, 『韓國上古史學報』21.

金仁德, 2009, 「조선총독부박물관」, 『한국 박물관 100년사』 본문편.

대구문화예술회관, 2007, 『達城 잊혀진 유적의 재발견』향토역사관 개관 10주년 특별전시.

申敬澈, 1982, 「釜山·慶南出土 瓦質系土器-이른바 熊川·金海期土器의 實體와 實例-」, 『韓國考古學報』12.

吳永贊, 2006, 『낙랑군 연구』, 사계절.

尹容鎭, 1990, 「韓國初期鐵器文化에 관한 硏究-大邱地方에서의 初期鐵器文化-」, 『韓國史學』11.

_____, 2007, 「달성유적에 대한 고고학적 조사」, 『達城 잊혀진 유적의 재발견』, 향토역사관 개관 10주년 특별전시, 대구문화예술회관.

李盛周, 1991, 「原三國時代 土器의 類型·系譜·編年·生産體制」, 『韓國古代史論叢』2.

鄭仁盛, 2008, 「'瓦質土器 樂浪影響說'의 검토」, 『嶺南考古學報』47.

_____, 2011, 「일제강점기의 낙랑고고학」, 『韓國上古史學報』71.

崔秉鉉, 1998, 「原三國土器의 系統과 性格」, 『韓國考古學報』38.

崔鍾圭, 1982, 「陶質土器 成立前夜와 展開」, 『韓國考古學報』12.

咸舜燮, 1996, 「大邱 達城古墳群에 대한 小考-日帝强占期 調査內容의 檢討-」, 『碩晤尹容鎭敎授停年退任紀念論叢』.

_____, 2001,「大邱의 地理的 特性과 古代 地域政治體」,『大邱 五千年』, 國立大邱博物館.

_____, 2003,「성균관대학교 소장 유리건판과 일제강점기 경주의 신라무덤 발굴조사」,『慶州 新羅 유적의 어제와 오늘-석굴암・불국사・남산』, 성균관대학교박물관.

_____, 2009,「조선총독부박물관 경주분관」,『한국 박물관 100년사』본문편.(이 글을 一部 修正 補完한 論文; 2011a,「日帝强占期 慶州의 博物館에 대하여」,『考古學論叢』慶北大學校 考古人類學科 30周年紀念.)

_____, 2011b,「韓日强制倂合 前後 日帝官學者의 慶州地域 調査」,『新羅文物研究』5, 國立慶州博物館.

朝倉敏夫, 1993,「鳥居龍藏の朝鮮半島調査」,『民族學の先覺者 鳥居龍藏の見たアジア』, 國立民族學博物館.

有光敎一, 1943,「石器時代の大邱」,『大邱府史』第三特殊編.

_____, 1959,「慶州月城・大邱達城の城壁下の遺跡について」,『朝鮮學報』14.

石尾和仁, 2010a,「朝鮮總督府による朝鮮史編纂事業と鳥居龍藏の立場」,『史窓』40.

_____, 2010b,「鳥居龍藏の朝鮮半島調査實施時期をめぐって」,『考古學研究』227.

_____, 2011,「鳥居龍藏『ある老學徒の手記』の誤記と年譜」,『史窓』41.

關野貞, 1909,「韓國藝術の變遷に就て」,『韓紅葉』, 大韓帝國 度支部建築所.

朝鮮總督府, 1917,「古蹟調査計畫」,『大正五年度古蹟調査報告』.

_____, 1920,「大正六年度古蹟調査計畫」,『大正六年度古蹟調査報告』.

谷井濟一, 1909,「上世に於ける日韓の關係」,『韓紅葉』, 大韓帝國 度支部建築所.

鳥居龍藏, 1914,「鳥居龍藏氏通信 第五信(4月25日浦項發」,『人類學雜誌』第29卷5號, 東京人類學會.

_____, 1917,「平安南道, 黃海道古蹟調査報告」,『大正五年度古蹟調査報告』.

_____, 1925,「濱田・梅原兩氏著『金海貝塚報告』を讀む」,『有史以前の日本』.

京都木曜クラブ, 2003,「有光敎一氏インタビュー」,『考古學史硏究』10.

藤田亮策, 1943,「大邱の支石墓」,『大邱府史』第三特殊編.

藤田亮策・梅原末治, 1923,『大正九年度古蹟調査報告』第一冊(金海貝塚發掘調査報告).

藤田亮策・梅原末治・小泉顯夫, 1924,「慶州發見の石器と古墳出土の陶質器 四五」,『大正十一年度古蹟調査報告』第一冊.

藤田亮策・梅原末治・小泉顯夫, 1925,『大正十一年度古蹟調査報告』第二冊(南朝鮮に於ける漢代の遺蹟).

筆者不明, 1925,「朝鮮ニ於ケル博物館事業ト古蹟調査事業史」(국립중앙박물관, 2009,『한국 박물관 100년사』자료편 pp.46~67에 所收)

일제강점기 조사된
경주 지역 적석목곽묘

김 대 환 국립중앙박물관

I. 머리말

이 글에서는 일제강점기 경주 지역에서 조사된 적석목곽묘를 정리하고, 적석목곽묘의 조사가 일제강점기 고고학에서 어떠한 의미가 있는지를 검토해 보고자 한다. 굳이 경주 지역 적석목곽묘에 한정시킨 이유는 학술 대회를 주관한 학회 측의 요청도 있었지만, 지금까지 일제강점기 신라 고분 전체에 대한 검토는 여럿 있었으나, 적석목곽묘에 한정시켜 살펴본 연구는 없었기 때문이다. 따라서 이 글에서는 적석목곽묘에 좀 더 집중하여 조사를 연대기적으로 정리하고, 시기 구분 등을 검토하고자 한다. 특히 여기에서는 일본인 연구자가 조사한 적석목곽묘를 연대기적으로 정리한 후, 당시 일본인 연구자가 가졌던 적석목곽의 구조에 대한 관심과 인식에 주목하였다. 당시 보고서의 내용과 사용된 적석총이나 적석목곽 관련 용어 등을 통해 구조에 대한 인식 수준을 파악하고, 왜 그렇게 구조에 집착해야만 했는가에 대해 생각해 보겠다. 또 일제강점기 고분 조사에 대한 기왕의 연구 성과를 토대로 보고서 작성과 당시 연구자의 연구 경향을 검토하고, 문제점 등을 지적해 보고자 한다. 마지막으로는 제국주의 고고학의 비판이라는 관점에서 적석목곽묘 조사가 갖는 의의를 간단히 서술해 보겠다.

II. 경주 지역 적석목곽묘의 조사와 시기 구분

일제강점기 경주에서 조사된 적석목곽묘를 시기 순으로 정리해 보면 〈표1〉과 같다. 〈표1〉을 보면, 적석목곽묘의 조사에서 조사 지점의 변화 경향을 볼 수 있

표 1. 일제강점기 경주지역에서 조사한 적석목곽묘

연도	고분명	조사(자)기관	참고문헌	비고
1906	황남리 고분 1기 (미추왕릉 서쪽의 대형)	今西龍	今西龍 1908a · 1908b	-
1909	황남리 남총 1기 건천 금척리 고분 (도로 건설 시 파괴된 6기의 고분 확인)	關野貞 谷井濟一 栗山俊一	谷井1910a · 1910b	서악리 석침총 조사 석굴암의 존재 알려짐 이왕가박물관 개관 하마다 교토대 부임
1910	-	-	-	세키노 조사 경주신라회 결성
1911	-	-	-	세키노 10월 26일부터 11월 1일까지 경주 신라 사적 조사
1912	-	-	-	일본 사이토바루 고분군 조사 시작 (1917년까지)
1913	-	-	-	경주고적보존회 발족 하마다 유럽 유학 이마니시 교토대 부임
1915	검총(100호)	關野貞 谷井濟一 栗山俊一	奧田悌1920 朝鮮總督府1916 金昌鎬1991	도리이 류조의 월성 성벽 조사 동천리 와총, 보문리 금환총 · 완총 조사 조선물산공진회 오사카 긴타로 경주로 부임 조선총독부 박물관 개관
	황남리 남총 재발굴		朝鮮總督府1916	
	보문리 부부총		朝鮮總督府1916 국립경주박물관2011	
	보문리 고분 (명활산성 부근)	黑板勝美	黑板勝美1974	
1916	-	-	-	고적조사위원회 설치 (총독부 발굴허가제) 하마다 유럽에서 귀국 교토대학 고고학연구실 개설
1917	-	-	-	세키노 유럽 유학
1918	보문리 고분(1915년 구로이타가 조사한 것 과 동일)	原田淑人 (黑板勝美)	原田淑人1922	하마다 고적조사위원이 됨 하마다 성산동, 지산동, 교동 고분 조사
1919	-	-	-	3·1운동. 사이토 총독 취임
1920	-	-	-	하마다 · 우메하라 김해패총 발굴
1921	금관총 발견	濱田耕作 梅原末治	濱田耕作 · 梅原末治 1924a 濱田耕作 · 梅原末治 1924b 濱田耕作 · 梅原末治 1928 濱田靑陵1932	고적조사과 설치

연도					
1922	-	-	-	월성 성벽조사 금관총 도판 간행	
1923	-	-	-	하마다 시가켄 카모이나리고분 재발굴	
1924	금령총 · 식리총	梅原末治	梅原末治 1931 · 1932	금관총 유물 경주로 귀환 고적조사과 폐지 금관총 본문상책(5월) · 도판상책(9월) 간행	
	노동리 4호분(142)	藤田亮策	국립중앙박물관 2000		
1925	-	-	-	진열관이 총독부박물관 경주분관으로 발전 우메하라 유럽 유학	
1926	황남리 소석곽	小泉顯夫	小泉顯夫1986	동아고고학회 결성	
	서봉총	小泉顯夫	小泉顯夫1927 1986	동아고고학회 결성	
1927	-	-	-	경주박물관 개관 총독부박물관 양산부부총 보고서 간행	
1929	데이비드총	小泉顯夫	田中萬宗1930 穴澤咊光2007	우메하라 유럽에서 귀국 노서리131호 조사	
1931	황남리 82 · 83호분	有光敎一	有光敎一1935	조선고적연구회 발족	
1932	황오리 16호분	有光敎一	有光敎一1936 有光敎一 · 藤井和夫 2000	충효리고분군 발굴	
1933	노서리215번지 고분	有光敎一	有光敎一 · 藤井和夫 2000		
1933	황오리 54호분	有光敎一	有光敎一1934		
1934	황남리 109호분	齋藤忠	齋藤忠1937a		
1934	황오리 14호분	齋藤忠	齋藤忠1937a		
1935	-	-	-	충효리고분 1기 조사	
1936	황오리(98-3번지) 고분	齋藤忠	齋藤忠1937b		

다. 초창기에는 현재의 황남동과 보문동이 주된 조사 지점이었으며, 금관총 발견 이후는 노동동, 노서동 일대로 집중되었다가 조선고적연구회가 출범한 이후부터는 황남동 · 황오동 부근에 집중되는 경향이 확인된다. 이러한 경향은 일제의 초창기 조사의 방법과 성격, 총독부 고적조사 사업의 정치적 · 경제적 상황, 금관총 이후 신라 고분으로의 관심 증대, 시가지 확장에 따른 구제조사의 증가 등과 긴밀한 관련이 있다. 특히 금관총 발견 이후 금령총, 식리총, 서봉총, 데이비드총 등과 같은 중대형 적석목곽묘를 집중적으로 발굴 조사하게 되는데, 금령총과 식

리총 등은 매장주체부의 이해를 위한 학술적인 목적이었다고는 하나, 그 이면에는 신라 유물의 수집이 더 큰 목적이었다(정인성 2011). 이 중 서봉총과 데이비드총은 좀 더 특수한 이유로 발굴되었는데, 서봉총은 채토의 목적과 더불어 신라 유물을 수집하려는 모로가 히데오와 사이토 총독 등이 아주 긴밀하게 관련되어 추진된 사례이며(小泉顯夫 1927·1986), 데이비드총은 외국인으로부터 기부금을 받아 발굴한 사례이다. 특히 서봉총의 발굴은 아마추어 고고학자와 식민지 권력이 결탁하여 이루어진 식민지 고고학 조사의 문제점을 전형적으로 보여주는 사례로 평가할 수 있을 것이다(정인성 2009). 무엇보다도 1916년 이후 고적조사위원회가 설립되고, 고적 및 유물보존규칙이 발령되어 고적조사의 제도적 장치(이기성 2009)가 마련되었음에도 금령총, 식리총, 서봉총, 데이비드총과 같은 고분 조사는 여러 가지 문제점을 가지고 있다고 평가할 수 있다.

2. 시기 구분의 문제

최근 일제강점기 신라 고분 조사를 시기 구분한 논고가 많이 발표되고 있다. 한국인 연구자와 일본인 연구자로 구분해 정리하면 〈표2〉와 〈표3〉과 같다(高橋潔 2005 ; 이청규·김대환 2000 ; 早乙女雅博 2001 ; 차순철 2006 ; 吉井秀夫 2006 ; 김용성 2010 ; 정규홍 2012).

한국인 연구자는 주로 특정 주기(대체로 10년 단위)를 단위로 시기를 구분하고 있다. 그런데 일본인 연구자는 당시 시대적 배경이나 조선총독부의 기구 또는 제도 변화를 기준으로 시기 구분하고 있다. 즉 한국인 연구자는 대부분 적석목곽묘의 발굴 상황과 조사의 획기를 기준으로 시기를 구분한 후 연대기적으로 조사된 고분을 나열하는 방식이며, 일본인 연구자는 발굴 상황도 고려하면서도

표 2. 한국인 연구자의 시기 구분

연구자	구분	시기
이청규 · 김대환(2000)	전기(메이지)	1902~1912
	중기(다이쇼)1기	1912~1921
	중기(다이쇼)2기	1921~1926
	후기(쇼와)	1926~1945
차순철(2006)	1기	1886~1899
	2기	1900~1909
	3기	1910~1919
	4기	1920~1929
	5기	1930~1945
김용성(2010)	1900년대	고고학 조사의 시작
	1910년대	발굴조사 개시기
	1920년대	발굴조사 전성기
	1930년대 이후	발굴조사 정형기와 쇠퇴

표 3. 일본인 연구자의 시기 구분

연구자	구분	시기
吉井秀夫(2006)	1기(경주 주변 답사와 간단한 발굴조사)	1900~1908
	2기(세키노 중심의 본격적인 발굴조사)	1909~1915
	3기(금관총 발견 이후 대형 적석목곽분 조사)	1916~1920
	4기(고적조사위원회의 계통적인 조사 연구)	1921~1930
	5기(조선고적조사회의 조사)	1932~1945
早乙女雅博(2001 · 2010)	도쿄제국대학 조사	1900~1909
	총독부 제1차 고적조사	1910~1915
	신체제하 제2차 고적조사	1916~1920
	고적조사과의 제3차 고적조사	1921~1930
	조선고적연구회의 제1차 고적조사	1931~1932
	조선고적연구회의 제2차 고적조사	1933~1935
	조선고적연구회의 제3차 고적조사	1936~1945

당시 시대적 배경에 주목해 조사가 어떠한 방식으로 이루어지고, 어떻게 변화했는가를 기술하고 있다. 일제의 고적조사사업이 총독부 사업과 긴밀하게 관련되어 있다는 것을 고려하면 적석목곽묘와 같은 고분의 시기 구분 역시 당대의 제도적인 측면을 고려하면서 검토해야 할 것이다.

적석목곽묘에 한정시켜 시기를 구분해 보면 이마니시나 세키노가 조사했던 시기도 중요하지만 역시 적석목곽묘의 구조를 확인했던 하라다의 보문리 고분의 조사가 중요한 획기이다. 다음으로는 대부분의 연구자가 인식하고 있듯이 1921년 금관총 발견을 큰 획기로 설정할 수 있다.

Ⅲ. 적석목곽묘 조사와 연구에 관한 평가

1. 발굴 조사를 통한 구조의 인식 과정

초창기 일인학자는 경주 지역의 대형 적석목곽묘에 대해 적석총으로 판단했다. 1906년 이마니시는 황남리 고분을 발굴했을 때 적석 상부까지 조사하고 주체부는 조사하지 못했으며, 1909년 세키노 팀도 황남리 남총을 발굴하면서 점토층과 적석층만을 확인하였다. 당시 조사자들은 내부 주체까지 들어가지 못했고 내부 주체도 제대로 확인하지 못하였기 때문에 그냥 적석총으로 부르고 있었는데 이 용어는 그 자체만으로로도 내부 구조를 이해하지 못한 수준을 잘 보여준다. 즉 적석총으로 부르는 것 자체가 당시의 인식을 그대로 보여주는 것으로 생각된다. 특히 세키노 팀이 1909년 도로 건설 중 건천 금척리 고분군의 파괴 고분을 관찰한 후 적석총이었다고 한 점에서도 인식의 수준을 잘 알 수 있다. 1915년에 조사한 검총도 봉분 구조만 확인할 수 있었고, 황남리 남총의 재발굴에도 일정 한계가 있었지만 중심부까지 조사하지 못하고 검총과 비슷한 구조로 파악한 점, 보문리 부부총, 구로이타가 발굴한 보문리 고분 조사까지 이러한 인식은 이어진 것으로 판단된다. 이러한 이해의 한계는 여러 가지 원인이 있겠지만 적석목곽이라는 아주 독특한 구조로 인한 이해의 어려움뿐만 아니라 당시 조사 기법에도 원인이 있었을 것이다(이희준 1987·1990).

경주 지역의 적석목곽묘는 보문리 고분의 조사를 통해 주체부를 어느 정도 인식하게 된다. 1918년 하라다가 발굴한 보문리 고분 조사를 통해 적석목곽묘의 구조가 구체적으로 인지되기 시작하였다. 이 고분은 1915년 구로이타가 발굴을 시도하다가 적석 부분까지 파고 포기한 고분인데, 하라다는 구로이타의 경험을 토대로 분구 상면을 넓게 파서, 적석 상면을 모두 노출한 후 적석을 제거하고 매장주체부의 유물을 노출했다(吉井 2006: 14). 그 결과 목관·목곽·적석·봉토라는 구성 요소가 추정되었고, 보고서에서 구체적인 도면으로 제시되었다(김용성 2010). 그런데 이 보문리 고분의 조사와 보고서 간행 직업은 교토제국대학의 하마다와 우메하라가 본격적으로 조선고적조사에 참여하게 된 시기에 이루어진 조사이고, 보고서도 교토제국대학에서 작성된 점이 주목된다(吉井秀夫 2009).

이후 1921년 금관총의 발견은 관곽 내부를 좀 더 구체적으로 추정해 볼 수 있는 계기를 제공하였고, 1924년 실시된 금령총과 식리총의 조사는 적석목곽묘의 구조를 최종적으로 확인시켜주는 계기가 되었다.

적석목곽의 구조를 어느 정도 구체적으로 인식하기 시작한 보문리 고분에 대한 조사에 우메하라가 참여하였고, 그 보고서를 교토제국대학 고고학연구실에서 편집한 점은 우메하라의 관심이 어디에 있었는지를 잘 알 수 있다. 즉 우메하라는 보문리 고분부터 금관총, 금령총, 식리총의 조사를 통해 적석목곽의 구조를 어느 정도 인식할 수 있었고 그 결과를 최종적으로 복원할 수 있게 된 셈이다.

그러나 그 관심은 적석목곽 구조의 계통을 연구하기 위한 관심이었다고 볼 수 있다. 여전히 당시 관학자들은 공통으로 가졌던 계통론적 관심이 높았음을 알 수 있다. 즉 구조에 관심이 많았던 것은 역시 초창기 적석 내부를 발굴하지 못한 경험을 극복하려는 의도도 있었겠지만, 그보다 당시 관학자가 갖고 있었던 계통론적 관심(이성주 2008)과 깊은 관련이 있을 것이다.

2. 보고서 작성 과정

최근 요시이에 의해 조선고적사업과 보고서 간행에 대한 과정이 구체적으로 복원되고 있다(吉井秀夫 2009, 2011). 〈표4〉는 금관총의 발견에서 보고서 작업에 이르기까지를 요시이의 연구 성과를 토대로 정리한 것이다.

위의 표를 보면, 금관총의 유물은 수습 후 경성으로 보내지고, 그곳에서 하마다와 우메하라에 의해 정기적으로 조사가 이루어졌음을 알 수 있다. 그런데 1921년말 고적조사과가 설치되면서 고적조사에 참여한 성원에 큰 변화가 나타났다. 우메하라는 1년에 2회 한국에 출장가서 금관총 출토유물의 정리 및 여러 가지 연구에 참여하게 되는데(吉井 2009), 1925년 유럽 유학가기 전 이 시기를 이용해 보고서에 필요한 기초 작업을 하였다. 그리고 기초 작업을 토대로 교토제국대학에서 보고서 편집 작업을 한 후 교토에서 인쇄하였다.

보고서를 당시 일본의 상황과 비교하면 매우 수준이 높았다고 평가할 수 있으며, 보고서가 미간된 서봉총과 데이비드총 사례를 보면 약 3년간 몇 번의 출

표 4. 금관총의 발견과 보고서의 간행

연도	조사 및 보고서 작성 과정
1921년 9월 24일	금관총 발견.
1921년 9월 27~30일	모로가 등 유물 수습.
1921년 10월 2일	조선총독부 파견 오가와 게이키치를 경주 도착.
1921년 10월12일~24일	하마다와 우메하라 경주 도착. 먼저 와 있던 세키노, 오가와, 노모리 다카시, 야마우치 히로에, 林漢韶와 유물 조사.
1921년	금관총 유물 경성 이송. 우메하라 유물 정리.
1921년 11월 말	우메하라 일본 귀국.
1922년 4월~6월	우메하라를 중심으로 고이즈미 아키오, 사와 슌이치가 유물 정리 작업을 시작.
1922년 10월	하마다와 시마다 사다히코의 유물 조사.
1923년 5월	우메하라가 오가와, 고이즈미, 간다 쇼조와 함께 유물 조사.
1923년 가을	우메하라 유물 조사.
1924년 봄	우메하라 유물 조사. 금령총·식리총 조사.
1924년 5월	보고서 본문 상책 발행.
1924년 9월	보고서 도판 상책 발행.
1925년	우메하라 유럽으로 유학.
1928년 3월	보고서 도판 하책 발행.
	우메하라 유럽에서 귀국.
1932년	하마다 『慶州の金冠塚』 발행(보고서 본문 하책에 해당).

장을 통해 작성한 기록 카드로 보고서를 간행할 수 있었던 것은 당시로는 매우 이례적인 현상이었다. 이렇게 짧은 시간에 보고서를 만들 수 있었던 이유는 역시 우메하라의 개인적인 능력으로 볼 수도 있을 것이다(吉井 2011).

금관총 보고서뿐만 아니라 1931년 이후 조선고적연구회가 조사한 유적의 보고서도 우메하라가 지도하면서 교토제국대학 고고학 연구실에서 편집되었고, 교토 시내에 있는 인쇄 회사에서 출판되었다. 이러한 사실로 볼 때 당시 고적조사사업은 총독부박물관의 독자적인 사업이기보다 요시이의 지적대로 도쿄제국대학과 교토제국대학과 깊은 관계를 맺고 있음을 알 수 있다(吉井 2009).

3. 연구자와 당시의 문제의식

일제강점기 경주 적석목곽묘의 조사는 당시 관학자의 독점물이었다. 특히 적석목곽묘의 조사는 세키노, 야쓰이, 하마다, 하라다, 우메하라, 아리미쓰, 사이토 등과 같은 관학자에 의해 조사가 이루어 졌고, 모로가와 같은 아마추어 고고학자(정인성 2009)와 경주고적보존회와 같은 조직은 금관총과 같은 특수한 상황에서만 개입할 수 있었을 뿐, 실제적인 조사와 보고서 간행은 제국대학 교수와 총독부의 관계자만이 참여할 수 있었다.

그런데 적석목곽묘와 같은 매우 복잡하고 어려운 실제 조사에서는 총독부 기술자들이 큰 역할을 했음을 알 수 있다. 특히 사와 순이치(吉井 2008)와 같은 이는 사진 기사임에도 금령총과 식리총의 발굴과 서봉총의 발굴에서 큰 활약을 하는 것으로 묘사되고 있다(小泉 1927, 1986). 즉 실제적인 발굴조사에서는 발굴 경험이 적었던 고적조사위원을 대신해 총독부 기술자가 큰 활약을 하고 있었다고 볼 수 있다.

그러나 이 기술자들은 적석목곽묘와 같은 어려운 조사를 실제로 수행하고 있어도 실제로 간행된 보고서에 구체적인 이름조차 거론되지 않고 있다. 이러한 사실은 당시 총독부박물관은 일본에서 온 연구자의 조사를 보조하고 유물과 사진을 정리 및 관리하는 일 등을 담당할 뿐 독자적으로 연구하는 것은 기본적으로 기대되지 않았다는 것을 알 수 있다(吉井 2009).

당시 한반도에서 조사하고 있던 관학자 그룹은 기본적으로 계통론(이성주 2008)과 깊은 관련성을 가지고 있었다. 적석목곽묘의 조사를 독점하고 있었던 일본인 관학자 연구도 계통을 따지는 연구가 주류를 차지한다. 예를 들어 우메하라가 적석목곽의 구조를 복원한 금령총·식리총 보고서에서 적석목곽묘의 계통을 낙랑군의 목실묘(정백리 9호분 등)와 한반도 재지의 지석묘의 적석에서 찾은 점, 신라 고분 출토 비취의 계통을 일본에서 찾으려고 한 점, 하마다가 신라의 관, 수식부 이식, 용봉문 환두대도, 금속제 마구의 계통을 스키타이 계통으로 설명한 점 등은 대표적인 계통론적 접근이라 할 수 있다. 이러한 인식은 해방 이후 한국인 연구자에게 그대로 많은 영향을 주었다.

Ⅳ. 맺음말

일제강점기 적석목곽묘의 조사는 다른 유적조사와 같이 당시 식민지 정책과 매우 긴밀하게 관련되어 있었다. 따라서 당시 조사의 의도, 방식, 연구 관점 등은 제국주의 고고학의 비판이라는 입장에서 좀 더 구체적으로 논의할 필요성이 있다. 이를 위해서는 당시 이루어진 고적조사사업을 복원하고, 일제강점기의 자료를 재평가하는 작업은 중요하며, 기왕에 알려진 자료를 좀 더 자세히 정리하고, 새로운 자료를 발굴하는 작업도 필요할 것이다.

또 일제강점기 적석목곽묘의 조사와 연구를 통해 조사방식과 연구 관점의 문제를 지적하는 것도 중요하지만, 그것보다도 현재까지 그러한 전통이 남아 유지되고 있는 부분에 대한 극복도 매우 중요한 실천으로 생각된다. 따라서 앞으로의 과제는 조사와 연구에 대한 비판적인 검토도 중요하지만, 일제강점기 고고학과 현재의 고고학이 어떠한 연결 고리를 가지고, 그것을 어떻게 발전적으로 극복하는가에 대한 논의가 중요하다고 생각한다.

사진 1. 황남리 남총

사진 2. 검총

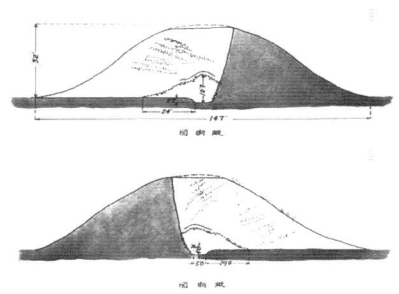
사진 3. 검총 조사 도면

사진 4. 보문리 고분

사진 5. 보문리 고분 적석부 노출 상태

사진 6. 금관총 발견 모습

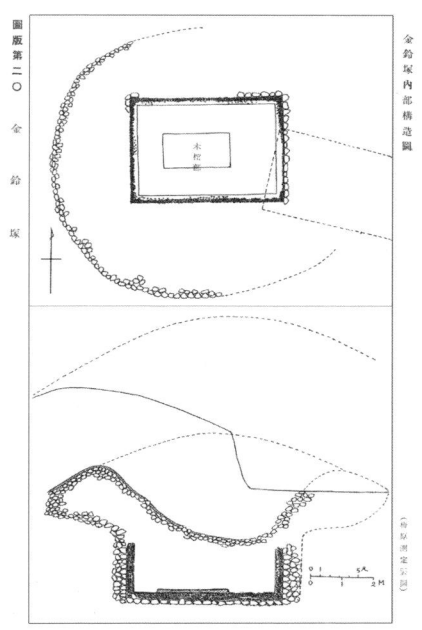

사진 7. 금령총 조사 도면

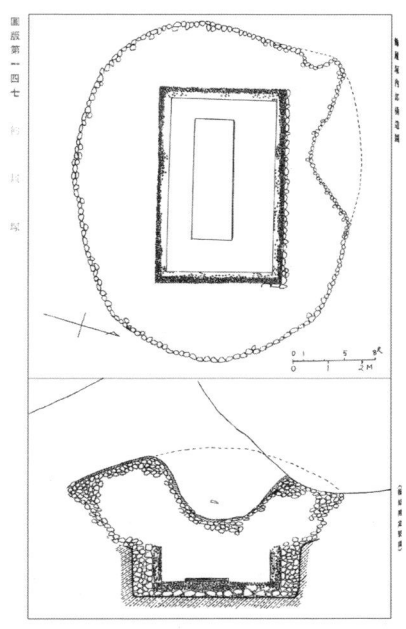

사진 8. 식리총 조사 도면

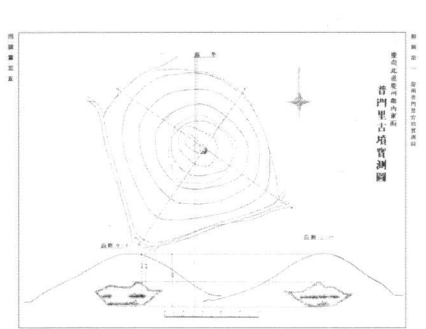

사진 9. 보문리 고분 조사 도면

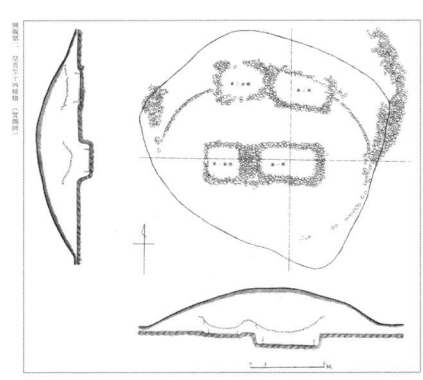

사진 10. 황남동 109호분 조사 도면

일제강점기 조사된 경주 지역 적석목곽묘　117

참고문헌

谷井濟一, 1910a,「韓國慶州西岳の一古墳に就て」,『考古界』第8編 第4號.

谷井濟一, 1910b,「慶州の陵墓」,『朝鮮藝術之研究』度支部建築所.

국립경주문화재연구소·경주시, 2007,『신라고분 기초학술조사연구Ⅲ』.

국립경주박물관, 2011,『경주 보문동 합장분』.

국립중앙박물관, 2000,『경주 노서리 4호분』.

今西龍, 1908a,「新羅舊都慶州附近の古墳」,『歷史地理』第11卷 第1號, 日本歷史地理研究會.

今西龍, 1908b,「慶州に於ける新羅の墳墓及び基遺物に就て」,『東京人類學會雜誌』第269號, 東京人類學會.

吉井秀夫, 2009,「일본고고학사에서 본 조선고적조사사업과 조선총독부박물관」,『한국박물관 개관 100주년 기념세미나』(국립중앙박물관).

吉井秀夫, 2011,「교토대학 고고학연구실 소장 금관총 관련자료와 그 성격」,『신라고분 정밀측량 및 분포조사연구보고서』(국립경주문화재연구소·경주시).

김용성, 2010,「일본인의 신라 고분 조사」,『先史와 古代』제33호(한국고대학회).

김창호, 1991,「경주 황남동 100호분(검총)」의 재검토」,『韓國上古史學報』제8호, 韓國上古史學會.

梅原末治, 1931,「慶州金鈴塚飾履塚發掘報告-圖版」,『大正十三年度古蹟調査報告第一冊』朝鮮總督府.

梅原末治, 1932,「慶州金鈴塚飾履塚發掘報告-本文」,『大正十三年度古蹟調査報告第一冊』朝鮮總督府.

濱田耕作·梅原末治, 1924a『慶州金冠塚とその遺寶 本文上冊』朝鮮總督府.

濱田耕作·梅原末治, 1924b『慶州金冠塚とその遺寶 圖版上册』朝鮮總督府.

濱田耕作·梅原末治, 1928『慶州金冠塚とその遺寶 圖版下册』朝鮮總督府.

濱田靑陵, 1932,『慶州の金冠塚』慶州古蹟保存會.

小泉顯夫, 1927,「瑞鳳塚の發掘」,『史學雜誌』第38編 第1號, 史學會.

小泉顯夫, 1986,『朝鮮古代遺蹟の遍歷』六興出版.

奧田悌, 1920,『新羅舊都慶州誌』玉村書店.

原田淑人, 1922,「慶尙北道慶州郡內南面普門里古墳及ひ慶山郡淸道郡金泉郡 尙州郡並慶尙南道梁山郡東萊郡諸遺蹟調査報告書」,『大正七年度古跡 調査報告』朝鮮總督府.

有光敎一, 1934,「皇吾里五十四號墳甲·乙塚」,『昭和八年度古蹟調査槪報』朝 鮮總督府.

有光敎一, 1935,「慶州皇南里第八十二號墳·八十三號墳調査報告」,『昭和七年 度古蹟調査報告』朝鮮總督府.

有光敎一, 1936,「新羅金製耳飾最近の出土例に就いて」,『考古學』第7卷 第6號.

有光敎一·藤井和夫, 2000,「慶州路西里215番地古墳發掘調査報告」,『朝鮮古 蹟硏究會遺稿Ⅰ』東洋文庫.

이기성, 2009,「朝鮮總督府의 古蹟調査委員會와 古蹟及遺物保存規則」,『嶺南考 古學』51號(嶺南考古學會).

이성주, 2008,「형식론과 계통론-일본 제국주의 고고학의 물질문화 해석에 대한 비 판적 검토」,『희정최몽룡교수 정년퇴임논총 21세기의 한국고고학(Ⅰ)』(주류 성).

이청규·김대환 2000,「경주지역 분묘조사와 연구-일제강점기부터 현재까지」,『인류학연구』제10집(영남대학교 문화인류학연구회).

이희준, 1987, 「경주 황남동 제109호분의 구조 재검토」, 『삼불김원룡교수정년퇴임 기념논총Ⅰ(고고학편)』.

이희준, 1990, 「해방전의 신라·가야고분 발굴방식에 대한 연구」, 『韓國考古學報』 24집(韓國考古學會).

정인성, 2009, 「일제강점기 '慶州古蹟保存會'와 모로가 히데오(諸鹿央雄)」, 『大邱 史學』第95輯(大邱史學會).

정인성, 2011, 「영남지역의 일제강점기 「고적조사」와 반출문화재」, 『해외 소재 우리 문화재의 현황과 과제』((사)우리문화재찾기운동본부·영남대학교박물관).

齋藤忠, 1937a, 「慶州皇南里第百九號墳皇吾里第十四號墳調査報告」, 『昭和九 年度古蹟調査報告 第一冊』朝鮮古蹟研究會.

齋藤忠, 1937b, 「慶州邑皇吾里古墳の調査」, 『昭和十一年度古蹟調査報告』朝鮮 總督府.

朝鮮總督府, 1916, 『朝鮮古蹟圖譜』第三冊.

早乙女雅博, 2001, 「新羅の考古學調査100年の研究」, 『朝鮮史研究會論文集』第 39集(朝鮮史研究會).

早乙女雅博, 2010, 『新羅考古學研究』(同成社).

차순철, 2006, 「일제강점기의 신라고분조사연구에 대한 검토」, 『문화재지』39호(문 화재청).

穴澤咊光, 2007, 「慶州路西洞「デイヴィッド」塚の發掘-「梅原考古資料」による 研究-」, 『伊藤秋男先生古稀記念考古學論文集』.

黒板勝美, 1974, 「朝鮮史蹟遺物調査復命書」, 『黒板勝美先生遺文』吉川弘文館.

日帝强占期 慶州地域 橫穴式 石室墳 調査에 대하여

尹相悳　國立中央博物館 學藝研究士

Ⅰ. 序言

일제강점기 조사에 대해 전반적인 내용을 槪觀하는 연구는 몇 차례 있었지만(早乙女雅博 2002 ; 吉井秀夫 2006 ; 차순철 2006a), 개별 조사 자체에 집중해 재검토하는 연구는 많지 않았다. 대부분 누가, 언제, 무엇을 조사했는지에 초점을 맞추어 전체 흐름을 파악하는 연구에 집중한 것이다. 그러나 이제는 '어떻게'에 초점을 맞춰 자료를 정리하고 평가하는 작업이 필요하며 영남고고학회의 이번 사업은 이 점에서 의미가 크다.

그간 일제강점기 조사를 재검토한 작업을 살펴보면, 먼저 국립중앙박물관에서는 2000년대 이후 慶州 路東里 4號墳, 鳳山 養洞里 塼室墓, 平壤 貞柏里 8·13號墳, 漢江流域 先史遺物-橫山將三郞 채집자료-에 대한 보고서를 발간하였다(國立中央博物館 2000, 2001a, 2002, 2010). 국립경주문화재연구소에서는 일제강점기에 발간된 자료를 정리하여 일제강점기의 경주지역 조사 내용을 자료집으로 출간하였다(國立慶州文化財硏究所 2007, 2011a, 2011b). 이 자료는 일제강점기 자료를 소개하는 일차자료로서 큰 의미가 있으나 내용 소개에 그치고 비판적인 검토가 이루어지지 않았다. 최근 필자는 1915년에 발굴된 普門洞 合葬墳(舊 普門里 夫婦塚)의 보고서를 작성하였다(國立慶州博物館 2011). 보문동 합장분은 신라고고학 연구에서 묘제의 변천과 토기 편년 등에서 중요한 위치를 차지함에도 불구하고, 유물이 정식으로 공개되지 않았고 발굴내용에 대해 제대로 검토되지 못했었다. 새롭게 검토한 결과, 그래서 조사 당시에 부부의 무덤(夫婦塚)으로 추정한 것을 그간 학계에서 그대로 받아들여 왔다. 그러나 새롭게 검토한 결과 이것은 최근 한국고고학의 성과에 비추어 볼 때 잘못되었음을 밝힐 수 있었다.

이 글도 '普門里 夫婦塚'에 대한 비판적인 검토의 연장선에서 일제강점기 경주지역 횡혈식 석실분 조사를 다시 살펴보고자 하는 것이다. 특히 '어떻게'에 초점을 맞춰 검토를 진행하겠다. 이와 관련된 연구로는 李熙濬의 연구를 들 수 있다(李熙濬 1990). 李熙濬은 일제하 발굴사례를 검토하고 당시 발굴의 목적이 '화려한 유물의 수집'에 있었다는 점, 한반도의 발굴이 '고고학 발굴 연습장'으로 인식되어 졸속으로 이루어진 점을 비판하였다. 특히 트렌치 발굴방식과 봉토의 제토방식에 층위의 파악이 결여된 점을 들어 제대로 된 '발굴방법'이라 평가하기 어렵다고 하고, 횡혈식 석실분 조사에서도 호석과 묘도를 확인하지 않았고, 주체부를 찾는 데에만 급급했던 점을 비판하였다. 그러나 발굴방법을 추정할 수 있을 정도로 조사내용이 알려진 자료를 대상으로 했기 때문에 경주지역 석실분에 대한 내용은 忠孝洞 石室墳 외에는 다루지 않았고 조사내용도 자세히 소개하지 않았다.

 여기에서는 경주지역의 횡혈식 석실분을 대상으로 자료가 조금이라도 남아있는 유적을 모두 포함하여 개별 사례별로 검토하겠다. 그리고 시기에 따라 조사방법이 어떻게 변화하였는지, 조사결과 신라 문화에 대한 해석이 어떻게 이루어졌는지를 살펴보겠다. 물론 주어진 과제가 경주 석실분에 대한 것이었기 때문에 일제강점기의 전반적인 흐름 속에서 파악하는 것이 부족하다. 하지만 이번 기회가 '좁지만 더 깊이' 검토할 수 있는 자리라고 생각하고 여기에 초점을 맞추겠다.

Ⅱ. 遺蹟別 調査方法과 調査結果의 解釋

1. 北山 古墳

1) 조사내용[1)]

1906년 9월, 今西龍(1875~1932)이 조사하였다. 그는 당시 일본 동경제국대학 대학원에서 한국사를 공부하고 있었으며, 경주에 체류한 기간은 17~18일이었다(今西龍 1911: 57). 이 기간 중에 小金剛山 일대에서 대형 무덤 한 기와 중형 무덤 수 기를 조사하였다. 중형 두 기 중에 하나는 도굴되었으나, 나머지 한 무덤에서는 13점의 유물을 수습하였다고 한다. 무덤의 구조, 유물출토 상황을 비롯한 관련 설명이 전혀 없다.[2)] 유물 사진만『朝鮮古蹟圖譜』5권에 실려 있다.

2) 조사방법

조사에 대해서는 짧은 글로써 추측할 수 있을 뿐이다.

"대형 한 기와 중형 몇 기를 조사하였다. 중형의 무덤 중에서 두 기는 외형으로 보면 원형이 보존된 것 같았으나 한 기는 이미 내부가 교란되어 연구목적을 달성할 수 없었

---

1) 국립경주문화재연구소에서 출간한 자료(國立慶州文化財研究所 2007)에 조사내용이 잘 정리되어 있으므로 여기에서는 논의에 필요한 내용만 서술하겠다.
2) 관련 자료는 다음과 같다.
   今西龍, 1911,「新羅旧都慶州の地勢及び其遺跡遺物」,『東洋學報』1-1, p. 80.
   關野貞·谷井濟一, 1917a,『朝鮮古蹟圖譜』五, 朝鮮總督府, p. 552.
   關野貞·谷井濟一, 1917b,『朝鮮古蹟圖譜解說』五, 朝鮮總督府, pp. 10~12.

다. 다른 한 기에서는 토기 13점을 발견하였지만, 연구자로서 부끄럽게도 부주의로 유물 배치상태나 인골 유무를 알지 못하였다."(今西龍 1911)

이 글은 경주의 유적에 대해 개관한 글에 삽입되어 있는 문구이다. 정확히 몇 기를 조사했는지 알 수 없지만 今西龍은 대형 무덤 한 기를 비롯해서 최소 중형 두 기 이상을 조사했으며, 이 중 무덤이 온전할 것으로 예상하고 내부를 조사한 것은 두 기인 것으로 추측된다. 이 중 한 기에서는 유물이 출토되지 않았는데, 이를 '연구목적을 달성할 수 없었다'라고 표현한 것으로 보아 그의 연구목적은 단순히 유물을 획득하는 것, 또는 이를 통해 무덤 축조연대를 파악하는 정도에 있었음을 알 수 있다.

한편, 13점의 유물을 수습하였다고 하였으나 유물 배치상태도 알지 못하며 사진촬영이나 도면작성도 하지 않은 것으로 보인다. 당시 상황을 감안하더라도 발굴조사로 보기는 어렵다.

3) 조사결과의 해석

출토된 토기에 대해 『朝鮮古蹟圖譜解說』 5권에서는 통일신라 초기로 보고 있다(關野貞·谷井濟一, 1917b). 그러나 이는 1917년에 關野貞(1868~1935)과 谷井濟一(1880~1959)에 의해 작성된 것으로 조사 당시 今西龍이 어떤 견해를 가졌었는지 알 수 없다. 한편, 今西龍은 경주지역을 답사한 후 고분을 높이에 따라 대형(30~60척), 중형(15~30척), 소형(15척 이하)으로 나누고, 대형과 중형을 신라의 분묘로 보았다. 또한, 소형 중에서 큰 것은 신라 상류층의 묘이며 작은 것은 조선시대 것으로 보았다(今西龍 1907). 분구의 규모로 무덤 축조 시대를 추정하려는 시도라고 평가한다.

2. 西岳洞 石枕塚

1) 조사내용

1909년 12월, 통감부 탁지부의 의뢰로 關野貞, 谷井濟一, 栗山俊一(1882~?)이 조사하였다.[3] 谷井濟一이 조사내용을 다음 해에 학술지에 보고하였다 (1910a).[4] 발굴기간은 정확히 알 수 없으나 12월 9일에서 14일 사이에 착수해서 늦어도 12월 19일에는 종료한 것으로 추정된다(內田好昭 2001: 63).

서악동 석침총은 서악동 고분

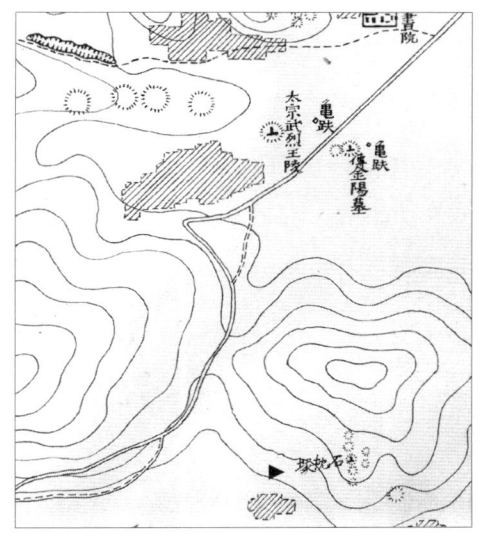

그림 1. 유적 위치도
『朝鮮古蹟圖譜』3

---

3) 咸舜燮은 關野貞의 보고서에 이 발굴 내용이 누락된 것으로 보아 애초 탁지부의 의뢰에는 '발굴'은 없었을 가능성이 있고, 서악동 석침총의 발굴은 關野貞의 독단적인 결정에 의해 이루어진 것일 수 있다고 하였다(2011: 70).
4) 관련 자료는 다음과 같다.
　谷井濟一, 1910a, 「韓國慶州西岳の一古墳に就いて(口繪の說明)」, 『考古界』 8-12.
　谷井濟一, 1910b, 「慶州の陵墓」, 『朝鮮藝術の研究』, pp. 83~86.
　關野貞·谷井濟一, 1916a, 『朝鮮古蹟圖譜』 三, 朝鮮總督府, pp. 358~~360(1204-1208).
　關野貞·谷井濟一, 1916b, 『朝鮮古蹟圖譜解說』 三, 朝鮮總督府, pp. 46~47.
　차순철, 2006b, 「경주 서악동 석침총 발굴조사와 그 의의」, 『문물연구』 10.
　早乙女雅博, 2011, 「西岳里石枕塚」, 『新羅古墳 精密測量 및 分布調査 研究報告書』, 國立慶州文化財研究所, pp. 247~251.

군에 위치한다. 비교적 큰 네 개의 봉분이 연속되어 있는 중에 북쪽에서 남쪽으로 세 번째 무덤이다(그림 1). 조사에서 특이한 것은 연도와 석실이 만나는 부분에 연도 방향으로 긴 구획을 만들고 연도쪽 끝에 높이 약 56cm[5], 너비 약 50cm 판석이 세워진 채로 남아 있었다는 점이다(그림 3·4).

한편, 부장품으로 토기가 출토되었다. 谷井濟一(1910a: 499)의 기록에는 현실 내 좌측벽 가까운 단 위에 고배의 뚜껑이 있었고, 이 외에 1~2점의 토기파편이 출토되었다고 한다. 최근 早乙女雅博은 이 유물의 실측도를 포함한 정식 보고를 하였다(2011: 247~251).[6]

2) 조사방법

발굴 순서의 경우 차순철은 현재 분구가 크게 함몰되었고, 谷井濟一의 보고문에 천정석과 그 바로 위의 토층이 세밀하게 기술된 점을 참고하여 분구 정점에서 굴착하여 뚜껑돌까지 도달한 후 뚜껑돌을 제거하고 석실 내부로 들어간 것으로 추정하였다. 또한, 석실 내부에서 연도를 확인한 후 폐쇄석을 제거하고 묘도부까지 조사했던 것으로 보았다(차순철 2006b: 140). 그러나 〈그림 2〉를 보면 봉분의 사면에서 굴착이 이루어진 듯 하고 봉분 정상부는 굴토 흔적이 없으므로 처음부터 분구 정상에서 개석까지 파내려간 것으로 보기는 어렵다. 천정석 위의 토층에 대해 세밀하게 기술한 것도 굳이 봉분 정상에서부터 굴착하지

---

[5] 『朝鮮古蹟圖譜』3의 도면과 달리 谷井濟一의 도면(그림 3, 4)에는 이 판석이 바닥에 상당한 깊이로 박혀 있는 것으로 되어 있어 좀 더 길었던 것으로 보인다.
[6] 유물은 모두 일본 도쿄대학에 보관되어 있다.

그림 2. 무덤 西面
『朝鮮古蹟圖譜』3

않아도 노출된 단면에서 충분히 확인할 수 있으므로 봉분 정상에서부터 굴착하였다는 근거로 볼 수 없다. 아마도 연도 또는 석실 일부가 어떤 이유로 드러났고, 이 부분을 정리하면서 봉분 사면에서 비스듬히 파들어 갔을 가능성이 크다. 이러한 발굴방식은 李熙濬(1990)이 이미 지적한 바와 같이 일제강점기의 일반적인 발굴방법이었다. 또한 연도 앞쪽은 할석으로 폐쇄되어 있는데, 도면(그림 3·4)에는 이 폐쇄석 바깥쪽의 상태가 기록되지 않은 것으로 보아 폐쇄석을 제거하지 않았으며, 그렇다면 연도의 바깥쪽도 조사하지 않은 것으로 추정된다. 또한 '흙이 흘러내려 덮여서 호석은 불명확하다'고 설명하면서도 호석 조사를 따로 하지 않았다. 이는 조사의 최대 관심사가 매장주체부였고, 호석은 조사대상이 아니었음을 알려준다.

　도면은 방위를 세심하게 표시하였고 평면도와 종·횡단면도를 그렸으나, 돌의 형태를 비롯해서 구조를 정확히 실측한 것이라고 보기 어렵다. 약도를 그린 후에 수치를 기록한 것으로 보인다(그림 3·4). 경주지역 무덤 조사에서 최초로 도면이 작성된 조사였다고 평가한다.

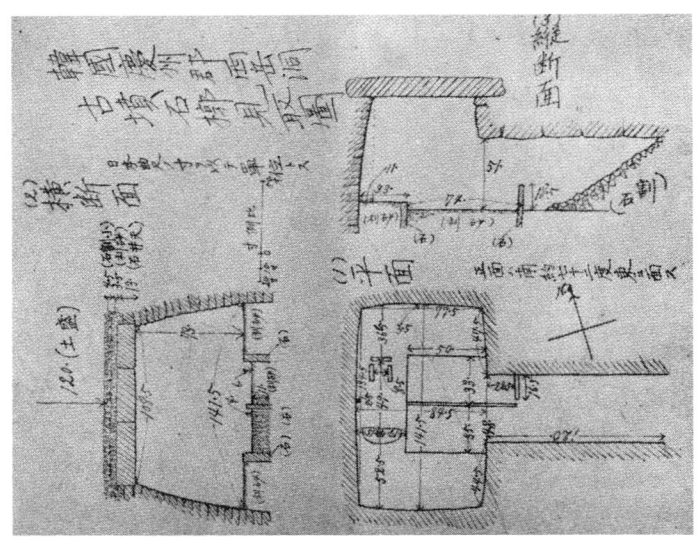

그림 3. 석실 실측도
谷井濟一 1910a

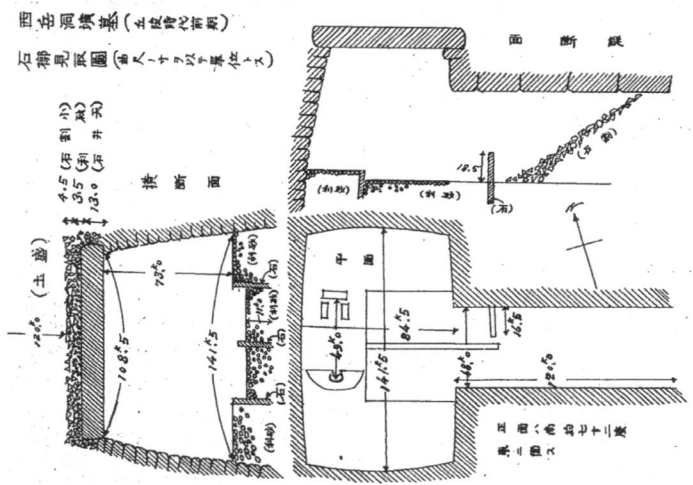

그림 4. 석실 실측도
谷井濟一, 1910b

3) 조사결과의 해석

谷井濟一은 석침총의 발굴 보고문에서 무덤의 성격과 관련해서 설명하고 있다(1910a). 그는 먼저 무덤의 연대를 추정하기 위해 '조선묘' 및 '고려묘'와 비교하였다. 즉 조선묘와 고려묘에는 외형이 왕자의 능묘라 해도 이와 같이 거대하고 기다란 연도를 가진 것은 없으며, 발견된 토기와 유사한 것도 조선은 물론 고려 분묘에서도 나오지 않는다. 그리고 관을 사용하지 않고 시신을 시상 위에 놓고 석침을 사용한 것은 고려시대에 전혀 없으므로 이 무덤은 신라조 이전의 것으로 인정할 수 있다고 하고, 외형, 내부구조, 부장토기로 보아 삼국시대로 올라갈 것 같지 않고 통일신라로 보는 것이 온당하다고 하였다. 그리고 문무왕릉과 밀접한 관계가 있는 것으로 본 태종무열왕릉의 서쪽 구릉에 존재하는 네 개의 대형분과 이 네 개의 무덤이 늘어선 모습(그림 1)이 유사하고 토기의 문양, 형상, 수법 등이 아마도 통일신라 이른 시기에 속하며 일본 나라시기에 해당한다고 하였다. 결론적으로 분구가 거대한 것을 들어 신라귀족의 무덤으로 추정하였다. 한편, 피장자의 성격도 추정하였는데, 먼저 현실내 석침과 족좌 규모로 보아 5척 전후의 신장으로 추정되며, 이는 남자로 보기에는 작으므로 혹시 부인의 분묘가 아닐까 추정하였다. 나머지 세 개의 무덤과는 밀접한 관계를 가진 것으로 보았다. 이러한 추정은 당시의 빈약한 정보를 감안하면 상당히 뛰어난 것이다. 아마도 무덤 배치가 태종무열왕릉 뒤쪽의 무덤과 같다는 점이 시대 추정의 중요한 근거로 사용된 것으로 보이며, 토기를 당시 일본의 출토품과 비교할 수 있었던 것도 이와 같이 시대를 추정할 수 있었던 배경이 되었을 것이다.

더불어 谷井濟一은 신라의 능묘를 평원시대와 구릉시대로 나누고 각 시대는 다시 전후기로 나누었다(1910b). 평원시대 전기는 평지에 축조되며 내부 구조가

'적석'이고, 후기는 내부가 '석곽'[7]이며 평지이나 산지에 가까운 곳으로 이동하였고, 전기의 무덤은 읍남고분[8]과 금척리 고분, 후기는 무열왕릉과 주변 무덤을 들었다. 전기 무덤의 내부를 '적석'으로 본 것은 황남리 남총의 조사와 도로공사 중에 노출된 금척리 고분 내부를 관찰했기 때문이다. 후기의 '석곽' 도입은 일본의 영향으로 보았다. 구릉시대 전기 무덤은 평원시대 후기와 내부 구조가 '석곽'으로 동일하나 입지가 구릉으로 이동한 것으로 설정하였고, 무열왕릉 서쪽의 네 개의 무덤과 서악동 석침총이 있는 무덤군을 예로 들었다. 구릉시대는 통일신라시대로 설정하였다. 구릉시대 후기는 십이지 호석과 각종 石人·石獸가 배치된 무덤으로 괘릉, 김유신묘를 들고 이는 중국 당의 영향으로 보았다. 서악동 석침총의 조사로 평원시대 후기부터 나오는 '석곽'의 구조를 설명할 수 있었던 것으로 보인다. 평지에서 구릉으로 무덤 입지의 변화, 적석묘에서 석실묘로의 변화, 십이지 호석과 석인·석수의 배치가 중국식 묘제의 영향임을 지적한 점은 이후 신라무덤 연구에 큰 영향을 끼쳤다.

3. 서악동 석실1

1) 조사내용 및 방법

『朝鮮古蹟圖譜』 3권에 보면 서악동 석침총의 것으로 오해하고 있는 도판이 수록되어 있다.[9] '西岳里古墳玄室內 發見 內石槨 및 石枕, 足座(春日淸九郞氏

---

7) 지금의 횡혈식 석실이다.
8) 황남동·황오동·노서리·노동동 고분군 일대를 말한다.
9) 內田好昭는 서악동 석침총의 참고 도판으로 이 도판을 들고 있는데(2011: 87) 이는 착오이다.

藏)'가 그것이다. 여기 보이는 석침과 족좌는 서악동 석침총의 것과 전혀 다른 형태이다(그림 5). 판석을 다듬고 끼워 맞추었는데『朝鮮古蹟圖譜』3권에서는

그림 5. 서악동 석실1 출토품
『朝鮮古蹟圖譜』3

'內石槨'이라 표현하고 있다. 마치 석관처럼 촬영하였으나 이러한 구조는 이 시기 무덤에서 찾을 수 없다. 이는 시상을 받치는 석재였을 가능성이 크다.[10]

　이 유물이 수습된 무덤에 대한 보고문이나 보고서는 없으며 『朝鮮古蹟圖譜解說』3권에 짧은 기록이 남아 있을 뿐이다.[11] 이 유물은 '경주읍 서쪽 角干墓의 동남쪽 尾(구릉 끝)에 있는 土墳 현실 안에서 발견되었다고 한다'고 기록하고 있다. 당시 '角干墓'가 정확히 어떤 무덤을 지칭하는지 불명확하기 때문에 무덤이 위치한 지역이 어디인지 확실히 알지 못한다.[12] 석침총이 조사된 것과 같은 1909년에 조사되었을 가능성이 큰데, 왜 개인소장으로 되어 있는지 이유는 알 수 없다.[13]

---

10) 이 판석이 시상일 수 있다는 의견은 咸舜燮이 제시하였다.
11) 관련 자료는 다음과 같다.
　　關野貞·谷井濟一, 1916a, 『朝鮮古蹟圖譜』三, 朝鮮總督府, p. 360(1209-1211).
　　關野貞·谷井濟一, 1916b, 『朝鮮古蹟圖譜解說』三, 朝鮮總督府, p. 47.
12) '각간묘'는 시기에 따라 충효동의 '전김유신묘'를 지칭하거나 서악동의 '전김인문묘'를 지칭하는 용어로 사용했다. 谷井濟一은 1910년 논문에서 '金庾信墓는 角干墓로 알려져 있다'라고 했는데(1910b), 만약 각간묘가 전김유신묘라면 이 무덤의 위치는 충효리가 된다. 그러나 충효리가 아니고 서악리로 기록된 것이 의문이다. 이에 대해 咸舜燮은 1914년이 되어서야 '충효리'라는 지명이 생겼으므로 고적도보 작성 당시에 이를 착각하였을 수 있고, 『朝鮮古蹟圖譜解說』3권의 위치 설명이 전김인문묘 보다는 전김유신묘의 지형과 맞다는 의견을 제시하였다. 한편, 李丙燾(1963: 5)는 전김인문묘를 '속칭 각간묘'라고 언급하고 있고, 朴方龍(1995)은 有光敎一의 金仁問墓碑의 발견(1931년)을 소개하면서 그 전에는 김인문묘가 각간묘로 불렸다는 언급을 하였다. 1916년 『朝鮮古蹟圖譜解說』3권 발간시의 關野貞과 谷井濟一의 인식이 중요한데, 지금으로서는 김유신묘를 각간묘로 봤을 가능성이 크나 확정하기는 어렵다.
13) 개인 소장이지만 『朝鮮古蹟圖譜解說』에 발견된 무덤의 위치와 상태에 대해 비교적 정확히 설명하고 있어 조사사례에 포함하였다.

4. 서악동 석실 2

1) 조사내용 및 방법

『朝鮮古蹟圖譜解說』 3권에는 '西岳里古墳石槨內發見石扉(李王家博物館藏)'라는 이름으로 문비석이 소개되어 있다(그림 6).[14] 李王家博物館 소장으로 되어 있다.[15] 1910년도에 발간된 『朝鮮藝術の研究』에도 언급되고 있어, 1910년 이전에 도굴된 것으로 추정된다. 谷井濟一은 '西岳洞의 山上 墳墓 石槨'의 것으로 설명하고 시기는 (통일)신라말기로 보았다(1910b: 88).

『朝鮮古蹟圖譜解說』 3권에는 경주읍 서쪽 각간묘의 서남쪽(구

그림 6. 서악동 석실2 石扉
『朝鮮古蹟圖譜』 3

---

14) 관련 자료는 다음과 같다.
　　谷井濟一, 1910b, 「慶州の陵墓」, 『朝鮮藝術の研究』, p. 88.
　　關野貞·谷井濟一, 1916a, 『朝鮮古蹟圖譜』 三, 朝鮮總督府, p. 361(1212-1213).
　　關野貞·谷井濟一, 1916b, 『朝鮮古蹟圖譜解說』 三, 朝鮮總督府, p. 47.
15) '서악동 석실 1'과 같이 비록 李王家博物館소장이나 『朝鮮古蹟圖譜解說』 3권에 무덤의 대략적인 위치와 현실입구에 있었다는 기록이 있으므로 조사사례에 포함하였다.

릉) 끝에 있던 토분 현실 입구에 있었던 것으로 기록하고 있다. '각간묘'의 서남쪽이므로 앞의 서악동 석실1과 같이 위치를 정확히 알기 어렵고 충효동과 성악동일 가능성이 모두 있다.『朝鮮古蹟圖譜解說』3권에서는 중국 남북조시대의 특징을 보여주며 고신라말기의 유물로 추정하였다.16)

5. 普門洞 合葬墳(舊 普門里 夫婦塚)

1) 조사내용

보문동 합장분(舊 '普門里 夫婦塚')은 1915年 關野貞, 谷井濟一, 後藤慶二(1883~1919)가 조사하였다. 발굴 후 매우 소략한 기록은 있으나 보고문이나 보고서는 작성되지 않았다.17) 보문동 합장분은 積石木槨과 橫穴式 石室이 한 봉분 아래에 나란히 있는 특이한 형태로 적석목곽분에서 횡혈식 석실분으로 변화해가는 시기의 무덤으로 알려졌다. 1915년 7월 6일에 두 유구를 동시에 발굴하기 시작해서 횡혈식 석실은 다음날인 7일에, 적석목곽은 12일에 내부조사를 완료하였다.18)

---

16) 이 유물은 현재 국립경주박물관에 소장되어 있다.
17) 관련 자료는 다음과 같다.
  谷井濟一, 1915, 新羅の墳墓(考古學會記事 本會十一月例會) 考古學雜誌 第6券 第4號.
  關野貞・谷井濟一, 1916a,『朝鮮古蹟圖譜』三, 朝鮮總督府, p. 361(1212-1213).
  關野貞・谷井濟一, 1916b,『朝鮮古蹟圖譜解說』三, 朝鮮總督府, p. 47.
  國立中央博物館 所藏 日帝强占期 文書.
  東京大學總合硏究博物館 保管 '關野貞컬렉션필드카드'
  이상의 자료를 종합하여 필자는 아래의 정식 보고서를 작성하였다. 이하 이 보고서를 토대로 설명하겠다.
  國立慶州博物館, 2011,『慶州 普門洞合葬墳-舊 慶州 普門里夫婦塚』.
18) 東京大學總合硏究博物館 保管 '關野貞컬렉션필드카드' 24-067b(國立慶州博物館 2011: 33).

2) 조사방법

보문동 합장분의 횡혈식 석실은 발굴착수 다음 날 조사와 실측을 마쳤다. 조사방법에 대해서는 아무 기록이 없다. 〈그림 9〉를 보면 현실 뒷벽 동남모서리에 구멍이 뚫려 있다. 이 부분은 봉분의 가장 외곽부분으로 노출되기 쉽고(그림 7),

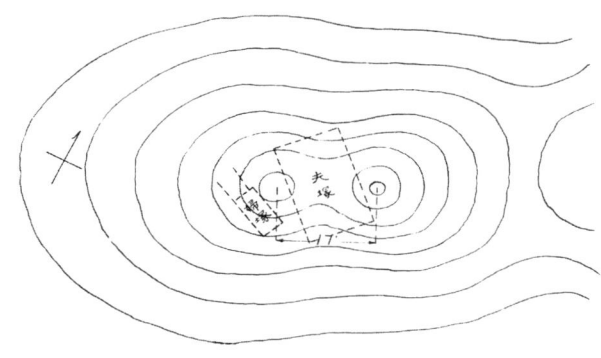

그림 7. 무덤 평면도
『朝鮮古蹟圖譜』 3

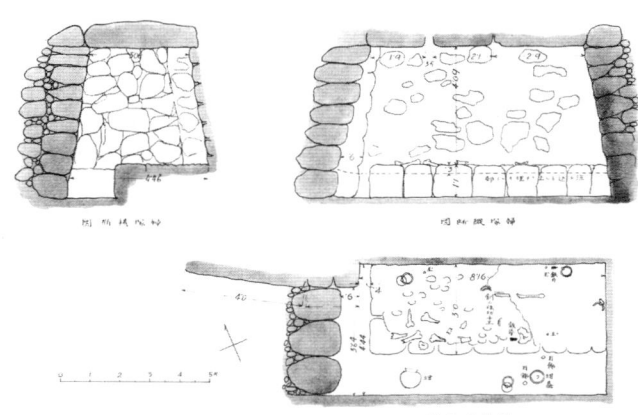

그림 8. 석실 실측도
『朝鮮古蹟圖譜』 3

그림 9. 현실 전경
『朝鮮古蹟圖譜』3

폐쇄석이 놓인채로 입구부분이 실측 된 점을 볼 때, 뒷벽에 뚫린 구멍으로 현실에 진입하여 조사를 진행했을 가능성이 크다.[19] 폐쇄석도 제거하지 않았을 것으로 추정된다. 그러나 〈그림 8〉를 보면 연도 중에 북벽을 일부 연장하여 표현하고 있어 폐쇄석 바깥쪽도 일부 노출되었던 것으로 보인다. 아무튼 연도부에 대한 조사나 봉토에 대한 조사보다는 매장주체부에 대한 조사에 집중한 것으로 판단된다.[20]

실측도는 6년 전 조사되었던 서악동 석침총과 비교된다. 석침총과 같은 점은 정밀 실측이 아니고 약도를 그리고 수치를 표시한 점이다. 다른 점은 유물의 출토위치를 도면에 표시하고 벽석이나 폐쇄석의 모양을 표현한 점이다. 이는 서악동 석침총에 비해 진일보한 것으로 유물 출토상황이 도면에 기록된 최초의 경주지역 신라고분이라 할 수 있다. 마지막으로 봉분을 약측했는데, 봉분 단면은 그리지 않았다(그림 7).

---

19) 그러나 〈그림 9〉의 위쪽을 보면 연도와 현실이 만나는 부분의 상부도 제거되었을 가능성이 있다.
20) 연도 바로 위 1.1m, 봉토 아래 0.9m 지점에서 토기 두 점을 수습한 것이 기록되어 무덤 상부를 일부 굴토한 것을 알 수 있지만 이것으로 봉토를 조사했다고 보기는 어렵다.

3) 조사결과의 해석

이 무덤의 발굴에서 신라 무덤 피장자의 성별을 추정하는 최초의 시도가 있었다. 하나의 봉분에 두 개의 무덤이 합장된 점(谷井濟一 1915)과 적석목곽에서 출토된 대도와 횡혈식석실의 '아름다운 금제태환이식'(關野貞·谷井濟一 1916b)을 근거로 부부의 무덤으로 추정한 것이다. 이러한 시각은 이후 계속 이어져 齊藤忠은 瓢形墳은 두 무덤이 매우 가깝게 묻혀서 호석이 겹쳐진 무덤으로 두 피장자의 관계가 친밀하다는 것을 보여준다고 하고 보문리 부부총 각 무덤의 출토품을 비교하여 표형분은 부부의 무덤이라고 주장하였다(齊藤忠 1937a).

그러나 이러한 견해는 한국 고고학의 연구성과로 보면 크게 잘못된 것으로 이에 대해 필자는 이 무덤의 피장자는 모두 여성이며 '夫婦冢'으로 볼 수 없음을 주장한 바 있다(尹相悳 2011).[21] 여기에서 이를 간단히 소개하면, 먼저 발굴당시의 도면을 다시 검토하여 각 무덤의 피장자 2인은 모두 태환이식을 착장하였고 적석목곽의 환두대도는 착장한 것이 아닌 부장부에 매납된 것임을 밝혔다. 비록 적석목곽(기존의 '夫墓')에서 환두대도가 출토되었으나 단지 대도가 출토되었다고 해서 남성이라고 할 수 없으며, 피장자가 허리에 착장한 채로 매장되었는지가 중요하다는 점을 강조하고, 적석목곽 출토 환두대도는 피장자가 착장한 것이 아니고 황남대총 북분(여성 무덤 추정)과 같이 부장부에 매납된 것으로, 피장자는 여성으로 추정하는 것이 합당하다고 하였다. 따라서 일제강점기에 명명된 '夫婦冢'이라는 이름은 잘못된 것임을 주장하였다. 한 봉분 안에 두 무덤이 연접해서 축조되거나 표형분의 경우 부부의 무덤으로 간주하는 경향이 남아 있는데, 보문동 합장분의 발굴은 이러한 잘못된 시각을 가지게 한 최초의 조사이다.

---

21) 한편, 피장자가 모두 여성이라는 의견은 朴普鉉(2000)에 의해서도 제기되었다.

6. 東川洞 瓦塚

1) 조사내용과 방법

이 무덤은 보문동 합장분과 함께 關野貞, 谷井濟一, 後藤慶二에 의해 조사된 것으로 조사시기는 1915년 7월로 추정된다.『朝鮮古蹟圖譜』3에 출토품 사진과 도면이 실려 있고, 해설에 간단한 설명이 되어 있을 뿐 발굴 보고문이나 보고서는 작성되지 않았다.[22] 유물은 대부직구호와 뚜껑, 원와와 평와가 몇 점 수습되었다. 도면은 보문동 합장분과 유사한데 벽석의 표현까지 잘 되어 있다(그림 10). 또한 발굴당시 출토품의 위치가 상세하게 기록되었다. 그러나 연도는 현실

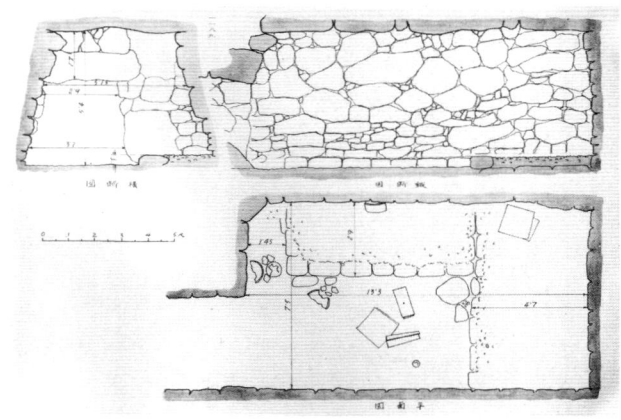

그림 10. 석실 실측도
『朝鮮古蹟圖譜』3

---

22) 관련 자료는 다음과 같다.
　　谷井濟一, 1915, 新羅の墳墓(考古學會記事 本會十一月例會) 考古學雜誌 第6券 第4號, p. 65.
　　關野貞·谷井濟一, 1916a,『朝鮮古蹟圖譜』三, 朝鮮總督府, pp. 356~357.
　　關野貞·谷井濟一, 1916b,『朝鮮古蹟圖譜解說』三, 朝鮮總督府, pp. 45~46.

에 이어지는 부분 약 60cm정도만 그려져 있다. 이는 보문동 합장분과 같이 석실 내부와 유물에 대한 조사에 치중했고 연도의 전체 모습 및 묘도, 봉분 등은 조사대상이 아니었기 때문으로 생각된다.

7. 九政洞 方形墳

1) 조사내용과 방법

1920년 谷井濟一이 조사한 무덤[23]으로 1920년 11월 조사, 1921년 제도한 것으로 기록되어 있다(國立中央博物館 1998). 조사내용은 정식 보고되지는 않았고 有光敎一의 논문에 간략하게 소개되었다.[24] 이에 따르면 1920년에 조선총독부의 학술조사에 의해 호석구축방법과 내부 석실이 조사되었다고 한다. 유물은 금동장식, 은제교구, 기타 금속장식파편, 골편 2개가 출토되었다.[25] 실측은 분구 등고선 측량을 하였는데, 보문동 합장분과 달리 단면도를 추가해서 그렸다(그림 11). 석실내부도 따로 실측하였는데, 상당히 정밀하다(그림 12). 이후 이루어지는 조사에서는 이 형식을 기본으로 실측도가 작성되게 된다.

한편 〈그림 11〉에는 호석이 노출되지 않은 것으로 그려져 있는데 유리원판 사진을 확인한 결과 십이지를 확인하기 위해 호석 주변 흙을 제거하였던 것으로 보인다(그림 13).

---

[23] 국립중앙박물관의 유리원판목록집에 谷井濟一이 조사한 것으로 기록되어 있다(2001b).
[24] 관련 자료는 다음과 같다.
　　有光敎一, 1936, 十二支生肖の石彫を繞らした新羅の墳墓, 靑丘學叢(第二十五號)
　　한편, 이 무덤은 1964년 11월부터 1965년 9월까지 조사 및 복원작업이 이루어졌다(孫龍文, 1966).
[25] 유물은 현재 국립중앙박물관에 보관되어 있다.

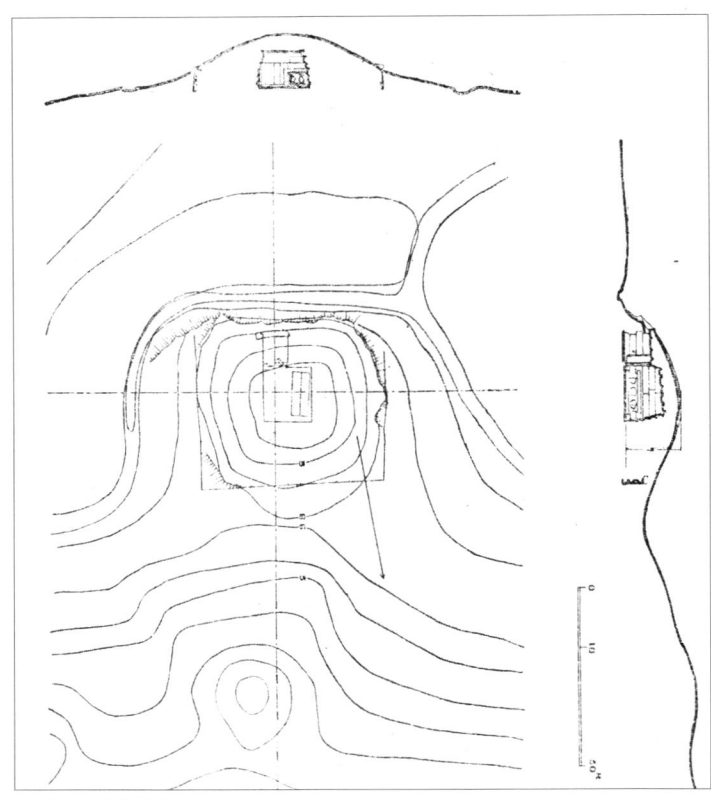

그림 11. 석실 평면도
野守健 原圖(有光敎一, 1936)

2) 조사결과의 해석

有光敎一은 신라분묘를 삼국기에 속하는 '豎壙積石式 木槨墳'과 '石室墳'을 중심으로 하는 통일기 분묘의 두 군으로 구분하고, 금관총, 서봉총 등 활발히 조사되는 전자와 달리 후자는 조사가 거의 진행되지 않았다고 지적하고 통일기 분묘에 대한 양상으로 구정동 방형분을 비롯해서 십이지 호석이 있는 분묘에 대해 설명하고 있다(有光敎一 1936). 이 글에서 십이지 호석은 중국에서 전해진 것으로

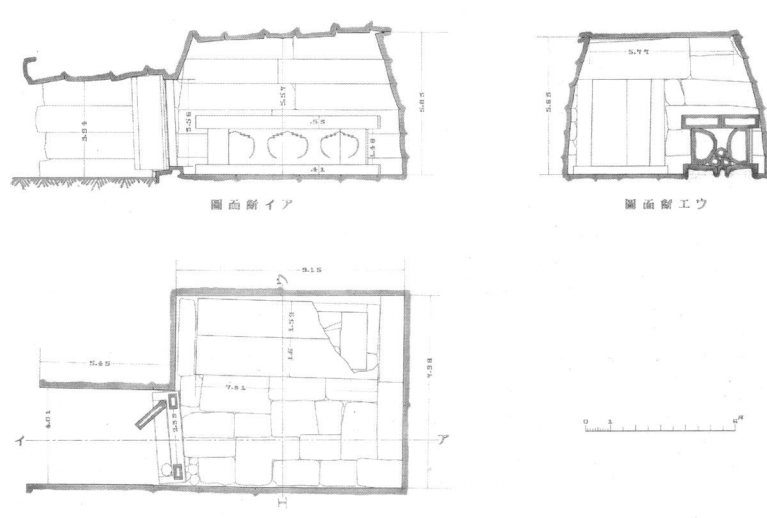

그림 12. 석실 실측도
1921년 製圖(國立中央博物館 1998)

그림 13. 1920년 조사장면
국립중앙박물관 유리건판

보고, 축조연대를 알 수 있는 중국의 墓誌에 십이지가 어떻게 변화하는지를 살펴보고, 人身獸首의 조각이 성행하는 시기를 당대 중기로 보았다. 구체적으로 십이지 능묘를 김유신묘·헌덕왕릉·황복사지(평복)→괘릉·성덕왕릉·구정리방분(무복, 石人, 石獸, 龜趺 등 완비)→경덕왕릉·흥덕왕릉·진덕왕릉(조각 퇴조)으로 나누고 세 단계로 변화한다고 주장하였다. 이 기준은 평복에서 무복으로의 변화와 십이지의 두향변화를 토대로, 석인·석수·귀부가 완비되는 시기를 전성기(중간시기)로 설정하고 전개한 것이다. 또한 무열왕릉에 귀부가 있으나 십이지가 없는 점을 지적하고 십이지 호석이 만들어지고 성행하는 시기로 성덕왕(재위 702~737년)부터 흥덕왕(재위 826~836년)에 이르는 100년간으로 보았다. 이 견해에 대해 해방이후 孫景穗(1962), 姜友邦(1973, 1982)에 의해 몇 가지 비판적인 견해가 제시되었다. 먼저 십이지를 중국에서 받아들인 것은 맞으나 능묘의 호석 장식으로 확립한 것은 신라의 독자적인 문화임을 강조하게 되었고, 무덤의 순서 역시 平服으로 조각된 것에서 武服으로 바뀌는 것이 아니라 두 양상이 공존하며 대체로 성덕왕릉을 비교적 초기 형식으로 보는 것으로 바뀌었다. 有光敎一의 연구는 신라 십이지 능묘에 대한 최초의 것으로, 이들이 모두 왕릉으로 傳稱되고 있어 이후 통일신라 왕릉의 비정과 관련하여 큰 영향을 끼치게 된다.

8. 皇南洞 乙墳

1) 조사내용

1926년 5월, 황남대총 동쪽인 황남리 40, 43, 44번지 일대에서 慶東線 경주역 개축공사를 위해 흙을 채취하는 작업 중에 고분이 파괴되면서 다량의 유물이 노출되었다. 이를 수습하기 위해 당시 경주분관 개관을 위해 경주에 내려가 있던 藤

田亮策, 小泉顯夫 등이 현장에 출동하였고, 세 개의 무덤-甲, 乙, 丙墳으로 명명됨-을 수습조사하게 된다. 이 중에 乙墳이 횡혈식석실분이다. 당시 발굴은 小泉顯夫와 澤俊一 주도로 이루어졌는데 정식 보고서는 없으며, 穴澤咊光·馬目順一 논문에 있는 小泉顯夫의 회고(穴澤咊光·馬目順一 2007: 619~620) 및 국립중앙박물관의 '신라토우' 도록(國立中央博物館 2009: 8~15)에 소개된 藤田亮策과 小泉顯夫가 남긴 일련의 출장보고서를 통해 발굴 일정 정도만 단편적으로 파악할 수 있다.

먼저 과연 황남동에서 횡혈식석실분이 조사된 것인지 여부를 살펴보자. 당시 출장 보고서를 보면 "황남리 고분 을호에는 석실이 2개가 있으며 모두 폭 4척, 높이 4.5척, 길이 7척으로 대형이다"라고 기록되어 있다.[26] 높이에 대한 기록이 있는 것으로 보아 천정이 있는 석실분으로 추정된다. 또한, 발굴 담당자였던 小泉顯夫의 회고를 보면 "큰 횡혈식 석실분이 연도가 반파된 상태로 노출되어 있었다. …이것은 지방의 고분에서 보이는 횡혈식석실분에 기생하는 수혈식석실

그림 14. 채토로 인해 노출된 乙墳
國立中央博物館 2009

---

26) 藤田亮策, 「慶州皇南里古墳調査狀況 및 其他 報告」(1926년 5월 26일) 139-11.

분과는 성질이 다르다"(穴澤咊光·馬目順一 2007: 619~620)고 하고 있어 乙墳이 연도가 갖춰진 횡혈식석실분임을 알 수 있다.27)

乙墳의 사진은 『신라토우』 도록(國立中央博物館 2009: 11)에 수록되어 있다 (그림 14). 이 사진은 국립중앙박물관에서 발간한 유리건판 목록집의 260073번 사진으로, 이 사진에 대해 "황남리고분군 을분 북서쪽에서 본 발굴 전의 상태와 실측작업"이라는 설명(國立中央博物館 1997: 311)이 남아 있어 이 사진의 무덤이 바로 乙墳임을 알 수 있다.

乙墳의 위치는 역시 '신라토우' 도록에 소개된 유리건판 사진(國立中央博物館 2009: 15)을 통해 확인할 수 있다(그림 15-①). 이 유리건판 사진 좌측 상부에 봉분의 단면이 드러난 반파 된 무덤이 보이는데 바로 〈그림 14〉의 乙墳임을 알 수 있다. 이 사진은 서남쪽에서 乙墳 방향으로 찍은 것으로 뒤쪽의 표형분은 90호분으로 보인다.28) 촬영은 97호분 위에서 한 것으로 추정되며 오른쪽 아래부터 시계 반대방향으로 94, 93, 92호로 보인다. 따라서 을분은 咸舜燮(2010: 227)이 정리한 바와 같이 91호일 가능성이 크다(그림 15-②).

조사내용에 대한 기록은 찾을 수 없다. 다만 6월 8일자 복명서를 통해 조사를 종료한 날짜는 6월 6일이었음을 알 수 있다.29) 조사 시작일은 5월 30일쯤이었을 것으로 추정된다.30)

---

27) 국립중앙박물관 소장 유리건판 중에 이와 관련된 사진이 일부 있다. (건판번호 260078~260086). 정리 완료 후 조속히 보고하도록 하겠다.
28) 국립중앙박물관의 '신라토우' 도록에는 이 사진을 98호를 바라본 것으로 설명하였으나 이는 97호 방향에서 90호를 바라보고 찍은 것이다.
29) 藤田亮策, 「慶州皇南里古墳調査狀況報告」(1926년 6월 8일) 139-11.
30) 유구가 노출되고 확인된 것은 5월 20일 정도로 추정되나 조선총독부박물관 경주분관의 진열 때문에 조사는 늦어진 것으로 보인다.
「慶州皇南里古墳調査狀況 및 其他 報告」(1926년 5월 26일) 139-11.

그림 15-①. 서남쪽에서 바라본 皇南洞 乙墳 전경
國立中央博物館 2009

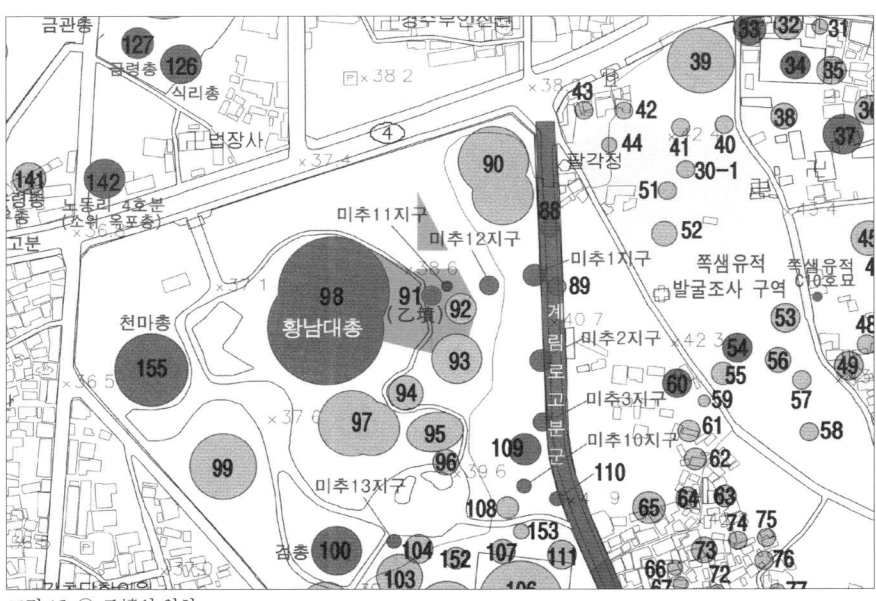

그림 15-②. 乙墳의 위치
咸舜燮 2010

日帝强占期 慶州地域 橫穴式 石室墳 調査에 대하여　147

이 조사는 철도 기관고 관련 토목공사로 인해 파괴된 무덤을 수습조사 한 것으로 小泉顯夫의 회고(穴澤咊光·馬目順一 2007: 620)에서 알 수 있듯이 유물이 계속 노출됨에도 불구하고 공사가 계속 진행되어 유물을 수습하는 것조차 매우 힘든 상황이었고, 조사도 제대로 이루어지지 않았던 것으로 보인다.[31]

9. 노서동 131호분

1) 조사내용과 방법

1929년 梅原末治와 小泉顯夫, 澤俊一이 발굴한 무덤으로 梅原末治는 발굴 중에 중국여행을 떠나 小泉顯夫와 澤俊一이 마무리하였다(有光敎一 1955: 35 ; 咸舜燮 2007: 215). 내부에서 소뼈가 발견되었다고 해서 당시에 '牛塚'이라는 별칭을 붙였다. 발굴 보고문이나 보고서는 없다.[32] 데이비드 총에 대한 발굴조사에서 아무런 성과를 거두지 못하자 새로운 고분을 발굴하는데 그 대상이 된 것이라 한다.[33]

---

31) 채토작업의 허가 정황과 관련하여 小泉顯夫의 회고에서 한 가지 언급할 부분이 있다. 그는 "이미 주변이 전부 삭평되고 농지로 되어 지상에서는 어떠한 분묘의 흔적도 확인되지 않아 관청에서 채토를 허락한 것으로 생각한다"고 하였으나(穴澤咊光·馬目順一 2007: 619), 〈그림 14, 15-①〉에서 확인할 수 있는 바와 같이 이 지역에는 봉토가 남아 있는 무덤이 있었던 것이 분명하며, 이런 상황에서 조선총독부는 채토를 허가하고 철도 사업자는 무분별한 작업을 진행하여 많은 수의 무덤을 파괴하였다.
32) 관련자료는 다음과 같다.
梅原考古資料 2690~2701, 5732.
梅原末治, 1969, 「日韓倂合の期間に行われた半島の古蹟調査と保存事業にたずさわった一考古學徒の回想錄」, 『朝鮮學報』 51.
伊藤秋男, 1976, 「韓國慶尙北道善山古墳群(I)-慶州における橫穴式石室の發生とその特質について(豫察)-」, 『人類學硏究所紀要』 5.
33) 『東亞日報』 1929.9.29.자 3면. 아래 글에서 재인용.
國立慶州文化財硏究所, 2007, 『新羅古墳 基礎學術調査硏究 Ⅲ-文獻·考古資料』, p. 161.

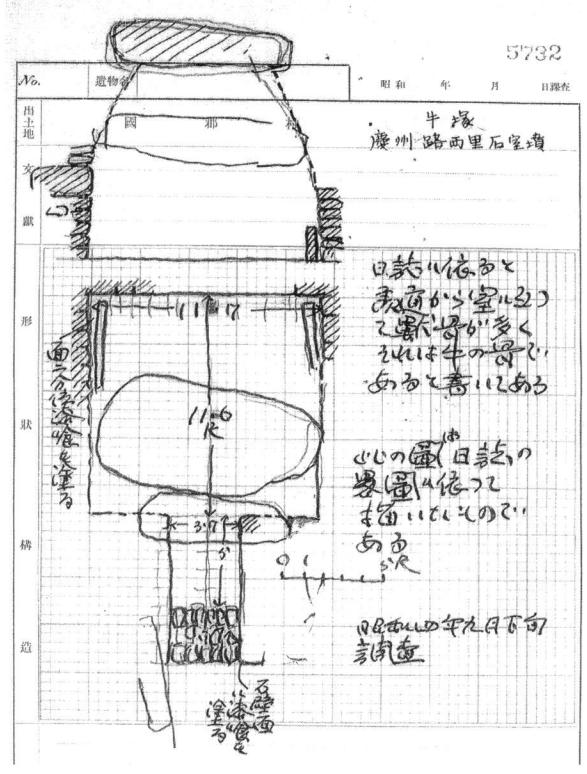

그림 16. 석실 실측도
梅原考古資料 5732번

梅原考古資料(5732번)에는 발굴당시 현장에서 기록된 것으로 추정되는 약실측도가 있는데(그림 16), 메모에 의하면 이 도면은 일지의 도면을 보고 (다시)그린 것으로 '昭和 4年(1929년) 9月 下旬'에 조사했음을 알 수 있다.

10. 忠孝洞 石室墳

1) 조사내용

충효동 석실분의 조사는 경주읍 상수도여과지 개설 예정지역에 대해 경주읍에서 긴급조사를 총독부에 신청하여 조선고적연구회 경주연구소에서 1932(昭和 7)년도 사업의 하나로 조사하였다. 조사는 有光敎一이 담당하였고 경주박물분관 주임 諸鹿央雄과 崔順鳳이 참여하였다. 조사기간은 크게 두 시기로 나뉜다. 1차 발굴은 여과지 개설 예정구역내에 포함된 지역에 대한 조사로 1932년 5월 27일부터 6월 10일

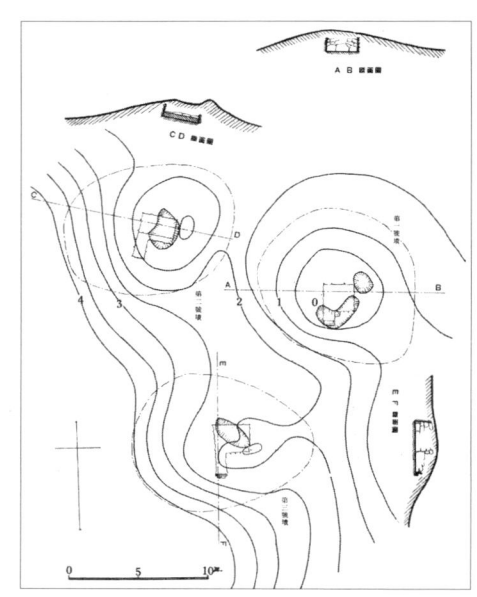

그림 17. 분구 실측도

까지 이루어졌고 1호에서 6호까지 조사하였다. 2차는 구릉 남사면의 무덤으로 여과지 공원계획지역에 포함된 것으로 7호에서 10호까지 조사하였다. 조사 후 1937년에 유구와 출토품의 실측도를 갖추고 조사내용과 고찰이 담긴 정식 발굴보고서를 발간하였다.[34]

---

34) 有光敎一, 1937, 「慶州忠孝里石室古墳調査報告」, 『昭和 7年度古跡調査報告』第 2冊.

2) 조사방법

각 무덤 당 조사에 걸린 시일은 최대 12일이다. 1 · 2 · 3호는 단 하루만에 조사를 끝냈고, 4호는 이틀이 걸렸다. 8호가 가장 오래걸렸다. 조사 도면은 예전보다 더 잘 작성되었다. 유적의 위치도 1:10,000 지도에 비교적 정확히 표시하였고, 유구단위로 등고선 측량도 하였다(그림 17). 유물과 인골의 출토위치를 도면에 잘 표시하였고, 상세하게 기술하였다. 유물 출토상황이나 천정석 및 바닥의 노출을 설명할 때 평면상의 위치뿐 아니라 분구 정상으로부터의 출토 높이도 함께 기술한 것으로 보아 측량이 정식으로 이루어진 것으로 추정된다.

10기의 무덤은 모두 도굴이 되었다. 그리고 3기를 제외하고 7기는 천정이 무너져 있는 상태였다. 이런 경우 상부에서부터 도굴갱을 중심으로 조사를 진행하고 내부에 매몰된 석재와 흙을 제거하였다. 천정이 잘 남아 있는 3기는 일단

그림 18. 상부 굴착 중단 후 연도 노출 모습(10호)   그림 19. 시상 제거 모습(2호)

도굴갱을 중심으로 위에서부터 굴토해서 내려가다가 천정석을 만나면 진입이 여의치 않으므로 다시 연도쪽으로 트렌치를 넣어서 폐쇄석을 제거하고 석실내부로 진입하였다(그림 18). 이러한 발굴방법의 문제점에 대해서는 李熙濬(1990: 76)이 지적한 바와 같이 연도 입구가 정밀하게 조사되지 않아 추가장 여부 등을 파악할 수가 없다. 한편 봉분의 축조방식이나 크기 및 호석의 유무에 대해서는 전혀 관심이 없었다. 10호에서 호석이 묘도 끝에서 노출되었으나 호석으로 생각 못했고 조사하지 않았다. 이것은 역시 다른 조사에서 살펴본 바와 같이 내부조사에 치중했기 때문이다. 한편, 2호 무덤은 발굴 착수 후 시상이 발견된 첫 번째 무덤인데 시상을 완전히 제거하고 바닥 조사를 실시한 것이 주목된다(그림 19).

　　폐쇄석은 서악동 석침총과 普門洞 合葬墳에서는 제거하지 않은 것으로 추정했는데 충효동 석실분에서는 일부 또는 전부 제거하면서 조사를 진행한 것으로 보인다. 1호와 4호는 일부제거하였는데, 연도에 대한 조사를 완료하기 위한 목적이라면 전부 제거하는 것이 맞으나 그리하지 않은 것으로 보아 조사 편의를 위해서였던 것으로 추정된다. 7호부터 10호는 완전히 제거하였는데, 8호에서 10호는 연도를 통해 진입하기 위해 제거하였고, 7호는 문비석의 절반이상을 폐쇄석이 가리고 있어 문비석 조사를 위해 제거한 것으로 보인다. 결국 연도부 조사를 하기 위한 목적으로 폐쇄석을 제거하지는 않았다.

표 1. 충효리 석실분 발굴방법 일람

유구명	천정상태	도굴유무	착수위치	현실 진입부	발굴기간	비고
1호	붕괴	○	상부(연도)	상부	1일간	폐쇄석 일부제거
2호	붕괴	○	도굴갱	상부	1일간	
3호	붕괴	○	도굴갱	상부	1일간	
4호	붕괴	○	도굴갱	상부	2일간	폐쇄석 일부제거
5호	붕괴	○	상부	상부	6일간	
6호	붕괴	○	상부	상부	6일간	
7호	붕괴	○	도굴갱	상부	10일간	폐쇄석 제거
8호	잔존	○	도굴갱	연도	12일간	폐쇄석 제거
9호	잔존	○	상부	연도	5일간	폐쇄석 제거
10호	잔존	○	상부	연도	7일간	폐쇄석 제거

3) 조사결과의 해석

보고서의 결론부분에서 有光敎一은 이 고분에서 보이는 유물매장상태를 언급하고 횡혈식 석실분의 축조연대를 추정하고 있다. 먼저 횡혈식 석실은 경주 읍남고분의 수혈식목곽분과는 구조가 다르고 고구려·백제에서 보이는 외래형식으로 석침도 그러한 요소 중 하나라고 하였다. 특이한 출토 예로 6호에서 현실의 네 모서리 암반에 구덩이를 파고 안에 각각 하나의 합을 넣는 것을 지적하고 그 방법이 골호와 유사하고, 이 안쪽에 은판과 옥류가 넣어져 있는 것은 탑에 매납되는 사리함과 비교할 수 있어 이는 불교적 장법을 채용한 것이라 하였다. 출토된 토기류도 읍남목곽분 출토 신라토기와 다른 부분이 많고 양식상 변천이 보이는데, 중요한 차이점으로 충효동 석실분 출토품이 읍남목곽분 출토 토기에 비해 대부분 소형이고 기벽이 두꺼우며, 고배의 경우 대각이 극히 낮아지고 투공이 퇴화하는 것을 들었다. 특히 합은 목곽분에서는 볼 수 없는 새로운 것으로 경주일대 구릉에서 발견되는 화장골호와 같은 형태라고 하였다. 또한 문양은 읍남고분의 것은 빗 같은 도구로 문양을 새긴 데 비해, 이 무덤군 출토품은 압형문으로 원호와 중원을 연달아 개신 전면에 장식하였고, 이 역시 화장골호에서 많이 보인다고 하였다. 신라에서 화장이 행해지기 시작한 것은 삼국사기의 문무왕 유언으로 보아 통일신라시대부터라 하고 효성왕, 선덕왕, 원성왕의 예를 볼 때 이 시기에 화장이 성행했다고 추정하였다. 또한 9호분의 石扉의 鐶座金具의 蓮板은 통일신라시대의 양식을 갖춘 것으로 와당의 문양과 연결되고 10호 출토 金製鉸具는 경주 구정동 방형분의 銀製鉸具와 특징이 같은데, 구정동 방형분은 십이지 호석을 갖춘 분묘로 통일신라시대에 조영된 것이 분명하다고 하였다. 결국 화장골호와 유사한 용기가 있고 통일신라의 특징을 가지는 약간의 유물이 있으므로 충효동 고분은 모두 신라의 삼국통일이후에 조영된 것으로 추정하였다. 그러나 충효동 석실분 외에 경주 주변 구릉에 분포하는 석실분 모두가 통일신라기에 조영되었다고 본 것은 아니며 일부는 통일 이전일 가능성을 열어뒀다(有光敎一 1937: 51).

  그는 이 무덤에서 출토된 토기가 화장골호와 유사한 형식임에 주목하여 충효동 고분군의 축조연대를 통일신라시대로 추정하고 있다. 그리고 앞서 살펴본 십이지 호석에 대한 논문(有光敎一 1936)에서 구정동 방형분을 통일신라시대로 추정한 것을 활용하고 있다. 토기에 대한 관찰에서도 문양에 있어 압형문(인화문)으로 토기 전면을 장식하는 것을 이 시기의 특징으로 본 점, 고배의 단각화 현상을 지적한 점은 주목할 부분이다. 이러한 추정은 '횡혈식 석실분 출토 토기는 통일신라토기'로 인식되어, 이후 통일신라토기와 횡혈식 석실분 연구에 큰 영향을 끼친다.

11. 忠孝洞 廢古墳

1) 조사내용

 1933년 2월 하순, 조선고적연구회 경주연구소는 충효리의 한 고분이 도굴되었다는 보고를 받고 3월 1일 경찰과 함께 현장을 조사한 후 정상부의 도굴갱을 확인하였다. 노출되어 있는 현실입구의 석주에 龍文 조각이 있는 것을 보고 내부조사를 하기로 결정하고 5월1일부터 3일간 조사를 하였다. 중앙연도식의 횡혈식 석실분으로 도면으로 보아 천정이 잘 남아 있었다. 일본 학술진흥회와 궁내성에서 지원 받은 조사로 발굴 후 고적조사보고 형식으로 정식 보고서가 작성되었다.[35]

2) 조사방법

 현장 확인시에 이미 연도가 노출되어 있었던 것으로 보인다. '연도입구에서 석실을 열고 조사'했다는 문구가 있어 연도로 들어가 내부조사를 실시했음을 알 수 있다. 도면에 천정석의 두께나 형태가 표현되지 않았고 석실 내부에서 바라 본 석재 모양만 묘사된 것으로 보아 벽석이나 천정석을 제거 하지 않은 것으로 추정된다. 실측은 봉토와 석실 내부의 실측도를 실었는데 3년 전에 이루어진 충효동석실분과 비슷하다.[36] 다만 현실의 앞 벽(연도쪽)과 뒷 벽의 입면을 그린 것이 다른 점이다.(그림 20)

---

[35] 齊藤忠, 1937,「慶州邑忠孝里盜掘古墳の調査」,『昭和十一年度古蹟調査報告』, 朝鮮古蹟研究會.
[36] 그러나 충효동 석실분과 달리 출토유물의 실측도는 수록되지 않았다.

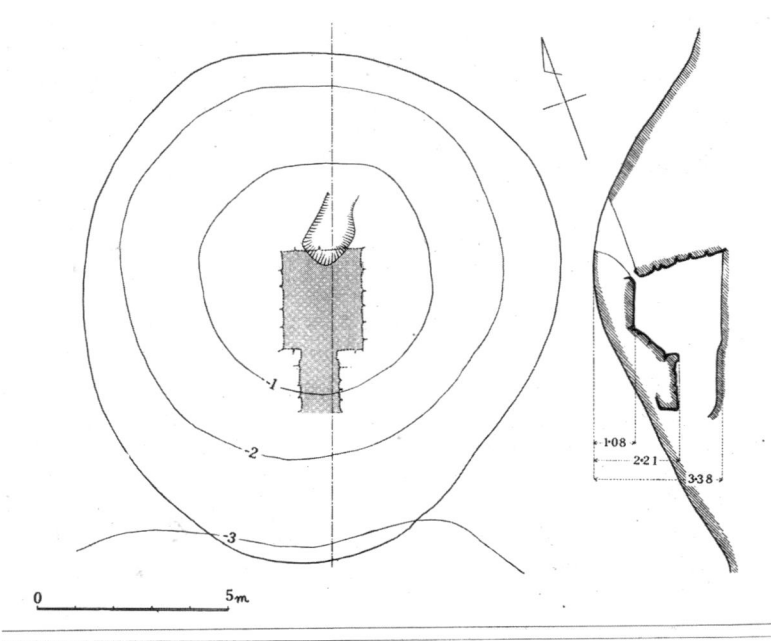

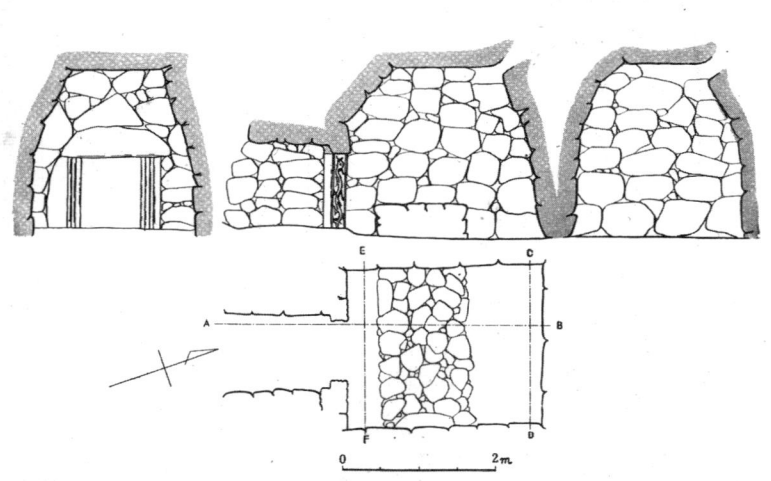

그림 20. 석실 실측도

3) 자료의 해석

경주읍 주위의 구릉지대에 횡혈식 무덤이 분포하는데, 이 무덤은 서악동 고분군, 혹은 金丈臺 소재 고분 등과 구조가 같아, 고신라시대 특유의 적석식 목곽분보다 늦은 통일신라시대에 속하는 것으로 추정하였다. 또한, 용문 조각을 통일신라시대에 석조미술의 발전의 결과로 보고 이것으로 당시 회화의 일단을 볼 수 있다 하였다.

Ⅲ. 時期別 調査方法의 變化

여기에서는 앞서 개별 유구별로 설명했던 내용을 시기에 따라 어떤 변화가 있었는지에 초점을 맞추어 살펴보고자 한다.

경주지역의 횡혈식 석실분에 대한 조사가 처음 이루어진 20세기 초에는 도굴로 인해 석실내부가 노출된 경우가 많았던 것으로 보인다. 석실분에 대한 조사도 이 구덩이를 통해 임의적으로 이루어졌으며, 앞에서 정리한 사례보다 기록을 남기지 않은 조사는 더 많았을 것이다. 1906년에 今西龍에 의해 조사된 북산 고분은 이러한 사례를 보여주는 예인데 정확히 몇 기를 조사했는지에 대한 언급이 없다. 또한 조사자 자신도 자책하듯이 토기 17점의 출토상황을 전혀 알 수 없다. 실측이나 사진촬영도 하지 않았는데 이는 발굴조사라고 하기 어려운 수준이다.

1909년이 되면 비로소 발굴조사 형식을 갖춘 조사가 이루어진다. 關野貞 조사단(주로 谷井濟一)에 의해 조사된 서악동 석침총은 정식 실측도는 아니지만 평면도와 종·횡 단면도가 포함된 기본적인 약측도를 작성하였다. 여전히 유물

출토상황이 도면에 표시되지는 않았지만 경주지역 무덤 조사 최초로 도면이 작성된 조사였다. 그리고 비록 정식보고서는 아니나 학회에 보고문 형식으로 조사결과를 정리해서 발표하기도 하였다. 그러나 조사를 어떻게 했는지는 명확하지 않은데, 기록을 보았을 때 호석조사나 연도에 대한 조사도 이루어지지 않은 것 같다. 이는 현실에 대한 조사 및 유물의 수습에 일차 목표가 있었기 때문이 아닌가 한다. 이후에도 일제강점기 내내 층위파악을 통한 분구 축조방법이나 분구 규모, 그리고 호석에 대한 조사는 이루어지지 않았다.

1915년에도 關野貞 조사단에 의해 보문동과 동천동 일대 고분이 조사되었다. 이 조사에서 비로소 도면에 유물의 출토위치가 표시되기 시작한다. 그리고 처음으로 분구를 약측하였고, 벽석의 세부 표현도 하게 된다. 그러나 여전히 현실에 대한 조사에 치중하였다.

이 후 충효동 석실분이 발굴되기까지 횡혈식 석실분에 대한 조사는 거의 찾을 수 없다. 1920년의 구정동 방형분, 1926년 황오동 을분, 1929년의 노서동 131호분 정도가 조사되었다. 이 세 무덤에 대한 조사는 보고문도 작성되지 않았고, 황오동 을분은 도면도 없어 조사방법을 알지 못한다. 다만 구정동 방형분의 도면을 보면 1915년의 도면보다 발전한 것을 느낄 수 있다. 특히 분구의 실측에서 단면도를 삽입하고 여기에 석실의 위치를 포함시킨 것이 특징이다. 이후 도면은 이 형식을 기본으로 작성하게 된다.

경주 횡혈식 석실분 발굴은 1932년의 충효동 석실분에서 조사부터 보고서 발간까지의 정식 과정을 거치게 된다. 가장 주목되는 것은 조사내용과 결론(고찰), 도면, 사진이 담긴 정식 보고서를 단행본으로 발간한 것이다. 측량이 이루어진 것으로 추정되며 구정동 방형분에서와 같이 석실의 위치가 포함된 분구 실측도와 석실에 대한 실측도, 그리고 무덤 위치도가 1:10,000지도에 작성되었다. 발굴 방법 중에 2호 무덤에서 시상을 완전히 제거하고 바닥 조사를 실시한 점이 주목된다. 그러나 여전히 분구의 규모나 축조방법 및 호석에 대한 관심이 없었고, 연도 입구의 확인이 단지 현실에 진입하기 위한 수단으로만 이루어진 것은 이전 발굴과 다르지 않다.

마지막으로 일제강점기 경주지역 횡혈식 석실분의 발굴사례 11건 중에 정식 보고서가 발간된 것은 충효동 석실분과 충효동 폐고분 두 건 뿐이며, 논문 형식으로 간략하게 보고된 것도 서악동 석침총 한 건이다. 보고문이 없어 당시 조사 사례를 상세하게 알 수 없는 것은 매우 아쉬운 점이다.

Ⅳ. 結語

이상 일제강점기에 경주지역에서 조사된 횡혈식 석실분 11건에 대해 어떻게 조사하였고, 조사결과를 토대로 어떻게 신라문화를 해석했는지 살펴보았다. 조사방법에 대해서는 1906년 북산고분 이후 개별 조사사례를 검토하고 시기별 변화를 살펴보았다. 일단 11건의 조사 중에 보고문이나 보고서가 발간된 경우는 세 건에 불과하여 조사내용을 파악하는 것조차 어려웠다. 당시 조사는 매장주체부의 조사에 집중하여 기본적으로 수행해야 하는 층위를 확인하지 않았고, 분구 축조방법, 분구의 크기, 호석의 유무, 묘도와 연도의 조사가 결여되었다. 한편 실측방법은 조금씩 발전하여, 1909년의 서악동 석침총 조사에서는 약측을 하고 수치를 넣는 수준이었는데 이후 1915년 보문동과 동천동 일대의 조사에서는 벽석의 모양을 표현하고, 유물 출토상황도 도면에 표시하였다. 이후 1920년 구정동 방형분에서는 분구의 등고선 측량을 하고 석실도 함께 표시하게 된다.

1932년 충효동 석실분에서는 유물 실측도가 추가된다.

이러한 조사 결과를 기반으로 신라 문화에 대한 몇 가지 중요한 연구가 이루어졌다. 서악동 석침총 발굴을 토대로 谷井濟一(1910b)은 평지에서 구릉으로 무덤 입지의 변화, 적석목곽묘에서 석실묘로의 변화를 설정하였는데 이는 이후 신라무덤 연구에 큰 영향을 끼쳤다. 1915년의 普門洞 合葬墳(舊 普門里 夫婦塚) 조사에서 시작된 '표형분은 부부무덤'이라는 인식은 지금까지도 강하게 이어졌고 황남대총의 발굴로 강화되었다. 한국 고고학의 연구성과를 토대로 '普門里 夫婦塚'은 여성 두 명의 무덤임이 밝혀졌지만(朴普鉉 2000, 尹相悳 2011) 여전히 이러한 선입견은 남아 있다. 구정동 방형분과 관련하여 십이지호석 능묘에 대한 연구 역시 해당 능묘의 변천과 이에 따른 왕릉의 추정 연구에 많은 영향을 미쳤다. 마지막으로 有光敎一(1937)은 충효동 석실분 출토 토기로 통일신라토기의 특징을 설명하였다. 이후 횡혈식 석실분은 통일신라시대에 축조된 것이며, 여기서 출토된 토기는 통일신라토기라는 인식을 낳았다.

이제 마지막으로 하나의 질문을 던지면서 마치고자 한다. 그 질문은 '해방 후 한국고고학은 어떻게 출발하였는가?'이다. 우리는 은연중에 일제강점기의 조사가 오늘날의 한국고고학과 큰 관련이 없다고 생각한다. 우리에게 끼친 害惡을 강조하다 보니 당시의 조사결과를 배척하고 관심을 두지 않게 되었다. 그러나 필자가 일제강점기 경주지역 석실분 자료를 검토한 결과, 남한에서의 고고학은 일제강점기 조사의 강한 영향 아래에서 출발했다는 것을 우선 인정하는 것이 필요하다고 생각한다. 해방이후 석실분으로서는 첫 발굴(1953년)인 雙床塚의 보고서(金載元 1955)를 보면 일제강점기의 영향이 짙게 남아 있다. 이 발굴에서도 앞서 일제강점기 발굴의 문제점으로 지적한 문제-층위를 통한 분구의 축조방법 파악, 분구의 규모, 호석, 그리고 묘도에 대한 조사는 이루어지지 않았다.37) 또한 실측방식도 무덤 위치도와 분구 실측도, 그리고 석실에 대한 실측도 등, 일제강점기 충효동 석실분의 조사와 큰 차이가 없었다. 해방 후 신라문화에 대한 해석도 묘제 변화, 십이지 연구, 통일신라토기의 설정 등 앞서 살펴본 바와 같이 해방 후 한국고고학에 큰 영향을 미치고 있다.

해방 직후의 한국고고학은 일제 강점기 조사의 '그림자' 속에서 시작되었다. 이 그림자는 지금까지도 한국고고학에 영향을 미치고 있다. 한국고고학의 발전을 위해서는 그림자의 실체를 바라보아야 한다. 그것이 좋고 나쁘고를 떠나 일제강점기 조사에 대한 철저한 재검토가 필요한 이유이다. 이 책이 새로운 발걸음의 시작이 될 수 있기를 기대한다.

---

37) 물론 폐쇄석을 제거하고 연도에 대한 조사를 실시한 점 등 극복을 위한 노력도 있다.

참고문헌

姜友邦, 1973, 「新羅 十二支像의 分析과 解釋-新羅 十二支像의 metamorphose」, 『佛敎美術』 1.

姜友邦, 1982, 「統一新羅十二支像의 樣式的 考察」, 『考古美術』 154·155合.

國立慶州文化財研究所, 2007, 『新羅古墳 基礎學術調査研究 Ⅲ-文獻·考古資料』.

國立慶州文化財研究所, 2011a, 『新羅古墳 精密測量 및 分布調査 研究』.

國立慶州文化財研究所, 2011b, 『新羅古墳 精密測量 및 分布調査 研究報告書』.

國立慶州博物館, 2011, 『慶州 普門洞合葬墳-舊 慶州 普門里夫婦塚』.

國立中央博物館, 1997, 『유리원판 목록집』 Ⅰ.

國立中央博物館, 1998, 『光復以前調査遺蹟遺物未公開圖面』 Ⅱ 慶尙北道.

國立中央博物館, 2000, 『慶州 路東里 四號墳』.

國立中央博物館, 2001a, 『鳳山 養洞里 塼室墓』.

國立中央博物館, 2001b, 『유리원판 목록집』 Ⅴ.

國立中央博物館, 2002, 『平壤 貞柏里 8·13號墳』.

國立中央博物館, 2009, 『신라토우, 영원을 꿈꾸다』.

國立中央博物館, 2010, 『漢江流域 先史遺物-橫山將三郎 채집자료』.

金載元, 1955, 「雙床塚調査報告」, 『慶州路西里 雙床塚, 馬塚, 138號墳』, 國立博物館 古蹟調査報告 2.

朴方龍, 1995, 「金仁問墓碑」, 『博物館新聞』 289.

朴普鉉, 2000, 「耳飾으로 본 普門里夫婦塚의 性格」, 『科技考古研究』 第6號, 亞洲大學校博物館.

孫景穗, 1962, 「韓國 十二支生肖 研究」, 『梨大史苑』 4.

孫龍文, 1966,「九政里方形墳復元工事經緯」,『考古美術』65.
尹相悳, 2011,「考察-被葬者의 性格」,『慶州 普門洞合葬墳-舊 慶州 普門里夫婦塚』, 國立慶州博物館.
李丙燾 1963,「金庾信墓考」,『金載元博士回甲紀念論叢』.
李熙濬, 1988,「統一新羅 以後의 考古學」,『韓國考古學報』21.
李熙濬, 1990,「解放前의 新羅·伽耶古墳 發掘方式에 대한 硏究-日帝下 調査 報告書의 再檢討(2)」,『韓國考古學報』24.
차순철, 2006a,「일제강점기의 신라고분조사연구에 대한 검토」,『文化財』39, 國立文化財硏究所.
차순철, 2006b,「경주 서악동 석침총 발굴조사와 그 의의」,『문물연구』10.
崔秉鉉, 1987,「新羅後期樣式土器의 成立 試論」,『三佛金元龍敎授停年退任記念論叢』(一志社).
咸舜燮, 2007,「성균관대학교 소장 유리건판과 일제강점기 경주의 신라무덤 발굴조사」,『慶州 新羅 유적의 어제와 오늘』, 성균관대학교 박물관.
咸舜燮, 2010,「皇南大塚을 둘러싼 論爭, 또 하나의 可能性」,『황금의 나라 신라의 왕릉 황남대총』, 國立中央博物館.
咸舜燮, 2011,「韓日强制倂合 前後 日帝官學者의 慶州地域 調査」,『新羅文物』5, 國立慶州博物館.

高橋潔, 2001,「關野貞을 中心とした朝鮮古蹟調査行程-1909年(明治四二年)~1915年(大正四年)-」,『考古學史硏究』9.
谷井濟一, 1910a,「韓國慶州西岳の一古墳に就いて(口繪の說明)」,『考古界』8-12(國立慶州文化財硏究所 譯, 2011).

谷井濟一, 1910b, 「慶州の陵墓」, 『朝鮮藝術の研究』.

谷井濟一, 1915, 「新羅の墳墓(考古學會記事 本會十一月例會)」, 『考古學雜誌』 第6券 第4號.

關野貞·谷井濟一, 1916a, 『朝鮮古蹟圖譜』 三, 朝鮮總督府.

關野貞·谷井濟一, 1916b, 『朝鮮古蹟圖譜解說』 三, 朝鮮總督府.

關野貞·谷井濟一, 1917a, 『朝鮮古蹟圖譜』 五, 朝鮮總督府.

關野貞·谷井濟一, 1917b, 『朝鮮古蹟圖譜解說』 五, 朝鮮總督府.

今西龍, 1907, 「慶州に於ける新羅の墳墓及び遺物に就て」, 『人類學雜誌』 第22卷 第255号.

今西龍, 1911, 「新羅旧都慶州の地勢及び其遺跡遺物」, 『東洋學報』 1-1. (이부오, 高橋潔 譯, 2008, 『신라사 연구』, 서경문화사.)

吉井秀夫, 2006, 「일제 강점기 신라고분의 발굴조사」, 『신라고분 발굴조사 100년』, 國立慶州文化財研究所.

內田好昭, 2001, 「日本統治下の朝鮮半島における考古學的發掘調査(上)」, 『考古學史研究』 9.

梅原末治, 1969, 「日韓併合の期間に行われた半島の古蹟調査と保存事業にたずさわった一考古學徒の回想錄」, 『朝鮮學報』 51.

小泉顯夫, 1986, 『朝鮮古代遺跡の遍歷-發掘調査三十年の回想-』, 六興出版.

有光敎一, 1936, 「十二支生肖の石彫を繞らした新羅の墳墓」, 『靑丘學叢』 二十五

有光敎一, 1937, 「慶州忠孝里石室古墳調査報告」, 『昭和7年度古跡調査報告』 第2冊, 朝鮮總督府.

有光敎一, 1955, 「慶州邑南古墳群について」, 『朝鮮學報』 8.

伊藤秋男, 1976, 「韓國慶尙北道善山古墳群(Ⅰ)-慶州における橫穴式石室の發

生とその特質について(豫察)-」, 『人類學研究所紀要』 5(國立慶州文化財研究所 譯, 2011).

齋藤忠, 1937a, 「新羅の瓢形墳」, 『考古學雜誌』 27-5.

齊藤忠, 1937b, 「慶州邑忠孝里盜掘古墳の調査」, 『昭和十一年度古蹟調査報告』, 朝鮮古蹟研究會.

早乙女雅博, 2002, 「新羅考古學史」, 『朝鮮考古學研究』(國立慶州文化財研究所 譯, 2011).

早乙女雅博, 2011, 「西岳里石枕塚」, 『新羅古墳 精密測量 및 分布調査 研究報告書』, 國立慶州文化財研究所.

穴澤咊光・馬目順一, 2007, 「慶州瑞鳳塚の調査-梅原考古資料と小泉顯夫の回想にもとづく發掘狀況の再現と考察」, 『石心鄭永和敎授 停年退任紀念天馬考古學論叢』,

일제강점기 창녕·양산지역의 고적조사
–고적조사 5개년기의 고분 발굴을 중심으로–

김 수 환 함안박물관

Ⅰ. 머리말

　일본 제국주의는 1910년 한·일병합 후 조선에 대한 식민지배와 함께 이데올로기적 정당성의 근거를 확보하기 위해 많은 노력을 경주하였는데, 고적조사 역시 이러한 목적에 연동하여 여러 제도적 기반 아래에서 실시되었다. 고대 일본의 조선지배와 관련한 '임나일본부의 실체규명'은 초기 고적조사사업의 목적이 되어 버렸고 이에 영남지역에 대한 고적조사 특히 고분에 대한 집중적인 발굴이 계획되고 실시되었다. 이 글에서는 그 중 일제강점기 초기부터 가야와 신라의 권역으로 인식되었던 창녕과 양산지역의 고적조사를 대상으로 살펴보고자 한다.

　우선 일제강점기 창녕·양산지역에서 실시되었던 고적조사의 전반적인 흐름을 알아보고[1], 그 중 고적조사 5개년기(1916~1920년)에 집중되었던 두 지역의 고분 발굴과 관련한 내용을 좀 더 상세하게 살피고 이에 대해 평가해 보고자 한다.

---

[1] 일제강점기 고적조사 전반에 대해서는 이기성(2009), 이순자(2006), 早乙女雅博(2010)의 논고를 주로 참고하였다.

Ⅱ. 창녕지역의 고적조사

1. 조사개요

일제강점기 창녕지역 최초의 고적조사는 도쿄제국대학 교수 세키노 타다시(關野貞)에 의해 이루어졌다. 세키노는 1909년 대한제국 통감부 탁지부의 차관이었던 아라이 겐타로(荒井賢太郎)의 의뢰를 받아 1914년까지 한반도 전역의 고건축물을 비롯한 주요 고적과 유물 등을 조사하였는데[2], 이 중 1910년 10~12월 한반도 남부지역을 대상으로 한 조사에서 창녕지역(창녕읍, 영산면)의 고분, 산성, 문묘, 향교, 객사, 군청사 등을 답사하였다[3](關野貞 1911 ; 高橋潔 2001 ; 무乙女雅博 2010). 세키노는 이 조사에서 경상도 낙동강 연안의 가야시대 유적에 대한 조사를 가장 큰 수확으로 들고 있으며, 그 중 창녕지역은 비자화(比自火)로, 비록 육가야(六伽倻)에는 포함되지 않지만 진주, 합천과 함께 가야의 권역에 속하는 것으로 인식하였다. 특히 가야 고분의 특징으로 산상(山上)에 위치하면서 산성과 근거리에 있다는 점을 들고, 창녕 역시 목마산성 기슭에 가야시대의

---

2) 세키노는 이 조사에서 고건축물, 고적, 유물 등에 대해 종류, 소재, 연대를 분류·기록하였으며, 보존의 필요성을 네 등급(갑을병정)으로 평가하였다. 이는 이후 일제의 고적조사사업과 문화재 정책 수립의 전반적인 기준이 되었다.
3) 세키노는 1910년 한반도 남부지역 중 경상도의 조사에서 고령 지산동 소형분 2~3기와 진주 수정봉 2·3호분, 옥봉 7호분을 발굴하였다. 한편, 그가 남긴 논고에 '창녕은 일정상 발굴을 실시할 수 없었다. 다만 이미 발굴(도굴)되어 그 일부가 노출된 상태의 석곽을 조사하였다. 석곽의 네 벽면은 석재로 축조하였고, 상부로 갈수록 폭이 좁아지는데 그 위를 판석으로 덮었으며 연도(羨道)는 없다. 길이는 20척 7촌(약 6.3m), 너비는 아래쪽이 4척 4촌(약 1.3m), 위쪽이 3척 5촌(약 1.1m), 높이 5척 5촌(약 1.6m) 이상이다'(關野貞 1911: 7·9)라는 기록이 있어 당시의 조사정황을 살필 수 있다. 세키노는 창녕읍의 가야시대 고분을 을병 등급으로 분류하였다.

고분이 다수 산재해 있음을 지적하였다[4].

도리이 류조(鳥居龍藏)는 1910~1915년에 조선총독부 학무국의 의뢰를 받아 국사 교과서 제작을 위한 사료조사의 명목으로 한반도 전역을 답사하던 중 제3회 조사[5] 때인 1914년 3월 창녕공립보통학교장 하시모토 료조(橋本良藏)의 제보로 창녕 목마산복에서 진흥왕척경비를 발견하였다(今西龍 1922 ; 이마니시 류(이부오·하시모토 시게루 역) 2010: 378~379). 이 비의 발견은 도리이의 당시 조사에서 가장 주목할 만한 성과로 평가받았다(筆者不明 1925: 24 ; 국립중앙박물관 2009: 52·72).

쿠로이타 카즈미(黑板勝美)는 1915년 한일교섭과 관련한 고대사 자료 수집을 목적으로 도쿄제국대학의 명을 받고[6] 한반도 남부지역을 조사하였는데 이 때 경상남북도의 신라·임나(가야)지역도 대상에 포함되었다. 합천을 거쳐 마산,

---

4) 이러한 시각은 이후 쿠로이타(黑板勝美 1916 ; 黑板勝美先生生誕百年紀念會 編 1974: 38~41)와 이마니시(朝鮮總督府 1920) 등에도 영향을 미치고 있다.
5) 도리이의 제3회 사료조사에서 실제 창녕 고분에 대한 발굴이 시행되었는지는 정식 보고가 없어 알 수 없지만, 당시 촬영한 국립중앙박물관 소장의 유리원판 사진(M130268~130274·130281)에 '창녕 교동고분 내부, 도굴된 내부 석곽, 고분 출토 원저단경호'라는 설명이 있는 것으로 보아 고분에 대한 현장 조사가 있었음을 알 수 있다.
6) 쿠로이타의 1915년 조사의 「朝鮮史蹟遺物調査復命書-緖言」(黑板勝美 1916 ; 黑板勝美先生生誕百年紀念會 編 1974: 11)에는 그 목적을 '조선사(朝鮮史)에서 아직 해결되지 않은 부분이 적지 않으므로 실제 조선을 답사하여 고고학, 역사지리학 등의 방면에서 이를 관찰하여 고대사를 연구하는데 자료로 삼을 것'으로 밝히고 있지만, 그 어디에도 조선총독부의 학무국 편집과에서 주관한 사료조사였다는 기록은 없다. 하지만 후지타가 작성한 문건(藤田亮策, 1931b: 90)에는 1915년부터 도쿄제국대학의 교수였던 쿠로이타가 촉탁신분으로 학무국 편집과의 사료조사를 수행한 것으로 기록되어 있다. 또한 쿠로이타가 작성한 「朝鮮史蹟遺物調査復命書」에도 1915년 조사시 '조선총독부가 그의 출장에 대해 후하게 대우해 주었고, 또 학무국 편집과의 가토(加藤灌覺)가 그의 조사에 통역으로 참가하였다'는 기록이 있는 것으로 보아 쿠로이타의 1915년 조사는 사료조사의 일환이었을 가능성이 높다.

진주로 가던 중 창녕지역에 들러 목마산성과 목마산성하 고분군(현재의 교동·송현동고분군), 진흥왕척경비, 석불, 석탑 등을 조사하였는데, 그 중 특히 경상도 낙동강 유역 각지의 고분군과 산성이 밀접한 관계에 있음을 지적하며, 창녕지역의 목마산성과 고분군과의 관계에 주목하였다(黑板勝美 1916 ; 黑板勝美先生生誕百年紀念會 編 1974).

1916년 7월 조선총독부 산하에 고적조사위원회가 설치되고「古蹟及遺物保存規則」의 시행과 함께 고적조사 5개년(1916~1920년) 계획이 수립·시행되었다. 그 중 1917년 2차년도 사업의 대상에 경상남북도의 가야 유적에 대한 조사가 예정되었고 창녕지역 역시 이 해에 고적조사(일반조사)[7]가 계획·실시되었다(筆者未詳 1918 ; 朝鮮總督府 1920). 이 조사는 1918년으로 이월되어 계속 진행되었다(筆者未詳 1918).

1917년 고적조사위원 이마니시 류(今西龍)는 창녕읍의 고분군, 화왕산성, 목마산성, 진흥왕척경비, 영산면의 고분군과 읍성, 계성면의 고분군과 산성 등을 조사하였다. 그 중 고분은 일정상 발굴하지 못하였지만[8], 각 고분군마다 고분의

---

7) 고적조사 5개년기의 조사는 일반조사, 특별조사, 임시조사로 구분된다(朝鮮總督府 1917 ; 藤田亮策 1931b: 97).
 · 일반조사 - 조선 전 지역의 고적과 유물을 개괄적으로 조사하고, 그 소재, 현상, 시대, 성질, 보존의 가부를 사정하여 보고함.
 · 특별조사 - 특수하고 중요한 고적으로서 고분이나 패총의 발굴, 사지·성지의 측량을 주로 함.
 · 임시조사 - 고분의 자연붕괴나 도굴 등에 의해 새롭게 발견된 유물의 실지검증, 발굴 등을 하는 것.
8) 이마니시는 1917년 창녕지역의 고적조사에 대해 '고분(조사)에 대해 본원이 명받은 것은 선산과 함안으로, (창녕은) 이 두 지역에 대한 고적조사를 종료한 후 참고로 일람(一覽)한데 지나지 않아 불완전한 것이다'(朝鮮總督府 1920: 356)라고 기술하고 있다. 하지만 그의 조사는 1918년 두 차례의 창녕지역 고적조사가 본격적인 고분 발굴이었다는 점에서 이를 위한 기초자료 수집 목적의 사전조사였음이 분명하다.

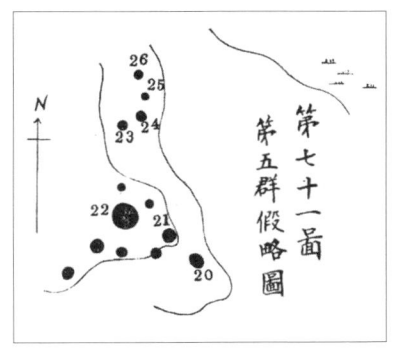
그림 1. 이마니시가 작성한 창녕읍 고분 분포도
朝鮮總督府 1920
*제5군 22호분은 현재의 교동 7호분에 해당

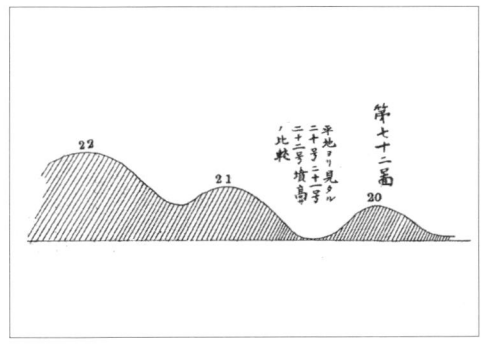
그림 2. 창녕읍 고분 제5군 20~22호분 단면도
朝鮮總督府 1920
*좌측부터 현재의 교동 7호분-11호분-12호분에 해당

형태, 규모, 위치관계, 훼손양상 등을 구체적으로 기록하고 간단한 분포도를 작성하였다. 특히 창녕읍 고분(현재의 교동·송현동고분군)을 6군으로 나누고 각 군에 속해 있는 고분의 현황과 특징을 구체적으로 설명하였다(그림 1·2)(朝鮮總督府 1920).

1918년 10월 처음으로 고적조사위원이 된 교토제국대학의 하마다 고사쿠(濱田耕作)와 우메하라 스에지(梅原末治)는 창녕읍의 고분 중 중소형분인 교동 21·31호분을 발굴하였으며, 이 2기의 고분에 관해 정식의 보고서를 간행하였다(朝鮮總督府 1922). 한편, 고적조사위원 야츠이 세이이츠(谷井濟一) 등은 1918년 12월~1919년 1월에 걸쳐 창녕읍 고분 9기를 발굴하였다(筆者未詳 1919). 이로부터 금동관[9], 금제이식, 은제대금구, 장식대도 등 엄청난 양의 유물이 출토

---

9) 발굴의 시점으로 보면 창녕 교동 7호분에서 출토된 금동관이 신라식 관의 최초 발굴사례이다. 이는 양산 북정리 10호분(부부총)의 것 보다는 2년 남짓, 경주 금관총의 것 보다는 3년 남짓 빠른 것이다.

되었으나[10], 이에 대한 보고서는 미간행되었다. 야츠이 등은 고분 발굴 외에도 화왕산성, 진흥왕척경비, 원화석불 등을 조사·실측하였으며, 1919년 2월에는 창녕읍의 고분을 비롯한 여러 유적들의 분포를 측량하여 배치도를 작성하였다 (그림 3)(國立中央博物館 1998ab).

1921년 조선총독부는 학무국에 고적조사를 전담할 고적조사과를 설치함으

그림 3. 창녕유적도
국립중앙박물관 소장 유리원판사진 D170016

---

10) 우메하라는 야츠이의 창녕 발굴 당시 마차 20대, 화차 2대 분량의 유물이 출토된 것으로 회고하였다 (梅原末治 1969: 102, 1973: 35). 또 우메하라 고고자료 중에는 조선총독부의 문서양식에 야츠이가 작성한 것으로 생각되는 '창녕(교동)고분(출토품)목록'(梅原3095)이 있는데, 이 중에는 '교동 제7호분·출토품'이 7매 분량에 구체적으로 명기되어 있다(東洋學術協會 1966: 117 ; 동양문고 우메하라 고고자료 화상 데이터베이스(http://61.197.194.9/umehara2008/ume_query.html).

로써 체계적인 조직의 구성을 기대하였지만, 1923년 9월 일본의 관동대지진 피해로 인하여 조선총독부의 행·재정정리와 긴축재정이 실시되었고 1924년 말 고적조사과가 폐지되면서 고적조사사업은 급격히 위축되었다. 창녕지역 역시 1918년의 발굴 이후 정식의 고적조사(일반조사나 특별조사)는 더 이상 이루어지지 않았다. 하지만 고적조사 5개년기의 창녕지역 고분 발굴을 통해 알려진 화려한 유물의 존재는 일본인 고미술수집가들을 자극하였고 이는 고분의 대규모 도굴과 훼손으로 귀결되었다[11].

1931년 2월 조선총독부박물관 기수(技手)였던 다나카 쥬조(田中十藏)는 창녕읍 고분의 도굴 실태를 파악하기 위해 임시조사를 실시하였는데(筆者未詳 1931: 140), 이 때 창녕지역의 고분은 1918년에 발굴된 것을 제외하면 거의 전부가 도굴의 피해를 입은 것으로 보고하였다[12]. 또 그 해 봄 조선총독부박물관의 고이즈미 아키오(小泉顯夫) 역시 도굴 신고를 받고 창녕으로 급거 파견되어 교동 116·117호분을 긴급 발굴하였다(그림 4)[13].

1933년 「朝鮮寶物古蹟名勝天然記念物保存令」이 발령되면서, 1939년 10월

---

11) 경성제국대학 교수 후지타 료사쿠(藤田亮策)는 1931년 조선고적연구회의 창립배경을 개발에 따른 파괴와 대규모 도굴 등의 피해로부터 고적을 보존·보호하기 위한 것으로 설명하고 있으며, 그 대표적인 사례로 1927년 여름 양산 고분과 1930년 여름 창녕 고분에서 행해진 대규모 도굴 피해를 들고 있다(藤田亮策 1931a: 189).
12) 다나카의 창녕지역 도굴 실태 조사에 대한 출장복명서의 원문은 현재 공개되어 있지 않아 그 상세를 알 수 없으나, 황수영이 일제강점기 문화재 피해자료를 담아 편찬한 책에 다나카의 출장복명서가 번역·게재되어 있다(黃壽永 編 1973: 87).
13) 일제강점기 당시 고분 도굴과 관련한 고이즈미의 기고문에 이 발굴의 일화가 소개되어 있다(小泉顯夫 1932: 87~90). 하지만 현재 이 발굴과 관련한 공식적인 보고나 기록 자료는 확인하기 어려우며, 당시 촬영한 국립중앙박물관 소장의 유리원판 사진 중 일부가 특별전 도록과 개보에 게재되어 있을 뿐이다(국립김해박물관 2010 ; 국립창원문화재연구소 2006).

그림 4. 교동 117호분에서 바라본 교동 116호분의 서면전경
국립중앙박물관 소장 유리원판사진 M310039 *사진제목 일부 개변

　조선총독부 고시 제857호에 의거, 창녕지역의 화왕산성은 고적 제96호, 목마산성은 고적 제97호, 교동고분군과 송현동고분군은 각각 고적 제114호와 고적 제115호로 지정되었다(朝鮮總督府 官報 第3825號).

　한편, 1938년 3월 조선총독부에 의해 교동 31호분에서 출토된 금제이식을 포함한 유물 106점이 도쿄제실박물관에 기증되었으며, 이는 1958년 한·일국교 정상화 제4차 회담 중 반환(인도)되었다(한국학술정보(주) 2005)[14].

---

14) 창녕 교동 31호분 출토유물은 한·일간 문화재 반환협의가 본격화되기 직전 작성된 '일본정부로부터 대한민국에 인도되어야 하는 미술품 목록'에 포함되었으며, 이는 문화재 반환협의가 처음 이루어진 제4차 회담의 시작과 함께 1958년 4월 16일 우선 반환받아 주일대표부에 보관하다가 1965년 8월 비준동의 가결된 한·일 양국의 문화재 및 문화협력에 의해 반환받은 다른 유물들과 함께 1966년 한국으로 돌아왔다.

이상 일제강점기 창녕지역의 고적조사는 1910년 세키노의 한반도 남부지역 조사를 시작으로 고적조사 5개년기에는 고분을 대상으로 한 발굴에 집중하였으며, 이로부터 다종다양의 화려한 유물들이 출토됨으로써 세간의 주목을 받았다. 하지만 1920년대 이후 일제의 고적조사사업이 축소·변질되면서 창녕지역에서는 임시조사를 제외한 더 이상의 공식적인 고적조사는 이루어지지 못했다. 이로 인해 고적 관리에 많은 허점이 드러나게 되고 이는 결국 극심한 도굴의 피해로 이어졌으며, 도굴된 유물들은 오쿠라 다케노스케(小倉武之助) 등 일본인 수집가들에 의해 점유되고 말았다.

2. 교동·송현동고분군의 발굴과 보고

이마니시의 1917년 창녕지역 고적조사는 문화재 분포조사적 성격이 강하며, 이 조사의 정식보고는 1920년이 되어서야 『大正六年度古蹟調査報告』에 게재·간행되지만(朝鮮總督府 1920), 그가 수집한 창녕지역의 고분과 관련한 정보는 1918년 10월과 12월의 대규모 고분 발굴에 기초가 되었음은 틀림없다.

1) 1918년 하마다·우메하라의 발굴과 보고

교토제국대학의 교수였던 하마다는 세키노의 유학으로 인하여 1918년 처음으로 고적조사위원이 되었으며, 이 해에 우메하라와 함께 성산, 고령, 창녕 등지에서 고분 발굴을 실시하였다. 창녕지역에서는 목마산의 산록에 위치한 교동

21호분과 31호분 2기를 발굴하였는데[15], 그 중 21호분은 발굴 도중 도굴되었음을 인지하고 유구도면만 작성한 채 곧바로 종료하였다. 교동 31호분의 발굴은 일제강점기 당시 봉토분 발굴의 전형을 보여주고 있다. 봉토의 북쪽부에 조사구(트렌치)를 굴착하여 석실의 단벽부를 확인하고, 그 일부를 제거한 후 매장주체 내부로 들어갔다. 내부의 중앙에는 시상이 설치되어 있었고 그 위에 금제이식과 관옥 등이 부장되어 있었으며, 단벽부에는 장경호, 유개고배 등의 토기유물이 부장되어 있었다. 이에 대한 보고는 『大正七年度古蹟調査報告』에 게재되었는

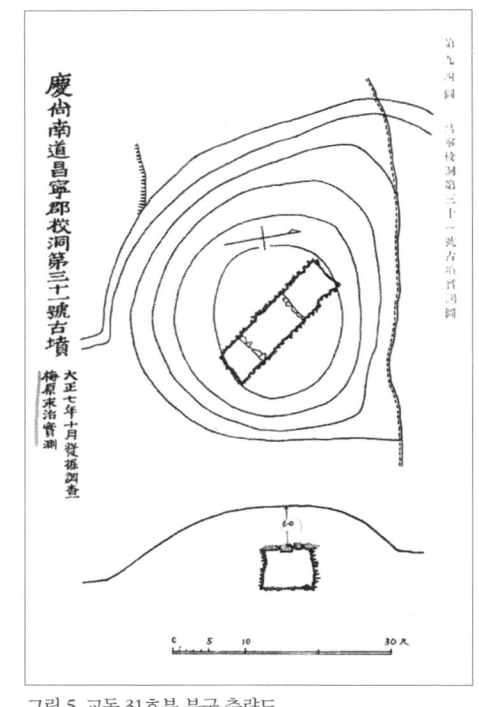

그림 5. 교동 31호분 분구 측량도
朝鮮總督府 1922

---

15) 발굴보고서(朝鮮總督府 1922)에 창녕유적도(그림 3, 야츠이 등이 1919년 2월 측량·1921년 4월 제도한 창녕읍 고분 분포도)가 게재되어 있음에도 하마다·우메하라가 발굴한 교동 21호분과 31호분의 위치가 특정되어 있지 않으며, 보고서의 내용을 모두 종합하더라도 당시 발굴 고분의 위치를 정확하게 파악하기 어렵다. 다만, 창녕읍 교리에서 도야리로 넘어가는 도로를 기준으로 교동 21호분은 서쪽으로 1정(1町, 약 109m)의 거리에 위치하며, 교동 31호분은 21호분으로부터 동남동쪽으로 1정반(1町半, 약 163m) 정도의 거리에 위치해 있었던 것으로 기술하고 있는 것으로 보아 현재 창녕박물관을 중심으로 고분군이 정비되어 있는 일대에 위치하고 있음은 분명하다.

데(朝鮮總督府 1922), 이는 일제강점기 창녕지역에서 발굴된 고분들 중 유일하게 정식 보고된 것이다.

2) 1918년 야츠이의 발굴과 보고

고적조사위원 야츠이 등[16]은 1918년 12월에 교동 5·6·7·8호분을, 1919년 1월에 교동 89·12·91·10·11호분을 발굴하였다(筆者未詳 1919). 야츠이의 창녕 고분 발굴은 당시 단일유적의 고적조사 사례로는 드물게 2기의 초대형 고분을 포함한 9기의 고분을 일거에 발굴한 것이었으며, 이로부터 엄청난 양의 유물이 출토됨으로써 세간의 주목을 받았으나[17] 보고서는 미간행되었다[18]. 이로 인해 당시의 발굴과 관련한 상황은 거의 알려져 있지 않다. 다만, 야츠이 발굴 당시 촬영한 국립중앙박물관 소장의 유리원판 사진[19]과 최근 교동 7호분에 대한 재발굴조사에서 확인된 발굴갱을 통해 그 정황을 살필 수 있다.

교동 7호분은 봉토규모 지름 40m, 높이 10m(실제축조는 지름 32m, 높이 8m)에 이르는 창녕지역 최대형급 고분으로 봉토의 남쪽부에서 발굴갱이 확인되었다.

---

16) 야츠이와 함께 창녕 고분을 발굴한 오바 츠네키치(小場恒吉), 오가와 케이키치(小川敬吉), 노모리 타케시(野守健)는 1916년부터 세키노를 따라 고적조사에 종사한 기술가들로, 현장 측량, 도면의 작성, 유물의 수습·정리·실측 등 실질적 발굴·보고를 담당하였다(有光敎一 2007).
17) 일제강점기 고적조사 5개년기의 대표적인 고적조사 사례 중 하나로 인식되어 당시를 설명하는 논고나 회고록 등에 거의 빠짐없이 언급되고 있다(藤田亮策 1931b ; 梅原末治 1969·1973 ; 有光敎一 2007 등).
18) 현재 창녕 교동고분 관련은 우메하라 고고자료 등을 통해 극히 일부의 자료만이 도면, 사진, 메모의 형태로 전해지고 있으며(東洋學術協會 1966), 이를 바탕으로 한 일본 연구자의 논고가 있다(穴澤咊光·馬目順一 1975).
19) 당시 촬영된 유리원판 사진은 고분의 전경, 석실내부, 벽석, 유물출토상태, 발굴모습 등이 주내용이다. 석실내부나 유물출토상태의 사진은 자연광을 이용하여 촬영한 듯하며 광량의 부족으로 불량하다.

그림 6. 교동 7호분과 주변고분
국립중앙박물관 소장 유리원판사진 M180363
*사진제목 일부 개변. 왼쪽부터 교동 7호분-11호분-12호분 순

그림 7. 교동 7호분 재발굴조사 전경
우리문화재연구원 제공
*중앙의 U자상의 구덩이가 1918년 야츠이의 발굴갱임

이는 봉토의 정상에서 바닥까지 5.5m, 너비 5m에 이르며, 정면(북쪽)을 수직으로 좌우측(동서쪽)을 약간 경사지게 굴착하였다(그림 7). 발굴자들은 가장 남쪽의 개석과 남단벽의 상부가 노출된 상황에서 벽석의 일부를 제거하고 매장주체부를 출입한 것으로 추정된다. 당시 발굴갱 앞에서의 발굴 광경을 촬영한 국립중앙박물관 소장의 유리원판 사진 M180370(國立中央博物館 2001)은 이러한 정황을 잘 보여준다(그림 8). 또 유리원

그림 8. 석실분 발굴 광경
국립중앙박물관 소장 유리원판사진 M180370

판 사진 중 출토유물의 수습 전과 후의 사진이 연번으로 되어있는 것(M180381·180382)이 있는데 이로 보아 발굴 직후 모든 출토유물이 수습되었음을 알 수 있다.

여기에서 출토된 유물은 1년여의 정리과정을 거쳐 1920년 2월 노모리에 의해 조선총독부박물관에 입고되었으며, 당시 작성된 정식의 출토유물 목록은 현재 국립중앙박물관에 소장되어 있다(國立中央博物館 1997). 야츠이 발굴의 창녕고분 보고서는 분포도 및 개별 유구의 도면들로 보아 꽤 진행 중이었던 것 같지

만[20], 고적조사 5개년기의 무리한 발굴계획과 진행 등에 여러 문제점들을 노출하면서 결국 미간행되고 말았다.

Ⅲ. 양산지역의 고적조사

1. 조사개요

일제강점기 양산지역의 고적조사는 1902년 도쿄제국대학으로부터 한국건축의 사적(史的) 연구를 명받은 세키노의 조사가 가장 이르다. 당시 세키노의 조사대상은 경주, 개성, 한성(경성) 등지의 고건축물이었다. 부산에서 경주로 이동하던 중 양산의 통도사를 조사하였으며 목적대로 다른 유적은 조사대상에서 제외되었다. 이후 세키노는 1909년부터 대한제국 통감부 탁지부 건축소의 의뢰를 받고 조선전역의 고건축물과 고적, 유물 등을 조사하였는데, 이 때 야츠이, 구리야마 준이치(栗山俊一)와 함께 경성, 개성, 평양, 경주 등을 조사하고 남하하면서 양산 통도사를 조사하였다[21].

1915년 쿠로이타는 한일교섭과 관련한 고대사 자료를 획득하고자 도쿄제국

---

20) 국립중앙박물관 소장의 창녕유적도(유리원판 사진 D170016, 朝鮮總督府 1920의 圖版56)나 유구도면(國立中央博物館 1998a의 도면100·105·114)은 현장에서 실측한 원도면이 아닌 보고서 게재용으로, 제도가 꽤 진행된 도면들이다.
21) 주2) 참조. 양산 통도사의 경우 향로가 갑, 대웅전과 3층 석탑 등이 을로 평가받았다. 한편, 세키노의 1909년 조사부터 고적조사에 고분이 포함되었으며, 그 중 주요고분의 경우, 발굴을 실시하기도 하였는데, 어떤 이유에서인지 양산지역의 고분은 「大正七年度古蹟調査計劃」(筆者未詳 1918)에 포함되기 전까지 별다른 기록이나 언급이 없다.

대학의 명을 받아 한반도 남부지역을 조사하였는데 이 때 신라·가야(임나)지역인 경상남북도도 대상이었다. 경주, 울산을 거쳐 부산으로 가던 중 양산에 들러 통도사를 조사하였으나, 당시 고분과 산성은 조사대상에 포함되지 않았다(黑板勝美 1916 ; 黑板勝美先生生誕百年紀念會 編 1974)[22].

1916년 고적조사위원회의 설립, 「古蹟及遺物保存規則」의 시행과 함께 고적조사 5개년 계획이 수립·시행되었는데, 그 중 3차년도인 1918년의 고적조사계획에 경상남북도의 신라유적에 대한 조사가 예정되었으며, 이에 양산방면의 성지, 고분, 사찰, 사지 등에 대한 일반조사가 계획되었다(筆者未詳 1918)[23]. 그러나 이 해에 행해진 양산지역의 고적조사와 관련한 기록은 쿠로이타의 양산성지(筆者未詳 1919 ; 末松保和 1974)와 하루다 요시히토(原田淑人)의 통도사와 북산성지(朝鮮總督府 1922) 등에 관한 것뿐이어서 실제 고분 조사가 실시되었는지 의문이다.

1920년 11월 고적조사위원 우마즈카 제이치로(馬場是一郞)와 조선총독부박물관의 오가와에 의해 북정리 10호분(부부총)이 발굴되었다[24]. 여기에서 완전한 형태의 금동관을 비롯하여 관식, 이식, 식리 등 489점의 유물이 출토되었으

---

22) 앞에서 설명한대로 쿠로이타는 경상도 낙동강 유역 각지의 고분군과 산성이 밀접한 관계에 있음에 주목하였음에도 양산지역의 고분군과 산성에 관한 조사는 실시되지 않았다.
23) 「大正七年度古蹟調査計劃」(筆者未詳 1918)에 고분 조사가 포함되어 있는 것으로 보아 이전에 고분의 존재와 분포에 관한 조사가 실시되었을 것으로 추측되나 누가 언제 실시하였는지 알려져 있지 않다.
24) 고적조사 5개년기 중 전년도의 미진한 고적조사는 해를 넘겨 계속 실시하는 것이 보통이었으므로, 1918년에 실시하지 못한 양산지역의 고분 조사 역시 1919년으로 미루어 실시하여야 하지만 「大正八年度古蹟調査計劃」(筆者未詳 1919)중 일반조사·특별조사 모두에 이와 관련한 내용은 보이지 않는다. 무슨 이유 때문인지 양산지역의 고분 발굴은 고적조사 5개년기의 마지막 해인 1920년이 되어서야 실시되었다.

며, 1927년 정식 보고되었다(朝鮮總督府 1927). 한편, 북정리 10호분 출토유물은 1938년 3월 조선총독부에 의해 도쿄제실박물관으로 기증되었으며 광복이후 1962년 한·일국교정상화 제6차 회담시 한국측의 강력한 요구에도 반환받지 못하고(한국학술정보(주) 2005)[25], 현재 도쿄국립박물관에 소장·전시되고 있다[26].

1921년 봄 양산공립보통학교장이었던 하시모토 료조(橋本良藏)는 양산읍의 동쪽 구릉상에 위치한 양산패총을 발견하고 조선총독부에 보고하였으며, 그해 10월 하마다와 우메하라가 시굴을[27], 1922년 5월 후지타·우메하라·고이즈미가 발굴을 실시하였다. 출토된 토기나 골각제 유물 등을 통해 김해패총과 동일한 시기, 성격의 유적으로 평가하였다(朝鮮總督府 1923).

1933년「朝鮮寶物古蹟名勝天然記念物保存令」이 발령되면서 1942년 6월 조

---

[25] 한·일국교정상화 회담 중 문화재 반환협의가 처음으로 진행된 제4차 한일회담(1958.4~1960.4) 직전인 1958년 2월 문교부가 작성한 '일제에 의한 피탈문화재 목록'이나 1962년 2월 작성된 '대일반한청구문화재목록'에는 양산 북정리 10호분 출토유물 489점이 포함되어 있었다. 그러나 1965년 8월 비준동의 가결된 한·일 양국의 문화재 및 문화협력에 관한 협정 자료(「韓日會談文化財關係 參考集」, 文化財管理局(1965.8))에는 북정리 출토유물이 반환대상에서 제외되어 있다. 이는 당시 신축 중이던 일본국립박물관 동양관내 한국실에 진열하겠다는 일본측의 요청과 국내에 북정리 출토유물보다 우수한 신라시대의 유물들(금관총, 서봉총, 금령총 출토)을 다수 보유하고 있음을 고려한 판단이었던 것으로 기록하고 있다. 문화재 반환협의 과정 중 한국대표부는 북정리 출토유물을 반환받기 위해 많은 노력을 기울였지만, 정치적 협상 논리에 밀려 결국 양보하는 것으로 마무리되었다.

[26] 북정리 10호분은 1990년 동아대학교 박물관에서 재발굴하였으며, 도쿄국립박물관 소장의 출토유물에 대한 실측조사를 실시하여 발굴내용과 함께 보고서에 게재하였다(東亞大學校博物館 1991).

[27] 1921년 9월 말 경주 금관총의 발견으로 인하여 하마다와 우메하라는 원래 계획되어 있었던 양산패총에 대한 조사를 한나절 만에 마무리하고 언양과 울산을 거쳐 급히 경주로 올라갔다(朝鮮總督府 1923·1924).

선총독부 고시 제893호에 의거, 양산지역의 북정리고분군은 고적 제129호, 신기리산성은 고적 제142호로 지정되었다(朝鮮總督府 官報 第4612號).

이상 양산지역은 일제강점기의 고적조사 초기부터 줄곧 대상이 되어 왔지만, 주로 사찰(통도사)과 산성지에 대한 조사가 실시되었으며, 정식적인 고분 조사는 1920년의 북정리 10호분 발굴이 유일하다[28]. 여기에서 금동관을 비롯한 많은 유물이 출토되면서 국내외에서 큰 주목을 받게 되지만 이는 오히려 관리 소홀을 틈타 극심한 도굴을 조장하는 결과를 낳게 된다. 북정리 10호분 발굴 이후 후속하는 고적조사가 없었던 사이 1927년 여름 양산지역의 고분이 대규모로 도굴되는 사건으로 이어졌다[29].

2. 북정리 10호분의 발굴과 보고

양산 북정리 10호분은 앞에서 서술한 대로 1920년 11월 우마즈카와 오가와에 의해 발굴되었으며, 1927년 「고적조사특별보고」[30]의 형태로 보고서가 간행되어(朝鮮總督府 1927), 발굴의 정황을 비교적 상세하게 살필 수 있다.

---

28) 일제강점기에 북정리 10호분 외에도 양산지역에서 고분 조사가 있었음을 보고서의 간단한 기술을 통해 알 수 있다(朝鮮總督府 1927: 16). 물금역에서 원동역으로 향하는 터널 입구 부근에 고분군이 있는데(현재의 양산 서룡리 신전유물산포지, 서룡리 유물산포지Ⅰ 일원으로 추정), 오가와는 1926년 제방공사 때에 발굴된 고분 출토의 통일신라시대 토기합을 본 적이 있다고 기술하고 있다. 공사시 고분이 확인된 것으로 보아 긴급조사의 형태로 발굴되었을 것으로 추정된다.
29) 주11) 참조. 후지타는 '1927년 여름 남선(南鮮)에서 가장 완전하고 중요시되어 왔던 양산의 고분이 1기도 남김없이 도굴되었다'(藤田亮策 1931a: 189)라고 기록하고 있다.
30) 북정리 10호분의 발굴보고서는 고적조사특별보고의 형태로 간행되었지만, 이 발굴이 계획상 일반조사였는지 특별조사였는지 확인할 수 없어 의문이다.

1) 발굴 고분의 선정

오가와는 1920년 양산지역 고적조사의 주목적이 고분의 발굴이었음과 조선총독부 고적조사위원회의 명에 따른 것이었음을 보고서에 명기하고 있으나, 양산지역의 고분 중 왜 북정리고분군을 선택하였는지는 알 수 없다. 발굴할 고분은 우마즈카와 오가와의 협의 하에 선정하였는데, 우선 능선상(동고서저의 지형)에 열상으로 배치된 고분을 1~18호분으로 명명하고, 그 중 능선의 가장 아래쪽(서쪽)에 위치한 18호분의 구조가 통일신라시대의 석실묘인 점과 능선의 가장 위쪽(동쪽)에 위치한 1호분의 축조연대가 가장 이를 것으로 추정하여 그 중간에 해당하는 10호분을 발굴 대상으로 선정하였다. 발굴기간은 10일 내외에 종료하기로 하였다.

2) 발굴 방법과 진행

북정리 10호분은 보고서에 발굴 진행과 관련한 일지가 게재되어 있어 발굴의 정황을 파악하기 용이하다.

먼저 발굴갱은 주변에 노출된 다른 석곽들의 방향을 고려하여 북정리 10호분의 장축방향과 연도의 위치를 추정, 남쪽에 설정하였으며, 4일간 굴착하여 개석에 도달하였다. 하지만 장축방향이 남-북이 아닌 동-서로 확인되는 등 그 추정에 오류가 있었고, 측벽 일부를 제거함으로써 벽석이 붕괴될 우려가 있었으나 발굴 시간의 부족[31)]으로 인해 기굴착한 측벽부를 통해 석실 내부로 진입하였다. 매장주체내부 중앙의 시상에서 고분 주인공인 부부, 서단벽부에서 순장자로

---

31) 고적조사시 발굴 일정에 여유가 없었음은 여러 보고나 고적조사자의 회고록 등에 자주 제시되고 있다. 오가와 역시 보고서에 북정리 10호분을 발굴하면서 일정문제로 인근의 산성과 고분을 제외하고는 주변유적을 거의 조사할 수 없었던 것으로 기술하고 있다.

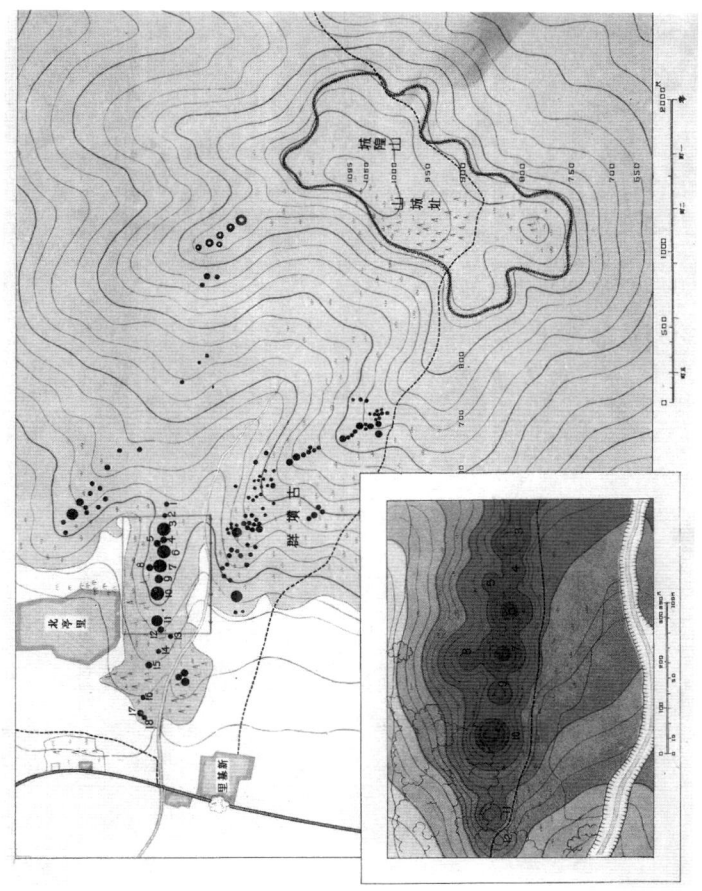

그림 9. 양산읍 부근의 유적도
朝鮮總督府 1927
*우측 하단 도면 중 가장 아래로부터 세 번째가 북정리 10호분임

추정되는 유해 3구와 금동관, 세환·태환이식, 은제대금구, 금동제식리, 환두대도 등을 비롯한 다량의 부장유물을 확인하였으며, 이후 유구내부의 실측과 사진 촬영, 유물의 수습 등을 병행하면서 발굴을 마무리하였다. 실제 발굴은 1920년 11월 13일부터 25일까지 13일간 진행되었다.

그림 10. 북정리 10호분 전경
朝鮮總督府 1927

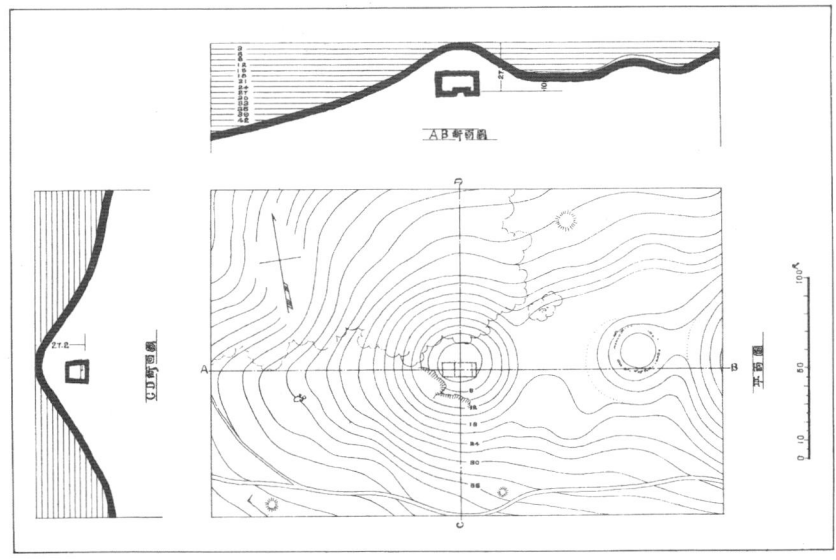

그림 11. 북정리 10호분 분구 측량도
朝鮮總督府 1927

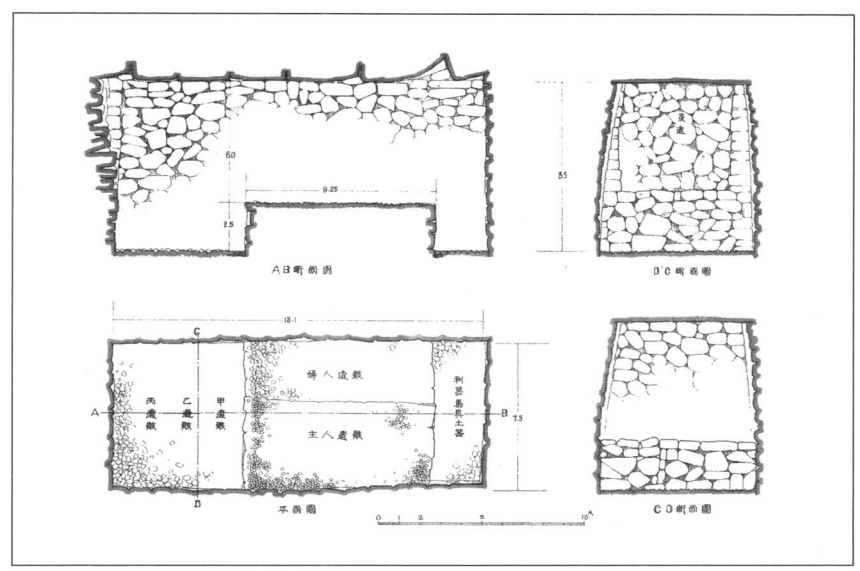

그림 12. 북정리 10호분 석실 실측도
朝鮮總督府 1927

3) 정리 및 보고서 작성

발굴 종료 후 기록자료와 출토유물 등은 조선총독부박물관으로 이관되었으며, 이에 대한 보고서는 1927년 3월 발간되었다[32]. 그 사이 1921년 9월말 우연히 발견된 경주 금관총의 발굴과 보고서 작성에 오가와가 주도적으로 참여함으로써(朝鮮總督府 1924), 1924년 금관총 보고서의 일부가 발간되기까지 북정리 10호분의 보고서 작성은 지연되었을 것으로 추정된다. 또한 보고서의 서언에

---

32) 보고서의 제5장 후론에 '大正14年(1925년) 9月 下旬 稿'라고 기록되어 있어 보고서 원고작성 이후 발간까지 약 1년 반 정도의 시간이 소요되었음을 알 수 있다. 또한 보고서의 유구 도면에는 '大正9年(1920) 11月 調査, 大正10年(1921) 1月 製圖'라는 주기가 있는데 이로 보아 북정리 발굴 직후 유구 도면에 대한 제도가 이루어졌음을 알 수 있다.

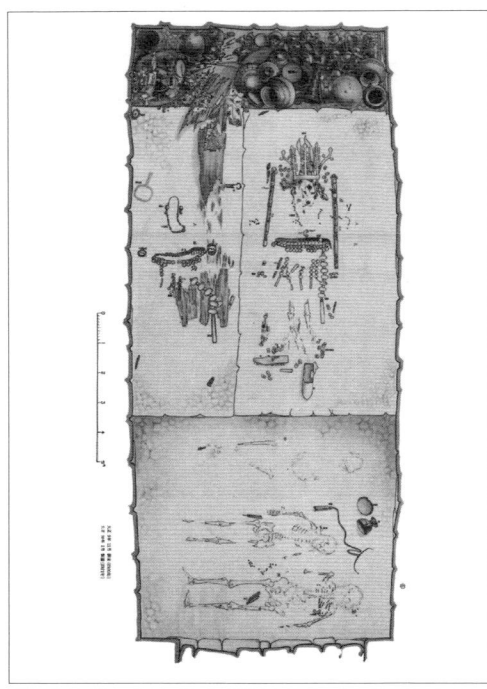

그림 13. 북정리 10호분 석실내 유물 배치도
朝鮮總督府 1927

제시한대로 발굴자였던 우마즈카의 전출로 인하여 보고서는 오가와가 시종 혼자 작성하였으며, 고적조사위원이었던 세키노 등에게 교열을 받았다. 보고서에는 고분의 위치, 형태, 구조, 매장상황 등이 제시되어 있으며, 유물과 관련해서는 출토상황과 장신구, 무기, 마구, 토기 등으로 구분하여 기술하였고, 주요유물에 대해 사진과 실측도면을 게재하였다.

Ⅳ. 한국고고학의 관점에서 본 일제강점기 영남지역 고분 발굴

1. 정치적 목적

일본 제국주의는 1910년 한일병합 후 조선에 대한 식민지배의 방침으로 국민적 통합을 강조한 동화주의노선을 채택하는데, 고적조사 역시 그 일환으로 실시되었다. 그 중 평양지역의 낙랑고분에 대한 고적조사의 성과가 조선 민족의 타율성, 외인성의 근거로 활용되었다고 한다면(정인성 2011), 영남지역의 가야유적에 대한 고적조사[33], 특히 고분의 발굴은 '임나일본부'의 실체규명, 더 나아가 고대 일본의 조선지배를 증명함으로써 현재의 식민지배를 정당화하고 이를 '과거로의 회귀'로 선전하는데 근거로 활용되었다.

2. 발굴 대상으로서의 고분

일제강점기 초기 세키노를 비롯한 관학자들의 고적조사는 한반도 주요지역의 고건축물과 고적, 유물들을 대상으로 한 외형 관찰에 의한 보존가치 평가나 기초자료 수집을 위한 사전조사적 성격의 현황 파악이 주목적이었으며, 이로 인해 고분의 발굴은 극히 제한적이었다. 그러나 고적조사 5개년기가 시작되면서 전국을 대상으로 한 고적조사와 고분 발굴이 본격적으로 실시되었고, 영남지역의 경우 경주를 비롯한 신라·가야권역의 고분으로부터 화려한 유물들이 다량으로 출토되자 고적조사가 고분 발굴에만 지나치게 집중되는 기현상이 나타나면서 원래의 목적이 변질되기에 이르렀다. 또한 단위고분군 내에서도 중소형분 보다는 대형분을 대상으로 한 발굴이 이어졌다. 가야지역의 경우, 고적조

---

[33] 세키노는 1910년 한반도 남부지역에 대한 고적조사를 기록한 논고(關野貞 1911:2)에서 '가야시대 유적에 대한 조사는 나의 회심(會心)의 일에 속하는 것으로서…'라고 기록하고 있으며, 후지타는 일제의 고적조사사업 전반을 개관한 논고(藤田亮策 1931b : 104)에서 임나(가야) 유적에 대한 조사(발굴)가 가장 많았음을 인정하고 있다. 일제의 초기 고적조사가 고구려·백제·신라의 유적보다 가야의 그것에 더 집중되고 있었던 경향은 고적조사사업의 목적이 조선지배의 정당성 확보에 있었음을 잘 보여주는 것이라 하겠다.

사 5개년기에 고분들이 집중적으로 발굴되는데, 특히 이 시기에 발굴된 창녕 교동 7호분·89호분이나 함안 말이산 34호분(이마니시 발굴분, 현4호분)·1호분(야츠이 발굴분, 현13호분) 등은 고분군 내에서도 봉토지름 30~40m에 이르는 최대형급 고분에 해당하는 것들이다. 당시 발굴 고분의 선정이 분포조사자들의 조언이나 발굴자들의 임의 결정에 의한 것이었다는 점에서 일제강점기 고적조사자들의 고분 발굴관을 엿볼 수 있다.

한편, 일제강점기 초기부터 1920년대 초까지의 고적조사가 전국을 대상으로 전개되었다면, 1923년 9월의 관동대지진과 이로 인한 조선총독부의 재정적 압박은 1924년 행·재정정리로 이어졌으며, 이는 결국 한반도 전역을 대상으로 시행되던 일제의 고적조사를 급격히 위축케 하는 결과를 낳았다. 1931년 조선고적연구회의 설립과 경주·평양·백제(부여)연구소의 설치를 계기로 고적조사 지역과 대상은 한정되기에 이르렀고, 이로 인해 경주를 제외한 신라·가야권역 특히 고적조사 5개년기에 고분이 집중적으로 발굴되었던 영남지역의 고분들은 대규모 도굴 피해에 직면하게 되었다.

3. 고분의 발굴과 기록

영남지역 고분 중 경주의 적석목곽묘를 제외하면, 일제강점기 신라·가야권역 고분 발굴의 대상은 외관상 뚜렷한 봉토를 가진 수혈식 또는 횡구·횡혈식의 묘제였다. 이에 대한 당시의 발굴과정은 다음과 같다(吉井秀夫 2006). ① 발굴할 고분의 봉토정상 부근에 피트상의 조사구를 설정한다. ② 석실(석곽)의 천정석(개석)이 노출될 때까지 굴착한다. ③ 천정석(개석)이 확인되면 그 일부를 제거하고 석실(석곽)의 내부로 들어간다. ④ 내부로 유입된 토사를 제거하고 부장

유물을 노출한다. ⑤ 유물의 출토상황을 촬영하고 실측을 실시한다. ⑥ 실측 종료 후 유물을 수습한다. ⑦ 석실의 평면도·종횡단면도를 작성한다.

이 글의 대상인 고적조사 5개년기의 창녕·양산지역 고분 역시 상기한 과정으로 발굴이 진행되었다. 일제강점기의 고분 발굴에서 봉토에 대한 작업은 봉토로부터 매장주체부의 단벽까지 가능한 빨리 도달하여 내부로 들어갈 통로를 찾는 것이 목적이었기 때문에 별다른 방법적 개선 없이 시종 동일한 발굴방법이 채택되었으며, 이에 대한 맹목적인 고수는 매장주체부 구조파악의 오류로 이어졌다(李熙濬 1990). 결국 일제강점기의 고분 발굴은 매장주체부 내의 상황과 출토유물에만 집중하였던 것이다.

한편, 고적조사 5개년기를 거치면서 고분 발굴에 있어 평판측량이 도입되고 이를 통한 봉토의 측량과 매장주체부, 유물출토상태 등의 실측을 통해 비교적 정확한 도면을 작성하기 시작하였다. 특히 1916년 세키노에 의해 고적조사에 합류한 오바, 오가와, 노모리 등은 뛰어난 실측과 측량기술을 소유하고 있었던 자들이다. 창녕 교동 12호분과 양산 북정리 10호분의 매장주체부 평면도면(그림13)은 오가와가 직접 실측한 것으로 출토유물의 정확한 묘사와 함께 채색을 통해 토기의 소성도까지 파악할 수 있을 정도로 뛰어난 도면이다(國立中央博物館 1998a ; 朝鮮總督府 1927).

또한 유적분포도나 고분배치도의 경우, 토지조사사업의 일환으로 측량 작성된 지적도와 지형도에 정확하게 표기되어 있으며(그림3·9), 이는 현재적 시점에서 고분 및 고분군의 원상을 가늠케 하는 최상의 자료로서, 근대화 과정에서 별다른 조사나 기록 없이 훼손·소멸된 고분의 위치, 규모 등에 대해 비교적 정확한 정보를 제공해주고 있다.

4. 고적조사 조직과 보고

조선총독부는 고적조사위원회를 통해 체계적인 고적조사 조직의 구성을 표방하였지만, 이는 어디까지나 현지조사 분야에만 국한되었고, 고적조사에 따른 자료, 유물에 대한 정리와 보고에는 기형적으로 취약한 조직이었다. 특히 고적조사 5개년기 중의 발굴이 주로 고분에 집중되었고, 또 고분의 특성상 다량의 유물이 출토되고 있었음에도 보고서 작성을 위한 고적조사 계획의 수정이나 조직의 확대는 전혀 고려되지 않았으며, 이로 인한 발굴과 보고의 불균형은 어쩌면 당연한 결과였을지도 모른다[34].

일제강점기 초기의 고적조사는 분포조사적 성격이 강하여 보고서 작성기간이 비교적 짧고 분량이 적어 합본의 보고서로 간행되었다. 고분 발굴이 본격화되고 특정 고적에 대해 '특별보고' 형태의 보고서가 간행되기 시작하면서 고적조사자들은 그 작성에 오랜 기간을 소요하게 되었다. 이로 인해 이외의 고분들은 발굴에서 보고까지의 기간이 점차 길어졌으며 결국 미보고로 이어지기도 하였다. 1918년 야츠이의 창녕 고분 발굴은 대표적인 미보고 사례이다[35]. 쇼와(昭

---

34) 후지타(1931b: 109)는 고적조사에 따른 보고서 및 고적도보의 출판에 고적조사위원회 예산의 1/3을 투입할 정도로 중시하는 사업이라고 평하고 있지만 엄청난 수의 고분 발굴에 대한 보고가 누락되었다는 점에서 일제강점기 고적조사의 모순적인 단면을 보여준다.
35) 고적조사 5개년기의 고적조사 사례로는 드물게 단일유적에서 9기나 되는 고분을 발굴하였으며, 그 중 7호분에서만 금동관, 금제이식, 은제대금구 등 700여점의 유물이 출토되었다(東洋學術協會 1966: 117-梅原 3095 ; 穴澤咊光 · 馬目順一 1975). 현재 공개된 자료로 보아 창녕의 고분 발굴은 자료·유물의 정리와 입고를 거쳐 각종 도면을 제도하는 등 실제 보고서 작업이 꽤 진행되었던 것 같지만 보고서는 끝내 간행되지 못하였다. 여기에는 무리한 고적조사 계획과 시행 외에도 창녕 고분 발굴의 책임자였던 야츠이의 급작스런 귀국과 오바, 오가와, 노모리 등이 경주 금관총과 양산 부부총의 발굴과 특별보고서 작성을 실질적으로 담당하였던 사실, 고적조사과의 폐지로 인한 이들의 고적조사로부터의 이탈 등도 영향을 미쳤을 것으로 생각된다.

和) 연간에는 이에 대한 반성으로 간단한 보고를 지향하게 되었으며, '합본' 형태의 보고서가 재등장하게 되었다.

V. 맺음말

일제강점기에 공식적으로 발굴된 창녕지역 고분은 모두 13기로 그 중 단 2기에 대한 정식 보고만이 이루어졌다. 본고를 작성하는데 고적조사보고 외에 논문과 회고록 등을 다수 참고하였지만 당시 고적조사자들이 작성한 공식 기록이나 문서를 전혀 검토할 수 없다는 점에서 많은 한계를 느꼈다.

일제강점기 고적조사의 성과를 과연 한국 고고학사의 범주에 포함시켜야 하는가에 대한 여러 연구자들의 의견이 있다. 이에 대해 필자는 실물자료를 대상으로 하는 고고학의 학문적 특성상, 고적조사자의 국적이나 목적 보다 조사 대상의 지정학적 위치에 주안을 둔 속지적 관점을 우선시 하여야 한다고 생각한다. 이를 위해서는 당시 고적조사에 대한 객관적 비판과 체계적인 정리가 전제되어야 함은 물론이다.

하지만 현재 일반 고고학 연구자들이 일제강점기에 작성된 고적조사의 공식 기록이나 문서에 접근하기 어려운 상황은 이러한 객관적인 비판과 체계적인 정리를 원천적으로 봉쇄하고 있는 결과를 낳고 있다. 한 지역의 고분 문화를 연구하는데 일제강점기부터 현재까지 20여기의 소중한 발굴이 있었음에도, 자료의 미공개로 10여기 남짓한 발굴자료만을 놓고 연구해야 하는 현실이 안타깝다. 이에 일제강점기 고적조사 자료의 조속한 정리와 공개를 머리 숙여 요청하는 바이다.

* 최근 우리문화재연구원(원장 곽종철)에서는 창녕 교동 7호분과 그 주변고분에 대한 재발굴조사를 실시하였다(문화재청 허가 제2011-0240호, 2011년 6월~2012년 9월). 이 과정 중 1918년 야츠이 세이이츠가 교동 7호분을 발굴할 당시 봉토의 남쪽부에 설치한 발굴갱을 확인하였고, 이를 통해 일제강점기에 매장주체부의 발굴과 유물의 수습에만 주력했던 당시의 발굴과정을 복원할 수 있었다. 현재 우리문화재연구원에서는 종합보고서 간행을 위해 1918년 발굴 자료를 수집하고 있으며, 지금까지 잘 알려지지도 공개되지도 않았던 문건과 도면 수 점을 이미 확보한 것으로 알고 있다. 이러한 작업은 기억 속에서 잊힌 가슴 아픈 '한국 고분 발굴 잔혹사'를 다시 우리의 손으로 바로 잡아 가는 일이자 앞으로 한국 고고학계 연구자 모두가 경주해 나가야 할 일들이다. 그들의 노력에 찬사를 보내며, 양질의 보고서가 간행되기를 기대한다.

표 1. 일제강점기 창녕 · 양산지역 고적조사연표

일제강점기 고적조사		창녕지역		양산지역	
		조사내용	참고문헌	조사내용	참고문헌
고적조사 1기 (1900~1915년)	• 1900~1909년 東京帝國大學 專門學者에 의한 고적조사 실시 • 1909~1914년 대한제국 탁지부 내무부의 건축소 건설 - 關野貞 등에 의한 고적조사 실시 * 1910년 8월 한일 강제병합, 10월 조선총독부 설치 • 1910~1915년 조선총독부 내무부 제1과에 의한 조사 실시 • 1915년 9~10월 조선물산공진회 개최 • 1915년 12월 조선총독부박물관 개관	• 1910년 10월 關野貞 등 - 창녕읍 고분, 토기, 석불 등 영산현 문묘 등 조사 • 1914년 鳥居龍藏 - 진흥왕척경비 발견 • 1915년 6월 黑板勝美(東京帝國大學 會) - 창녕 고분군, 진흥왕척경비, 석불 등 조사	關野(1911) 谷井(2001) 빈오(2010) 수예(1922) 黑板(1916)	• 1902년 關野貞(東京帝國大學 會) - 양산 동도사 조사 • 1909년 關野貞 - 양산 동도사 조사 • 1915년 5월 黑板勝美 - 양산 동도사 조사	솜예(2001) 黑板(1916)
고적조사 2기 (1916~1930년)	• 1916년 4월 조선총독부 고적조사위원회 고적조사위원회 설치 • 1916년 7월 조선총독부 산하에 고적조사위원회 설치 고적조사 5개년 계획 수립(1916~1920년) - 1917년 가야지역, 1918년 낙동강 연안 조사 실시 * 1919년 3월 1일 독립운동 • 1920년대 불교경제기 • 1921년 10월 조선총독부 산하 고적조사과 설치	• 1917년 今西龍 - 창녕읍 고분, 화왕산성, 목마산성, 진흥왕척경비, 영산현 읍성, 계성면 고분, 진흥면 보존 고분 및 석화동 고분 초조군 6군유군도 구류, 보문초 등도 작성 • 1918년 10월 濱田耕作·梅原末治 - 교동 21, 31호분 2기 발굴 • 1918년 12월~1919년 1월 谷井濟一 - 교동 5~8 · 10~12 · 89 · 91호분 7기 발굴 - 화상산성·목마산성, 계성·진흥, 위화리성 조사 • 1919년 2월 谷井濟一 - 창녕읍 유적 분포도 작성 • 1920년 2월 谷井濟一 - 영산 고분 조사 • 1920~1921년 黑板勝美 - 창녕읍 교동 고분, 조선총독부박물관 입고 조선총독부박물관 유리건판 사진자료 작성	朝鮮總督府(1920) 朝鮮總督府(1922) 濱田末治(1919) 國立中央博物館(1997) 東亞考古學會(1966)	• 1918년 7월 黑板勝美 - 양산성지 조사 • 1918년 8월 怡田常人 - 동도사, 북상리 조사 • 1920년 11월 馬場是一, 小川敬吉 - 북상리 10호한비국주출 조사 • 1921년 3월 '양산패총 연선고적조사학교사'(동도교물) 회인민 • 1921년 10월 濱田耕作, 梅原末治 - 양산패총 시굴 • 1922년 5월 藤田亮策, 梅原末治 - 양산 패총 발굴	澤俊木遺(1919) 朝鮮總督府(1922) 朝鮮總督府(1927) 朝鮮總督府(1923)
고적조사 3기 (1931~1945년)	* 1923년 9월 1일 간토대지진 • 1924년 10월 조선총독부 학무국 종교과 이관 고적조사보존 및 복원사업 오록 이관 • 1931년 조선총독부 산하 고적조사연구회 설립	• 1931년 2월 창녕읍 조선총독부박물관 편 - 교동 고분군 도굴 신고 • 1931년 3월 창녕읍 교동 고분 도굴신고 • 1931년 8월 小板甲子 등 - 교동 116 · 117호분 2기 발굴 • 1938년 3월 조선총독부 - 교동 31호 조선 도교제석약반판매 기증	藤田(1931a) 黑田末治(1931) 小板(1932)	• 1926년 동아대 응영진 미술학부 티나모구 주변 계총조사단 측인민 • 1927년 여름 양산 북리 도굴 보고 • 1938년 3월 조선총독부 - 부산현 도로계축공사에 기증	藤田(1931a) 黑田末治(1931)
		• 1939년 10월 18일(조선총독부 제18577호) 창녕 교동 동서군지간 고적 제114 · 115호 도 지정	한일회담구리반환문서(제1권) 朝鮮總督府官報 제3525호	• 1942년 6월 15일(조선총독부 제693호) 양산 복리유적 - 교모 지정 양산 신기리산성 - 교모 제142호 지정	한일회담구리반환문서(제1권) 朝鮮總督府官報 제3612호
광복이후		* 1958년 교동 31호분 출토유물 106점 반환 (제4차 반환품목)		* 1965년 북리 10호분 출토유물 489점 반환(한일회담) 현재 도쿄대학박물관 소장 · 전시	한일회담구리반환문서(제48권)

참고문헌

국립김해박물관, 2010,『비사벌』특별전 도록.

國立中央博物館, 1997,『光復以前 博物館 資料目錄集』.

國立中央博物館, 1998a,『光復以前調査遺蹟遺物未公開圖面』Ⅰ-慶尙南道.

國立中央博物館, 1998b,『유리원판 목록집』Ⅱ.

國立中央博物館, 2001,『유리원판 목록집』V.

국립중앙박물관, 2009,『한국 박물관 100년사』-자료편-.

국립창원문화재연구소, 2006,『창녕 송현동고분군-6·7호분 발굴조사 개보』.

東亞大學校博物館, 1991,『梁山金鳥塚·夫婦塚』.

이기성, 2009,「일제강점기 고적조사 제도에 관한 검토」,『移住의 고고학』제34회 한국고고학전국대회 발표요지, 韓國考古學會.

이마니시 류(이부오·하시모토 시게루 역), 2010,「신라 진흥왕 순수관경비고」,『신라사연구』, 서경문화사.

이순자, 2006,『일제강점기 고적조사사업 연구』, 淑明女子大學校 大學院 博士學位論文.

李熙濬, 1990,「解放前의 新羅·伽耶古墳 發掘方式에 대한 硏究-日帝下 調査報告書의 再檢討(2)」,『韓國考古學報』24, 韓國考古學會.

정인성, 2011,「일제강점기의 낙랑고고학」,『韓國上古史學報』第71號, 韓國上古史學會.

한국학술정보(주), 2005,『한·일회담 청구권 관련문서 제83권』(文化財管理局, 1968,「韓·日會談文化財關係 參考集」수록).

黃壽永 編, 1973,『日帝期文化財被害資料』, 韓國美術史學會.

高橋潔, 2001, 「關野貞を中心とした朝鮮古蹟調査行程-1909年(明治42年)~1915年(大正4年)-」, 『考古學史研究』第9號.

關野貞, 1911, 「伽倻時代の遺蹟」, 『考古學雜誌』第1卷 第7號.

今西龍, 1922, 「新羅眞興王「巡狩管京」碑考(下)」, 『考古學雜誌』第12卷 第11號.

吉井秀夫, 2006, 『植民地朝鮮における考古學的調査の再檢討』(平成15年度~17年度 科學研究費補助金 研究成果報告書).

東洋學術協會, 1966, 『梅原考古資料目錄-朝鮮之部』.

藤田亮策, 1931a, 「朝鮮古蹟研究會の創立と其の事業」, 『靑丘學叢』第6號, 靑丘學會.

藤田亮策, 1931b, 「朝鮮における古墳の調査及び保存の沿革」, 『朝鮮』昭和6年12月號, 第199號.

梅原末治, 1969, 「日韓併合の期間に行なわれた半島の古蹟調査と保存事業にたずさわった一考古學徒の回想錄」, 『朝鮮學報』51, 朝鮮學會.

梅原末治, 1973, 『考古學六十年』, 平凡社.

小泉顯夫, 1932, 「古墳發掘漫談」, 『朝鮮』昭和7年6月號, 第205號.

有光敎一, 2007, 『朝鮮考古學七十五年』, 昭和堂.

朝鮮總督府, 1917, 『大正五年度古蹟調査報告』.

朝鮮總督府, 1920, 『大正六年度古蹟調査報告』.

朝鮮總督府, 1922, 『大正七年度古蹟調査報告』.

朝鮮總督府, 1923, 『大正十一年度古蹟調査報告』.

朝鮮總督府, 1924, 『慶州金冠塚と其遺寶』本文上冊 古蹟調査特別報告 第三冊.

朝鮮總督府, 1927, 『梁山夫婦塚と其遺物』古蹟調査特別報告 第五冊.

早乙女雅博, 2010, 『新羅考古學研究』, 同成社.

筆者未詳, 1918,「古蹟調査の狀況-大正六年度古蹟調査事務槪要/大正七年度 古蹟調査計劃·計劃說明」,『朝鮮彙報』大正7年11月號, 朝鮮總督府.

筆者未詳, 1919,「大正七年度古蹟調査成績/大正八年度古蹟調査計劃」,『朝鮮彙報』大正8年8月號, 朝鮮總督府.

筆者未詳, 1925,「朝鮮ニ於ケル博物館事業ト古蹟調査事業史」(국립중앙박물관, 2009,『한국 박물관 100년사』-자료편-에 所收).

筆者未詳, 1931,「昭和五年度の古蹟調査」,『朝鮮』第197號, 朝鮮總督府.

黑板勝美, 1916,「朝鮮史蹟遺物調査復命書」(黑板勝美先生生誕百年紀念會 編, 1974,『黑板勝美先生遺文』, 吉川弘文館에 所收).

穴澤咊光·馬目順一, 1975,「昌寧校洞古墳群-梅原考古資料を中心とした谷井濟一氏發掘資料の硏究-」,『考古學雜誌』第60卷 第4號.

동양문고 우메하라 고고자료 화상 데이터베이스(http://61.197.194.9/umehara2008/ume_query.html)

조선총독부 관보활용시스템(http://gb.nl.go.kr)

일제강점기 진주·함안 지역의 고분조사법 검토

이 주 헌 국립가야문화재연구소

Ⅰ. 머리말

 청일전쟁에서 승리한 일본은 한반도를 강제 점거하기 직전인 1900년부터 자국의 인류학자와 건축사학자 등 다수의 연구자를 조선에 직접 파견하여 선사와 고대·중세의 유적을 조사하게 하고 유물의 수집과 연구를 지원하였다. 한국에서 근대적인 의미의 고고학조사는 이들 관학자들의 활발한 활동에 의해 폭넓게 진행되었으며, 조선에 대한 일본의 식민지배가 본격화된 1910년 이후에는 조선총독부가 중심이 되어 전국의 고적과 유물에 대한 조사에 최고수준의 연구진을 참여시켜 정책적으로 추진하였다. 한반도의 고적과 문화유산에 대한 일본의 이러한 정책은 만주사변과 중일전쟁으로 인하여 조선총독부에서 유적조사에 대한 지원이 축소되는 1930년대 전반무렵까지 전국적인 규모로 계속되었다. 특히, 이시기에 실시된 고적조사의 성격은 해당 유적이 평양일대의 낙랑고분과 경상도의 가야와 신라의 고분유적이 중심을 이루고 있는 것으로 보아서도 한국의 역사를 중국 한나라의 식민지이거나 고대 일본과 관련이 깊었다고 추정되는 임나일본부의 실체를 찾기 위한 것이 목적이었다고 볼 수 있다. 이는 당시의 고고학자들이 식민사관에 기초하여 고고학 자료를 편향되게 분석하고 타당한 사실을 놓고서도 그 해석을 왜곡했다는 것으로 한반도내에서의 고고학조사가 순수한 학문적인 목적을 가지고 진행된 것이 아니라 나름대로의 특수한 전제와 목적을 가지고 추진되었음을 보여주는 것이다.

 고적조사 5개년계획의 실천을 포함하여 1910년대 한국에서 이루어진 발굴조사는 전반적으로 유물의 채집을 목적으로 한 비학문적인, 비윤리적인 소모작업이었다. 발굴 경험이 거의 없는 조사자가 발굴의 책임을 맡았으며, 발굴조사자가 고고학 자료로서의 유적이 지닌 가치와 의미에 대해 숙고하지 않은 듯하다. 시간이 가면서 발굴조사 자료의 기록이 점차 체계화되고 기록방법 또한 식민지 한국에서 발전하여 일본에 영향을 주었다는 사실이 지적된 바도 있으나 그것은 눈에 보이는 유구의 형태를 기록한 것에 불과하며 유적의 진정한 이해와 역사적 사실을 심도있게 찾으려고 고민한 것으로 보기에는 한계가 있는 것이다.

흔히 일제강점기의 고고학적 활동을 평가하는데 이제는 중층적이고 복잡한 구도로 접근해야 할 필요성을 제기하곤 한다. 즉, 뛰어난 보고서를 발간했다는 주장과는 달리 발굴 오류와 유적의 훼손을 문제시하는 주장이 공존하고 있다. 또한 유물을 있는 그대로 정리하여 보고한 것이라는 주장에 대하여 그러한 조사를 통해 식민지 지배의 합리성을 찾으려고 주력한 것이라는 상반된 의견도 적지 않은 것이 사실이다.

본고에서는 일제강점기에 진주와 함안지역을 중심으로 이루어진 고고학조사에 대한 흐름을 정리하였다. 그 중에서 일본 관학자들이 주목하였던 진주 수정봉 2·3호분과 옥봉 7호분 및 함안 말이산 34호 고분에 대한 발굴조사의 수준과 의미를 그들이 남긴 보고서나 관련자료를 통해 살펴보고자 한다. 특히, 가야고분에 대한 발굴과 기록방법은 당시 일본 내지에서 실시한 고분에 대한 발굴조사 수준과 어떠한 차이가 있으며, 당시 고분조사자는 가야고분을 어떻게 인식하고, 이들 자료를 어떠한 목적에 활용하고자 하였는가에 대하여서도 음미해 보고자 한다.

Ⅱ. 일제강점기 서부경남일대의 고고학조사

1. 八木奘三郎의 고적조사여행

19세기 말 이후 征韓論의 대두와 함께 한국 진출에 대한 야욕을 고취시켰던 일본은 이를 구체화하기위해 1871년 육군참모국을 설치하고 한국과 만주일대에 밀정을 파견하여 대륙진출을 위한 정탐활동을 시작하였다. 그리고 조선침략의 사전 기초 작업으로써 조선의 역사, 지리, 풍속 등에 대한 연구도 진행하였다. 明治政府는 일찍이 에도시대의 국학자들에 의해 연구되고 있던 『日本書紀』, 『古事記』등의 일본고전의 연구를 통해 神國日本의 정체성을 자랑하기 시작하였으며, 건국신화와 천황의 역사에서 나타난 朝鮮像과 관련하여 일본민

사진 1. 八木奘三郞(1866~1942)

족의 기원을 소급하고 고대부터 일본의 한반도 지배를 주장하는 日鮮同祖論을 창출하였다. 이는 일제의 대륙진출과 한반도 지배를 정당화시키기 위해 일본사 연구자들과 인류학관계자들이 만들어낸 이데올로기 가운데 하나였다. 한편, 일본인들에 의한 한국의 유적과 유물에 대한 관심은 1883년 일본참모부의 밀정 酒勾景信 중위가 입수한 광개토대왕릉비의 비문에서 가속화되었다. 이후 일본인들은 개항장을 근거지로 하여 대량 진출하게 되었고 한국으로 도항한 일본의 하층민들은 한국의 고대무덤을 파괴하거나 고기물을 꺼내는 등의 만행을 일삼아 원성이 높아졌다.

일본에서 고고학의 발전은 사실 이러한 일본제국주의의 대륙 침략행위와 관련되어 시작되었으며 한국에 대한 연구 역시 일본이 한국침략의 야욕을 가지면서 학문적인 관심도 더욱 높아지게 되었다. 그 중에서 특히 고고인류학적 분야는 1900년 八木奘三郞(1866~1942)의 정찰적인 성격의 고적조사여행으로부터 시작되었다. 八木奘三郞의 조사이전에도 몇 차례에 걸친 군부와 개인적인 조사

가 있었지만 관학에 의한 것은 八木奘三郞이 실시한 1900년의 유적조사가 가장 최초의 연구기행이다.[1] 이 유적조사는 당시 동경제국대학 인류학교실의 坪井正五郞(1863~1913)가 파견한 것으로, 八木奘三郞는 1900년 10월 27일 부산을 시작으로 하여 낙동강 좌우의 고분을 조사하고 석기시대의 유물을 채집하였다. 그의 『韓國探險報告』 서언에 의하면 여행의 목적을 "다년 內地의 유물·유적을 탐색한 결과 한국조사가 필요한 것을 알고 이를 실행하였으며, 또한 여행 중에 보고 들은 것을 경과 순서대로 기록하여 타일 도항자들에게 일조를 하고자 함"이라 밝히고 있다. 그는 인종·고고·토석 등 인류학적 조사에 집중하였으나, 조사보고서를 남기지 않아서 關野貞(1863~1935) 만큼 주목을 받지 못하였다.[2] 그러나 그의 조사는 당시 한국의 문화재와 선사유적에 대한 정보가 제한되었던 시점에서 일본 학계에 많은 영향을 주었던 것으로 보이며 1902년 실시된 關野貞의 한국고건축조사에 기초가 되었다.[3]

八木奘三郞은 1900년 10월15일 동경에서 鳥居龍藏, 大野延太郞, 坪井正五郞 등이 참석한 성대한 환송회를 갖으며 30일간으로 예정된 한국여행을 출발하였다. 10월 24일 大阪을 출발하여 3일 후에 부산에 도착한 八木奘三郞은 배를 이용하여 인천으로 가서 추위가 오기전에 북쪽지역을 여행할 계획이었으나, 배 사정이 여의치 않아 육로로 서울까지 이동하게 되었다. 이로 인해 그의 여정은 여러차

---

1) 高正龍, 1996, 「八木奘三郞の韓國調査」, 『考古學史硏究』 第6號, 34쪽
2) 八木奘三郞은 한국을 여행하면서 수집한 많은 문물과 사진 등의 자료를 인류학교실에 가져왔으며, 신문에 기고하거나 강연 등을 행하였으나, 그가 남긴 정식 보고서는 『韓國探險報告其一, 韓人의 衣食住と冠婚喪祭』 밖에 없다.
3) 關野貞은 『韓國建築調査報告』에서 만월대와 고려왕궁지를 조사하면서 "우인 八木奘三郞이 일찍이 여기를 다녀가 그가 조사한 도면을 참고 하였다"라고 기술하였다.
東京帝國大學工科大學, 1906, 『韓國建築調査報告』, 83쪽.

례 변경되었고 효율적이지 않았으나 전국팔도를 거치고 분묘와 토기 분포지에 이르기까지 폭넓은 시야를 갖게 되었다. 그는 부산에서 범어사, 통도사를 거쳐 경주방면으로 나아가 신라의 고도를 보려고 하였으며 이후 대구를 거쳐 왜관 근처의 석탑을 보고 다시 선산군 낙동면으로 해서 문경에 이르렀다. 나아가 북으로 향하여 鳥嶺을 넘어 충주로 가서 탑평리 탑을 보고 이천과 광주를 거쳐 11월 29일경에야 서울로 들어가게 되었다. 당초 30일간으로 예정하였던 그의 여행은 서울에서 개성을 거쳐 황해도 평산과 평양을 다녀오면서 기간이 연장되어 긴 여행길이 되었다. 일본으로 돌아가는 여정도 육로를 택하여 서울에서 공주가도를 따라 남하하여 전라도에 도착한 것으로 보이는데, 여러가지 기록들을 모아서 여행의 행적을 추적해 볼 때 지금의 1번국도선을 따라 내려온 것으로 파악된다.[4] 한편, 八木奘三郎이 전주에서 어떻게 일본으로 귀국하였는가에 대해서는 알려지지 않고 있다. 다만 최종적으로 김해에서 구포로 나가 낙동강 연안으로 내려와 구덕고개를 넘어 부산으로 들어왔다라고 한 것으로 보아 부산에서 일본으로 귀국한 것으로 생각되는데, 이 경우 육로를 통하여 전주에서 김해에 이른 것으로 추정된다. 일반적으로 전주에서 남원을 거쳐 진안으로 가서 진주와 함안, 마산을 거쳐 김해에 이르는 코스가 당시에는 잘 알려진 육상교통로였다. 따라서, 이 코스를 통해 유적조사여행을 진행하였다면, 八木奘三郎은 분명히 진주와 함안일대의 고분유적에 대하여서도 듣거나 보았을 가능성이 매우 높다. 전주에서 김해로 이동하면서 취득한 서부경남일대에 대한 그의 여행정보는 귀국 후 동경일류학회의 발표회와 강연 등에서 이 지역 일대의 유적과 문화재 정보를

---

4) 八木의 귀국코스는 서울-과천-수원-직산-공주-은진-익산-전주로 연결되는 현재의 1번 국도를 따라가는 코스로 추정된다.
高正龍, 1996, 앞의 글, 39쪽.

일본 내에 조금씩 알리는 계기가 되었으며 이 또한 八木奘三郞이 실시한 한국의 고적조사 여행에서 얻은 중요한 의미로 평가될 수 있을 것이다.

2. 關野貞의 고건축조사

사진 2. 關野貞(1863~1935)

동경제국대학 조교수였던 關野貞(1863~1935)은 1902년 6월에 한국의 고건축 조사를 明治政府로부터 명받게 된다. 그는 1902년 6월27일 동경을 출발하여 부산·마산·목포·군산 등을 거쳐 1902년 7월5일 인천에 도착하여 한국의 고건축에 대한 조사를 시작하였다. 關野貞은 谷井濟一(1880~1959)·栗山俊一(1888~?)과 함께 62일간 한국에 머물면서 신라·고려·조선시대의 수도인 경주·개성·서울과 그 주변지역을 중심으로 조사를 실시하였으며, 고건축물 특히, 궁전·성곽·사원·서원·능묘 등을 중심으로 광범위하게 조사를 실시하였다. 그의 조사는 학문적인 연구가 아니라 일제의 침략정책에 자료가 될 수 있는 많은 정보의 탐색에 목적을 두고 국가적인 차원에서 조사하는 것이었으며 한국의 문화재에 대한 연구가 아직 미약한 상태였기에 건축조사라는 명목으로 유적과 유물의 전반에 대하여 자료를 수집하였던 것이다. 당시 보고된 『韓國建築調査報告』의 목차를 보면 關野貞의 관심지역은 주로 경주, 개성, 서울지역의 건축물에 있었음을 알 수가 있다.[5]

---

5) 이순자, 2009, 『일제강점기 고적조사사업 연구』, 31~39쪽.

한편, 서부경남지역에서는 해인사가 대표적인 것으로 조사되었는데, 사원의 배치를 비롯하여 홍하문, 봉황문, 해탈문, 구광루, 대적광전, 수다라장, 법보전, 칠성각, 응진전, 경흥전, 명부전, 조사전 등의 사원 건축물 일체가 조사되었다. 關野貞의 보고서는 당시 한국에 대한 자료가 많지 않았던 상황에서 한국의 유적, 유물에 대한 관심을 두었던 많은 일본인들에게는 일종의 지침서가 되었다. 특히, 한국의 건축물을 설명하면서 중국과 일본 건축에 비교하여 한국문화의 모방성을 강조하는 방식으로 서술되었던 점이 특징이다.

이후 關野貞은 1909년 8월23일에 통감부 탁지부건축소 고건축물 조사 촉탁으로 임명되어 고적조사를 위탁받게 되어 1915년까지 매년 그에 의해서 전국적인 고적조사가 실시되었다. 1909년의 조사목적은 "구건축물을 새로이 행정시설에 전용하고 혹은 파괴되거나 철거의 위험이 있는 것은 그 중요도에 의해 보존하는 것"이었다. 關野貞는 건축분야에 栗山俊一 공학사와 고고학분야에 谷井濟一을 조수로 구성하여 한국의 전국토를 마음대로 다니면서 조사와 발굴을 실시하였다. 당시 조사의 주 대상은 건축물이었으며 가장 우수한 것은 甲으로 분류하고, 다음의 것은 乙, 丙, 丁의 네 등급으로 구분하였다. 그리고 고적조사 과정에서 얻어진 유물중 일부는 연구 목적이라는 이유로 일본으로 유출시키기도 하였다. 이로 인해 경주 황남동고분과 서악리고분 발굴품 그리고 평양 대동강면 소재 전곽분의 출토품은 동경제국대학 공과대학에 소장되었다.

1910년에는 3개월간에 걸쳐 주로 한반도 남부지방을 중심으로 고대문화의 상태 및 변천을 알 수 있는 자료에 대하여 폭넓게 조사를 하였는데,[6] 특히, 창녕

---

6) 고령(주산 가야산성지, 가야궁지, 객사, 문묘대성전)과 창녕(목마산성,군청사, 향교 명륜당, 가야고분), 하동(쌍계사 대웅전 등), 구례(화엄사 각황전 등), 합천(해인사 홍제암 등), 함안(성산산성,

과 함안, 진주일대의 고대 건축물과 가야고분에 대하여서도 關野貞 일행은 관심을 기울였다. 특히, 진주지역에 대한 조사에서는 청곡사 대웅전은 물론이고 객사와 향교의 명륜당, 촉석루 등의 건축물이외에도 수정봉2호·3호분과 옥봉7호분을 발굴조사 하였으며 출토된 유물의 일부를 동경으로 보냈다. 關野貞은 경상도 서부 낙동강 연안의 삼국시대 가야유적 조사를 이 해 조사의 성과로 들고 "당시에 이 지방은 고고학, 건축학, 인류학과 같은 종류의 학술적인 조사 목적으로 여행한 사람은 없었다"고 스스로 높이 평가 하였다.[7]

3. 鳥居龍藏과 黑板勝美의 유적조사

鳥居龍藏(1870~1953)은 1914년 조선총독부의 명을 받아 史料調査를 실시하였다. 그는 경상도 등 한반도 남부지역을 대상으로 한 인류학 조사를 진행하였으며 고분과 패총, 토성 등에 대한 고고학적인 조사도 부분적으로 실시하였다.(사진4·5) 그러나 그가 진행한 사료조사의 전모에 대하여서는 보고서가 제출되지 않아 정확한 조사유적과 내용에 대하여서는 현재 상세하게 알 수 없는 실정이다. 그러나 그가 남긴 유리

그림 3. 鳥居龍藏(1870~1953)

백사리 고가야구지, 서북 가야고분, 향교 등)지역의 건축물과 고분, 산성 등에 대한 조사를 행하였다.
7) 關野貞, 1911, 「伽倻時代の遺跡」, 『考古學雜誌』 第1卷 第7號, 12쪽.

사진 4. 고성 송학동고분군 발굴조사(1914년)

사진 5. 경주 월성 발굴조사(1914년)

일제강점기 진주·함안 지역의 고분조사법 검토

사진 6. 말이산고분(1915년)과 黑板勝美가 스케치한 고분군 모습

원판 사진으로 추정하여 보면, 경주 월성·대구 달성 발굴과 고성 송학동고분군 등에 대한 발굴을 진행하였던 것으로 보인다. 특히, 국립중앙박물관에서 발간한 유리원판목록을 보면, 鳥居龍藏이 1914년도 사료조사시 함안지역에서 인류학조사 뿐만 아니라 고고학 조사를 실시하였음을 알 수 있으며, 1915년 한반도 남부의 유적을 여행한 黑板勝美(1874~1946)의 기록 중에도 그가 함안 말이산고분을 조사한 흔적이 확인된다. 이는 黑板勝美가 남긴「朝鮮史蹟遺物調査復命書」에 함안군 가야면 일대의 고분을 스케치한 기록이 있는데, 여기에 '鳥居氏 發掘'이라

는 주기가 확인된다. 더욱이 鳥居龍藏이 1914년에 촬영한 가야리고분군 전경과 黑板勝美가 1915년에 스케치한 가야면 일대의 고분군이 동일한 방향이나 장소에서 촬영되고 그려졌음을 알 수 있다. 또한, 국립중앙박물관 소장 함안지역 유리원판 사진에서 촬영된 어떤 고분은 봉분의 정상부에서 수직으로 무덤 내부로 파고 들어간 구덩이의 모습이 있는데 이 사진의 구덩이가 鳥居龍藏에 의해서 조사된 발굴구덩이로 추정되며(사진 6), 이것이 사실이라면 당시 鳥居龍藏이 실시한 발굴은 함안지역에서 이루어진 가야고분에 대한 최초의 발굴이라고 할 수 있다.

黑板勝美(1874~1946)는 1915년 동경제국대학의 명령을 받아 4월부터 7월까지 약100여 일 동안 한반도 각 지역을 답사하면서 고고학, 역사지리학 등의 방면에서 유적을 관찰하고 이를 일본 상대사에 대한 연구의 자료로 삼는다는 목적으로 한반도의 남부를 답사하였다.[8] 통역과 사진기사를 동행하고, 조선총독부로부터 발굴허가를 받아 현지를 조사하였는데 그 대상지역은 경주, 선산, 고령, 함안, 김해, 부여 등 6개 지역이었다. 이 지역은 신라, 가야, 백제

그림 5. 흑판승미(1874~1946) 모습

의 왕릉으로 추정되는 주요 고분군이 많이 분포하고 있는 곳으로 일찍이 일본

---

8) 黑板勝美, 1974, 「朝鮮史蹟遺物調査復命書」, 『黑板勝美先生遺文』, 黑板勝美先生誕生百年紀念會.

의 관학자들에게는 주목되었던 지역이었다. 黑板勝美는 주로 김해지역을 중심으로 발굴조사를 실시하면서 임나일본부설에 대한 물증적 자료를 찾기에 힘을 기울였으며 그런 중에 수로왕릉 일대가 도굴된 것을 목격하고 인부를 동원하여 발굴조사를 실시하기도 하였다. 또한, 김해지역의 패총발굴을 통해 일찍부터 조선과 일본이 서로 밀접하게 관련이 있는 同種의 성격을 가지고 있는 나라라고 하면서 한일병탄의 합법성을 고대사로부터 반증하려고 하였다. 그는 합천과 창령, 칠원, 마산, 함안, 구례, 남원 등지의 내륙지역과 진해, 고성, 삼천포, 하동 등지의 해안일대를 답사하면서 고고학, 역사지리학 등에서 일본 상대사 연구와 관련되는 자료를 구하려고 노력하였으나 큰 성과는 이루지 못하였다.

4. 조선총독부의 고적조사

조선총독부는 한반도의 고적조사사업을 본격적으로 수행하기 위하여 「古蹟及遺物保存規則」과 「古蹟調査委員會規程」을 1916년 7월 제정하였다. 이에 따라 고적조사위원회를 총독부 산하에 마련하고 1916년부터 5개년 계획으로 고적조사사업을 진행하였다. 고적조사 5개년 사업은 한국의 고대사회부터 고려시대까지의 유적을 발굴조사 대상으로 삼고 있으며 가장 가까운 역사인 조선시대와 관련된 유적지는 조사대상에서 제외하였다. 지역적으로는 한반도 전체를 아우르고 있으나 특히, 그 중에서도 한사군의 치지인 낙랑군 및 일본과 관련이 깊은 가야와 신라 유적지를 집중적으로 발굴조사 하였는데,[9] 이는 일제강점시기에 일제가 진행하였던 한반도 고적조사사업의 의도가 무엇이었는가를 쉽게 짐작 할 수 있게

---

9) 朝鮮總督府, 1916, 「古蹟調査計劃」, 『大正五年度 朝鮮古蹟調査報告』, 2쪽~3쪽.

한다. 결국, 고적조사를 통하여 역사 이래로 한민족의 독자성을 부인하고 외인론적이고 타율적인 측면을 강조하여 한국침략과 지배를 역사적으로 정당화, 합리화하려는 일제의 식민통치 논리 및 역사인식이 반영되었음을 알 수 있다.[10]

당시 고적조사위원으로는 關野貞, 黑板勝美, 今西龍, 鳥居龍藏의 4명과 보조로서 촉탁인 谷井濟一, 栗山俊一의 2명, 제도, 사진 등을 위하여 박물관 직원인 小場恒吉, 野守健, 小川敬吉, 澤俊一의 4명을 나누어 동행하고 토목국영선과 기사를 두었는데, 조사는 조사위원을 중심으로 하여 네 팀으로 나누어 진행하였다. 고령과 함안을 비롯한 서부경남 일대의 가야고분과 산성유적은 고적조사 5개년 사업의 제2차 연도인 1917년 5월부터 今西龍과 黑板勝美에 의해서 조사되었는데, 黑板勝美는 고령군

사진 8. 今西龍(1875~1932)

지산동의 주산고분군과 김해군 삼산리고분군 내동리고분군, 주촌면 가곡산성, 장유면 유하리고분군 등을 조사하였다. 今西龍(1875~1932)은 선산군과 함안군의 고분군 현황과 인근의 산성유적을 조사 대상으로 하였다. 특히, 선산 낙산동고분군과 함안 말이산고분군을 집중 조사하였는데 선산에서는 현치지와 읍성지, 사원지 등을 답사하였고 낙산동 28호와 105호, 107호분을 발굴하였다. 함안에서는 가야리고분군, 왕궁지, 신음리고분군, 조남산성, 백암리 석불, 석탑, 읍성벽 각문

---

10) 이순자, 2009, 앞의 책, 98~102쪽.

자, 동지산성, 문암산성, 성점산성, 방어산성, 무릉산성, 장춘사 석불상, 부도, 석탑 등을 답사하고 말이산34호분과 5호분을 발굴하였다.

Ⅲ. 진주·함안지역 가야고분의 조사

1. 진주 수정봉2·3호분과 옥봉 7호분

關野貞에 의해서 1910년에 조사된 진주 수정봉2호·3호와 옥봉7호분에 대하여서는 1911년에 그 내용이 학계에 발표되었으며[11] 이를 다시 1916년에 간행된 『朝鮮古蹟圖譜』 제3권에 유구의 실측도와 유적·유물사진 및 소략한 설명이 실려있다(사진 9~사진 12).[12] 근년에 재보고된 바에 의하면,[13] 수정봉2호는 산정부에 축조된 원형의 봉분을 갖춘 가야시대의 고분으로 연도를 석실 단벽의 중앙부에 갖춘 석실이며, 현실은 장방형으로 길이는 폭에 비하여 3배정도의 크기이다. 현실의 규모는 기저부 길이 5.32m, 천정부 길이 약4.73m, 폭은 기저부 1.76m, 천정부 0.70m, 높이는 중앙부에서 2.3m이다. 연도는 길이 약 3.0m이상이며 기저부의 폭 1.02m이고 천장부 폭 0.8m, 높이 약 1.27m이다. 할석으로 벽을 쌓았으며 천정에는 긴 장대석 9매를 걸쳤다. 석실의 단면은 사다리꼴을 띠며 목관을 안치하기 위한 관대가 석실의 후부 좌우측벽 가까이에 각 2개의 세장한 석재를

---

11) 關野貞, 1911, 앞의 글.
12) 朝鮮總督府, 1916, 『朝鮮古蹟圖譜』 제3卷, 227쪽~292쪽.
13) 定森秀夫 외, 1990, 「韓國慶尙南道 晋州水精峰2號墳·玉峰7號墳 出土遺物」, 『伽倻通信』 제19·20 합집, 19쪽~51쪽.

사진 9. 진주 수정봉·옥봉고분군

사진 10. 진주 수정봉 2호분

사진 11. 진주 옥봉 7호분

사진 12. 진주 수정봉 3호분 석실 내부

놓아 마련하였다. 부장품은 입구내부의 좌우에 철제의 재갈과 등자 및 기대와 장경호가 놓여 있었으며 좌측에 있는 관 부근에서 철부, 등자 및 동완 등이 있었다. 또한, 우측 관 주위에는 대부유개장경호를 비롯하여 개배, 직도, 방추차, 소옥 등이 있었으며 후벽에 기대어 세워진 채로 기이한 모양의 철기(사행상철기)가 1점 발견되었는데, 이것들은 모두 동경제국대학으로 보내졌다.

수정봉3호분은 2호분의 동남쪽에 위치하며, 원형의 봉토와 세장한 현실의 중앙부에 연도를 갖춘 양수식구조의 횡혈식석실을 매장주체부로 하는 고총이다. 규모는 수정봉2호와 대략 같은 크기로, 현실의 길이 약5.32m, 너비 1.78m, 높이 2.3m로서 평면은 세장방형을 띤다. 현실 남벽의 중앙부에 설치된 연도의 길이는 알 수 없으며 너비는 0.80~1.2m, 높이 1.44m 정도이다. 후벽 가까이에서 좌벽에 접하여 관대가 배치된 것으로 보아 1개의 목관이 안치된 것으로 보이며 석실내부에서 고배·장경호·기대 등의 토기류와 철모, 직도 등 철기가 소량 출토되었는데, 이를 이왕가박물관으로 보내 보관하도록 하였다.

한편, 옥봉7호분의 경우에는 실측도와 사진 등이 전혀 남아 있지 않아서 매장 주체부의 구조에 대해서는 알 수 없으나 석실의 구조는 수정봉2호·3호와는 달리 연도가 한쪽 측벽을 따라 만들어진 편수식의 횡혈식석실로 추정되며, 내부에서 대도·철부·창·재갈·등자 및 기이한 모양의 철기(사행상철기)와 몇 점의 토기가 수습되어 이를 진주경찰서에 보관해 두었다가 후일 동경제국대학 공과대학에 기증하였다고 한다.

2. 함안 말이산34호분과 5호분

함안 말이산34호분은 今西龍에 의하여 1917년 10월 14일부터 10월26일까지

13일간에 걸쳐서 발굴조사 되었다. 그는 함안지역의 구릉에 분포된 고분 가운데에서 가장 큰 규모의 봉분을 갖춘 말이산34호분을 발굴조사지로 선정하였는데, 이는 이전에 함안지역을 한번 시찰하였던 馬場一郞의 조언에 따른 것이었다(사진 13). 10월14일 今西龍을 비롯하여 함안군수와 순사주재소장, 그리고 발굴인부 29명이 고분 앞에서 간단한 고유제를 지낸 후 봉토제거작업에 착수하였는데 봉분의 남쪽과 정상부 근처에서 봉분이 부분적으로 파여진 후 매몰된 흔적이 확인되었다.[14] 10월 15일부터 3일간에 걸쳐서 무덤의 입구 위치를 찾으려

사진 13. 함안 말이산고분군 34호분 발굴조사(1917)

---

[14] "봉토는 … 〈중략〉 … 이미 시굴하고 복구했던 부분이라서 당초 예상보다 봉토 제거작업의 진척이 빨랐다."라는 기록이 있어 今西龍의 정식발굴조사 전에 이 고분에 대한 굴착행위가 이미 이루어진 뒤 봉토가 메워졌을 가능성이 높다.

고 봉분의 남쪽과 동편일대를 파내었으며 결국 개석의 한쪽 끝에 도달하여 묘광의 입구로 생각하고 이 일대의 봉토를 집중적으로 제거하였다. 10월 19일 오전에 입구를 열고 今西龍 혼자서 묘실 안으로 들어갔으며 일련의 작업을 하였다. 묘실의 내부는 매우 어두운 상태였으며 사진촬영장비가 아직 도착하지 않아 유물의 출토상황을 촬영하지 못한 채 유물 위치에 번호를 부여하여 기록하면서 유물을 순차적으로 묘실 밖으로 밤까지 반출하였다. 다음날 묘실 내 바닥에 쌓인 흙을 구획하여 묘실 밖으로 꺼내어 미세한 유물을 수색하였다. 10월 21일에는 묘실의 조사를 마치고 실측을 진행하였으며 今西龍은 말이산5호분을 조사하였다. 측량작업이 모두 완료된 10월 26일 분묘에서 나온 유골을 백자에 넣어 제사를 지낸 뒤 묘실에 부장하고, 복구공사를 함안군 관계자에게 맡기고 발굴을 종료하였다.

 今西龍에 의해 발굴 조사된 말이산34호분은 말이산의 북쪽 봉우리 정상부 전역을 차지할 정도로 큰 초대형분으로 함안과 창원, 마산, 김해지역에 분포한 고분 가운데에서 가장 큰 규모이다. 당시의 조사보고서에 의하면, 봉분은 각이 진 역석을 섞은 흙을 성토하여 높이 9.7m, 지름 39.39m 규모의 원형분으로 조성되었으며, 봉분의 정상에서 개석까지의 깊이는 4.5~6.0m정도이고 내부의 석곽은 길이 9.69m, 너비 1.66m, 높이 1.72m 규모로 파악하였다. 장측은 남쪽에서 동으로 약 12° 정도 비켜있는 남북방향이고 봉분의 중심과 석곽의 중심이 정확하게 일치하고 있으며, 석곽은 길이 60cm · 30cm · 15cm크기의 할석을 사용하여 수직벽으로 쌓아 올렸다. 석곽의 입구는 돌로 쌓아 막고 점토를 발라 틈을 메꾼 다음 이 적석 위에 가장 앞쪽의 개석을 덮은 橫口式石槨으로 인식하였다.15) 천장은 판석 13매를 덮고 개석 사이에도 점토로 빈틈없이 메워놓았다. 석곽의 바닥에는 지름 90㎝~120㎝내외 정도의 판석 및 소할석을 한 벌 혹은 두벌씩 깔아 마련하였다. 석곽의 형태는 남북으로 긴 장방형이며, 안쪽 길이는 동쪽벽 969㎝, 서쪽벽 979㎝, 높이 167㎝, 너비 173㎝이다. 측벽은 돌의 반듯한 면이나 다듬은 면을 벽면으로 하여 쌓아 올렸으며 그 표면에 점토를 바른 흔적도 남아 있다. 특히, 석곽의 내부에는 5개의 龕室이 존재하는데 장벽에 서로 마주보는 형태로 4곳에 있고 단벽에 1곳이 설치되어 있다. 출토된 유물은 토기가 140점으로 가장 많은 양을 차지하며 그 중 80%가 고배류이다. 원저단경호와 기대, 파수부배, 대부장경호, 압형토기, 차륜형토기 등 다양한 종류의 토기가 출토되었으며, 철기는 철검, 대도, 소찰, 교구, 철겸, 철촉, 철모, 유자이기, 성시구, 등자, 행엽, 안교, 마갑, 운주 등 40여 점이 확인되었고 무기류와 마구류가 주로 부장되었다.

한편, 말이산5호분은 1917년 10월 21일부터 10일간에 걸쳐서 조사되었다. 이 고분은 말이산 구릉의 제일 높은 곳에서 남쪽으로 흐르며 돌출한 능선의 정상부에 조성되어 있는데, 보고서에 의하면 고분의 墓壙을 찾기 위해 봉분의 남쪽에서부터 봉토를 제거해 나갔다. 작업을 진행하면서 점차 경사를 지워 壙口에 도달하기로 계획하고 작업을 착수 한 지 5일이 되어도 墓槨에 도달하지 못하여 오른편으로 방향을 바꾸어 발굴을 진행하였다. 분구의 중심 가까운 부분 6尺2

---

15) 今西龍은 말이산34호분의 구조를 壙口가 남쪽에 설치된 橫口式으로 미리 판단하고 발굴조사를 진행하면서 석곽의 남쪽 단벽을 찾아 이를 파괴한 후 내부로 진입하였다. 그러나 1990년대 국립창원문화재연구소를 중심으로 진행된 도항리고분군에 대한 발굴조사에서 말이산34호분과 동일한 구조의 수혈식석곽이 확인됨으로서 今西龍이 竪穴式石槨을 橫口式으로 잘못 인식하였음이 밝혀졌다.

寸(약186cm) 깊이에서 木炭이 나타나며 봉토가 물러지고 토양의 空隙이 점차 증가하므로 墓槨이 함몰되어 흙이 곽내로 유입된 것으로 추정하였다. 작업개시 9일째 되던 날 개석이 부러져 곽내로 함몰되어 있는 것을 발견하고 부러져 내려앉은 개석을 제거 할 수 없어 더 이상의 조사를 진행하지 못하고 포기하였다.

Ⅳ. 일제강점기 가야고분 발굴조사의 한계

일제강점기 서부경남지역을 대상으로 한 고적조사는 關野貞과 今西龍을 비롯한 당대 최고의 권위와 실력을 갖춘 日人들에 의해 여러차례 이루어졌다. 그들은 서부경남일대의 많은 문화유적을 답사하고 여행기를 남기거나 고분유적을 발굴하고 자세하게 정리한 조사내용과 사진, 도면 등의 자료를 남겼다. 오늘날 우리는 그들이 남긴 몇 장의 사진과 도면, 그리고 보고된 글을 통하여 당시 이루어졌던 유적의 모습과 조사의 진행과정 등에 대한 실체를 그나마 추적할 수 있을 뿐이다. 일제강점기 초기에 발굴조사가 진행된 진주 수정봉·옥봉고분군과 함안 말이산고분군에 대한 조사에서 당시 발굴조사의 방법과 수준을 엿볼 수 있으며, 또한 최종적으로 그들이 의도하였던 것이 무엇이었는가를 짐작할 수 있다.

몇 장의 사진과 보고된 글을 중심으로 1910년 關野貞 일행이 실시한 진주 수정봉2호·3호 그리고 옥봉7호분의 조사과정을 살펴보면, 현재와는 비교할 수 없을 정도의 초보적인 수준의 조사였음을 알 수 있다. 3기의 고분을 조사하는데 소요된 기간이 고작 수일정도에 불과하여 해당 고분에 대한 폭넓은 조사가 이루어지지 못하였다. 이는 한국에서 체제하는 짧은 기간 동안에 많은 유적을 조

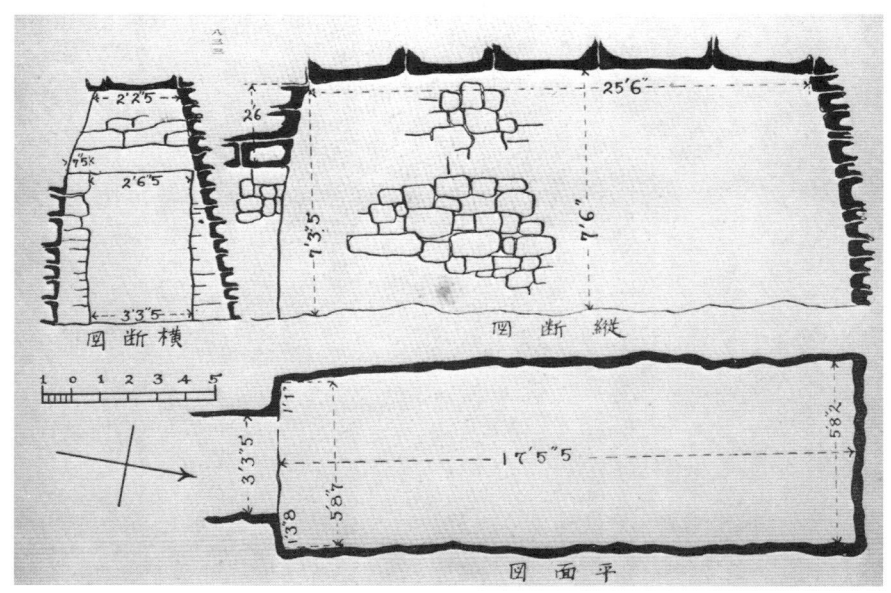

사진 14. 진주 수정봉 3호분 평·단면도

사해야만 했던 關野貞 일행의 근본적인 문제였으며 이로 인해 발생되는 조사의 한계를 해결하려고 그들은 많은 시행착오를 경험했을 것으로 보인다. 1909년 이후 한국에서는 매년 일본인에 의한 고적답사와 고분의 발굴조사가 진행되었으며 이 조사를 주도한 이는 건축사학자 關野貞였다. 그는 일본 고대 건축문화의 원형을 찾기 위해 한반도를 조사하였으나, 고려시대보다 오래된 목조건축물을 한반도에서 확인하지 못하였다. 결국 그는 통일신라시대의 석등·석탑과 같은 석조물과 삼국시대의 고분에 주목하였고 특히, 삼국시대 고분의 내부시설에는 그 당시 목조건축물의 양식을 유추할 수 있는 요소가 적지 않다고 보았다. 따라서 關野貞는 일본 국내에서 경험을 쌓은 古社寺 등의 고건축물의 조사시 작성하였던 實測法을 한국의 고분조사에 도입하였다. 따라서, 고분의 내부시설

實測圖를 평면도와 종단면도, 횡단면도를 작성하고 천정도를 조합하여 석실을 전개도와 같이 표현하였다(사진 14).[16] 그는 도면 작성시 평면도, 단면도, 입면도에 축척을 표시하고 각 점간의 실측한 거리를 기입한 건축설계도와 같은 도면을 즐겨 작성하였는데, 이는 현장에서 계측한 수치를 기록한 槪略圖를 바탕으로 하여 기능적으로 도면을 재구성한 후 최종적인 實測圖의 형태로 완성한 것이라 생각된다. 유적의 현장조사 기간이 비교적 짧았던 關野貞의 고적조사 당시 이러한 도면 작성법이 시도되어 활용된 것은 당시의 사정상 충분히 이해할 수 있으나, 엄격한 의미에서 현재와 같이 기준선을 설정하고 현장에서 수치를 재어 방안지에 하나씩 옮겨 사실적인 도면을 작성하는 수준의 實測圖는 작성되지 않았던 것이 사실이다. 당시 고분의 내부시설 구조를 한 눈에 알 수 있도록 전개도와 같이 표현한 關野貞의 건축학적인 도면작성법은 일본내의 고분조사에서도 아직 채용되지 않은 상황[17] 이므로 진주 수정봉2호·3호분에 대하여 실측도를 작성한 關野貞의 시도를 학사적으로 매우 의미 있는 일이라고 평가할 수도 있을 것이다. 그렇지만 關野貞은 그 스스로 "당시에 이 지방은 고고학, 건축학, 인류학과 같은 종류의 학술적인 조사 목적으로 여행한 사람은 없었다"라고 평가하고 있듯이 낙동강 연안의 삼국시대 가야유적을 처음으로 조사한다는 關野貞 일행의 자만심이 더하여 져 가야고분에 대한 보다 사실적인 기록보다는

---

16) 高橋潔, 2010, 「朝鮮考古學の始まりと日本考古學」, 『考古學ジャナル』 596, 23~25쪽.
17) 일본내에서 조직적인 발굴조사로 특필되는 고분조사는 1912년부터 여러차례 실시된 宮崎縣 西都原古墳群의 조사이다. 이 고분군의 조사에는 당시 제일선에서 활약하던 고고학자와 역사학자가 대거 참가하였는데, 關保之助, 黑板勝美, 柴田常惠, 今西龍, 坂口昻, 濱田耕作, 喜田貞吉등이었다. 宮崎縣의 주도로 30기의 고분이 조사되었으며 1915년에 일부 고분에 대한 조사보고서가 간행되었지만, 보고서에 표현된 도면은 동시기의 한국에서 關野貞이 작성한 도면에는 이르지 못할 정도로 수준이 낮았다.

기술적·건축학적인 도면화 작업에 더욱 집착하였는지도 모른다. 이는 關野貞이 수정봉2호·3호와 옥봉7호분에 대한 조사를 진행하면서 고분조사의 기본사항이라고 해야 할 부분에 대하여 전혀 기록하지 않은 사실을 지적하지 않을 수 없다. 우선 봉분의 규모와 축조방법에 대한 계측이나 관찰의 기록이 전무한 점, 석실의 폐쇄상태와 매장방법(추가장) 등에 대한 기록이 없는 것으로 보아 횡혈식석실에 대한 구체적인 인식과 개념이 없는 상태에서 단순히 석실내부의 구조와 상태, 그리고 부장유물에 관심을 둔 조사였다고 볼 수 있다. 더구나, 옥봉7호분에 대하여서는 조사내용에 대한 간단한 기록만 있을 뿐, 유구의 略測圖도 작성하지 않아 구체적인 고고학 정보를 알 수 없는 실정이고 출토된 유물도 일부만 사진으로 촬영한 것이어서 공반유물에 대한 전체적인 양상의 파악은 어려운 실정이다. 결국, 진주 수정봉2호·3호와 옥봉7호분에 대한 關野貞의 발굴조사는 건축학도로서 삼국시대 고분의 내부시설(석실·석곽)을 통하여 목조건축물의 양식을 유추할 수 있는 요소를 찾으려고 한 것이며, 가야고분의 구조와 출토유물을 검토하고 이를 일본내지의 고분자료와 비교하는 등의 시도와 언급이 전혀 없는 것이어서, 그의 조사는 고고학적으로 볼 때 단순한 유물수습 차원의 한계를 보여주고 있는 것[18]으로 평가할 수 있을 것이다. 향후 진주 수정봉2호·3호와 옥봉7호분은 재발굴이 반드시 이루어져 關野貞의 조사내용을 확인하고 그가 간과한 사항들에 대하여 보완적인 조사가 조속히 추진되어야 할 것으로 생각된다.

한편, 13일 동안 진행된 말이산34호분의 조사에는 발굴방법에 있어 근본적

---

18) 한반도에서 진행된 大正初年까지의 발굴을 "졸속주의 유물채집식"이라 평가한 견해도 있다. 藤田亮策, 1933, 「朝鮮考古學略史」, 『ドルメン』, 15~16쪽.

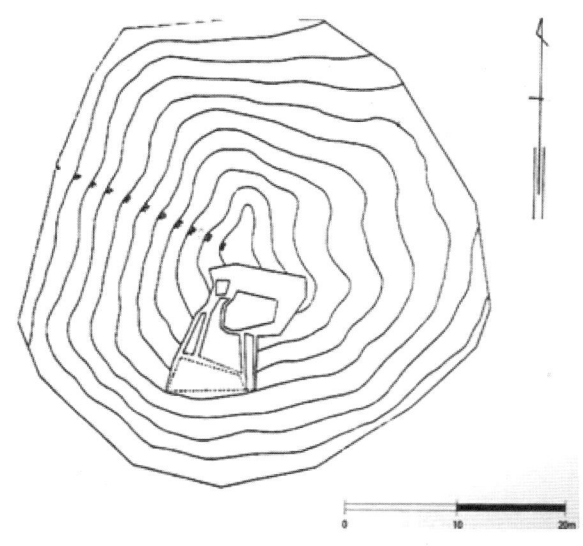
사진 15 함안 말이산 35호분 발굴조사갱 설치 모습

인 몇 가지 문제점을 발견 할 수 있다. 우선 봉분의 높이가 9m에 달하는 대형 고분을 발굴하는데 조사기간이 13일에 불과하며 이중 측량작업을 뺀 실제의 현장조사 일수는 불과 8일정도이다. 봉토에서 흙을 파내기 시작하여 불과 5일 만에 석곽에 도달하였으며, 일부 사진기록이 남아 있으나 봉분의 조사 과정을 파악 할 수 있는 자료는 전혀 작성하지 않았다. 더욱이 봉분의 토층에 대한 인식이 전혀 없는 상태에서 조사가 진행되어 석곽을 덮고 있는 봉토에 대한 구체적인 정보를 전혀 알 수가 없으며, 특히 봉분의 형성과정에 대하여서는 전혀 파악 할 수 없는 실정이다. 이는 당시의 발굴방식에 대한 검토를 통하여 확인 할 수 있는 사실로서, 일제강점기 봉토를 갖춘 고분에 대한 발굴조사의 대부분은 봉분의 상부에 일정한 크기의 범위를 설정하고 봉토 아래에 있을 매장주체시설을 찾기 위해 위에서 아래로 계단상으로 파내려가는 조사법을 취하고 있는 점을 인식할 필요가 있다.(사진 15) 이러한 고분의 조사과정에서 석곽이나 석실로 보이는 매장주체시설이 확인되면 무너진 벽석을 확장하거나 또는 측벽의 일부분을 파괴하고 내부로 진입하거나, 아니면 노출된 개석을 부분적으로 제거하고 석실의 내부로 들어가 내부상태를 기록하고 유물을 수습하는 방식으로 전개되는 것이 일반적인 고분의 발굴법이었다(사진 16 · 17). 현재와 같이 유구의 평면 · 단면의 변화 양상을 관찰하면서 유구의 흔적을 탐색하는 것이 아니라, 마치 고분을 도굴하는 것과 같은 이러한 발굴방식은 이미 일본 국내에서 여러차례 실험적으로 실시되었는데, 그 대표적인 사례가 宮崎縣 西都原古墳群에 대한 발굴조사이다.[19] 한반도의 고분유적에 대한 본격적인 조사가 이루어지기 전인 1912년부터 6차례에 걸쳐서 진행된 西都原古墳群 발굴조사에는 今西龍을 비롯하여 黑板勝美, 濱田耕作, 鳥居龍藏, 柴田常惠, 原田淑人 등 1916년부터 한반도에서 고적조사위원으로 활동한 인물들이 대거 참여하였다.(사진 18) 이는 이들이 한반도에 건너와 가야고분을 비롯한 다수의 유적에 대하여 어떠한 식으로 발굴조사를 진행하였는가는 쉽게 짐작할 수 있을 것이다. 결국, 이들이 채택한 발굴방식은 봉분의 정상부로부터 매장주체부가 있을 것으로 추정되는 곳을 향하여 좁고 깊은 트렌치를 계단상으로 파내려가면서 유물을 탐색하는 방식 그 자체였으며, 봉분의 토층양상이나 축조과정에 대한 관찰과 기록은 전혀 의식하지 않은 채, 오로지 매장주체부와 그 속에 부장된 유물에만이 큰 관심을 두었던 것이다(그림 19~사진 21).

결국, 당시에 조사된 말이산34호분은 고분구조에 대하여 많은 의문점을 남기

---

[19] 宮崎縣綜合博物館, 1988, 『西都原發掘75周年展』.
　　北鄕泰道, 2005, 『西都原古墳群』, 17~31쪽.

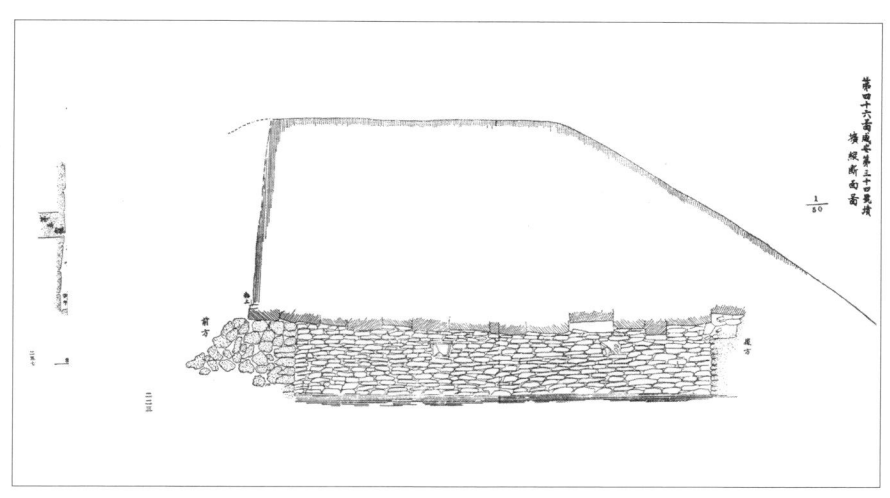

사진 16. 함안 말이산 34호분 석곽 단면 모식도

사진 17. 함안 말이산 34호분 부장유물 재현 모습

사진 18. 西都原古墳群 발굴조사자
왼쪽부터 坂口昻, 喜田貞吉, 關保之助, 黑板勝美, 今西龍, 永友宗年, 三浦敏, 濱田耕作 등

사진 19. 西都原古墳群 171호분 조사모습

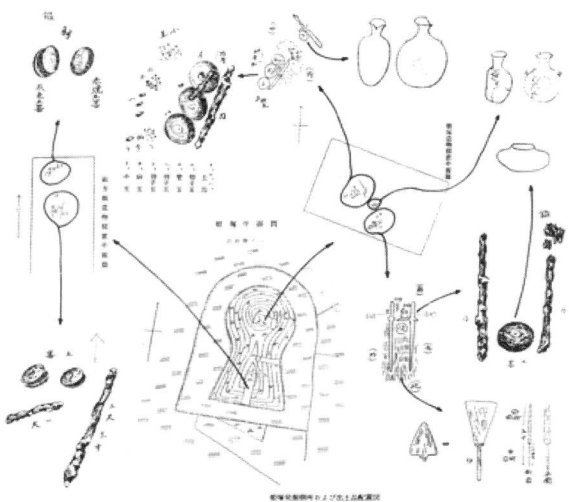

사진 20. 西都原古墳群 202호분 조사내용을 기록한 도면
고분의 매장주체부만 조사하고 출토된 유물을 중심으로 기록

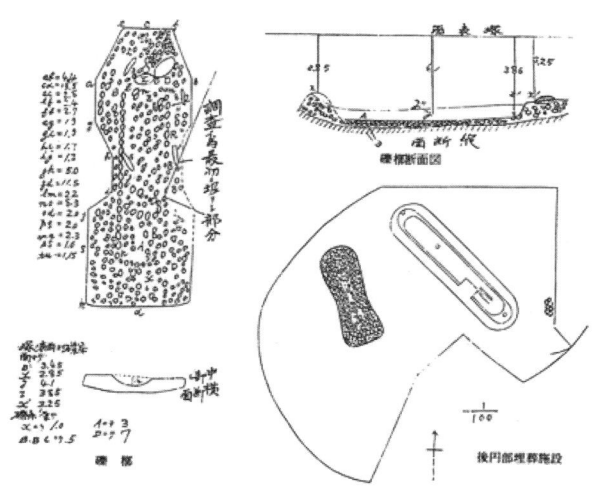

사진 21. 西都原古墳群 72호분 조사내용을 기록한 도면
토층에 대한 설명이 없으며, 매장시설의 구조를 개략도로 표현

일제강점기 진주·함안 지역의 고분조사법 검토 231

게 되었고, 그동안 이 고분에 대하여 橫口式石室로 보는 견해[20], 竪穴系橫口式 石室로 보는 견해[21], 竪穴式石槨으로 보는 견해[22] 등 다양한 의견이 제시되기도 하였다. 이 논란에 대해서 말이산34호분을 비롯한 일제강점기에 조사된 신라와 가야고분의 발굴방식이 대부분 조사자의 잘못된 발굴방식과 고분구조에 대한 충분한 인식없이 이루어짐에 따라 발생한 오류인 것으로 보고 이를 원보고서에 대한 분석적인 검토를 통해 지적한 견해[23]는 주목된다. 이에 의하면, 今西龍은 매장주체부를 찾기 위해 봉분의 남쪽을 조금씩 파내려가면서 매장주체부는 壙 口(出入口)가 마련된 橫口式石室일 것으로 예단하고 入口를 탐색하였으며 작업 개시 5일 만에 남단벽(前壁) 상부에 도달하였다. 그는 前壁을 밖에서 용이하게 제거하고 내부로 들어가 長壁과 奧壁에 설치된 壁龕시설이 前壁에는 설치되지 않았으므로 橫口式이라고 파악하였는데, 이러한 今西龍의 결론은 근거가 없는 것임을 밝히고 있다. 또한, 前壁 밖으로 길게 연결된 積石(累石)상태에 대하여서 도 원지반 상부의 사방에 모두 쌓여 있을 가능성이 높으며 이는 半地下式 竪穴 式石槨에서 지상으로 올라온 벽석을 밖에서 보강하는 일종의 뒤채움 적석시설 이며, 단벽 최전방의 蓋石이 이 적석부를 보호하는 기능을 하는 것으로 파악하 였다. 결국, 함안지역의 고분을 주로 발굴조사 한 今西龍은 삼국시대 가야의 주

---

20) 今西龍, 1920, 「咸安 第三十四號墳 調査記」, 『大正六年度 古蹟調査報告』.
21) 龜田修一, 1981, 「朝鮮半島南部における竪穴系橫口式石室」, 『城2號墳』, 122쪽.
    박광춘, 1988, 「한·일 수혈계횡구식석실에 대한연구」, 『고고역사학지』 제4집, 7~106쪽.
    홍보식, 1993, 「영남지역 황구식·횡혈식석실의 형식분류와 편년」, 『영남고고학』 12.
    김재현, 2002, 「함안 도항리8호분의 매장프로세스」, 『고고역사학지』 제17·18합집, 231~244쪽.
22) 이희준, 1990, 「해방전의 신라가야고분 발굴방식에 대한 연구」, 『영남고고학』 24, 67~70쪽.
    이주헌, 1996, 「말이산34호분의 재검토」, 『석오윤용진교수정년퇴임기념논총』 403~418쪽.
    조수현, 2004, 「가야묘제의 감실 재검토」, 『영남고고학』 35.
23) 이희준, 1990, 앞의 글.

묘제가 竪穴式石槨이라는 사실을 전혀 인지하지 못하였으며 더구나 竪穴式石槨에 대한 개념조차 파악되지 않은 상태에서 가야고분을 발굴조사 하였음을 알 수 있다. 이는 今西龍이 1906년 경주에서 고분 1기를 조사하면서 매장주체부가 지하에 설치되어 있는 신라고분의 구조를 전혀 파악하지 못하여, 결국 폭탄을 설치하여 처리했다는 일화[24]가 있는 것으로 보아서도 일제강점기 초기에 한반도에서 활약한 다수의 고고학자는 가야와 신라의 고분구조에 대한 지식이 충분하지 않았으며 고고학적인 경험도 그다지 축적되지 않은 상태였음을 짐작 할 수 있다. 이는 그들이 조사대상으로 선정한 가야와 신라고분의 발굴조사 목적이 순수한 학문적 의도에서 이루어진 것이라기보다 임나일본부의 흔적을 찾아 이를 식민지 지배의 합리화에 이용하려고 한 정치적인 목적에 의도된 바 가 크며, 여기에 화려한 유물의 수집욕도 가미되었을 것으로 해석된다. 따라서 가야의 고분을 비롯하여 일제강점기 때 조사된 신라와 백제의 고분에 대하여서도 현재의 시각에서 전면 재검토할 필요성이 있으며, 보완적인 발굴조사가 이루어져 기존의 오류를 하루속히 바로 잡아야 할 것으로 생각된다.

V. 맺음말

일제강점기 서부경남 일대를 대상으로 이루어진 고고학조사를 정리하면서 특히, 진주와 함안지역에서 이루어진 가야고분에 대한 발굴조사내용을 자세하게 살펴보았다. 당시의 조사는 일본 관학자와 조선총독부에 의해 주도되었으며,

---

[24] 林 直樹, 1999, 「今西龍と朝鮮考古學」, 『靑丘學術論集』, 54~56쪽.

한반도의 정치적 지배를 정당화하기 위한 학술적인 증거를 찾으려는 목적으로 진행되었다. 진주 수정봉 2호·3호와 옥봉7호분에 대한 關野貞의 발굴조사는 건축학도로서 삼국시대 고분의 내부시설을 통하여 목조건축물의 양식을 유추할 수 있는 요소를 찾으려고 한 것이며, 가야고분의 구조와 출토유물을 검토하고 이를 일본내지의 고분 자료와 비교하는 등의 시도와 언급이 전혀 없는 것이어서 그의 조사는 고고학적으로 볼 때 단순한 유물수습 차원의 것으로 볼 수 있다. 그는 가야고분에 대한 보다 사실적인 기록보다는 기술적·건축학적인 도면화 작업에 집착하였으며 단순히 석실내부의 구조와 상태, 부장유물에만 관심을 둔 조사로서 그 한계를 보이고 있다. 또한, 今西龍은 함안 말이산 34호분을 조사하면서 가야고분의 형태와 구조에 대한 충분한 인식 없이 일본 西都原古墳群에서 몇 차례 시험적으로 진행한 발굴조사 방법을 그대로 적용하여 매장주체부가 있을 것으로 추정되는 곳을 향하여 좁고 깊은 트렌치를 계단상으로 파내려 가면서 유물을 탐색하는 방식으로 조사를 진행하였다. 고분의 토층양상이나 축조과정에 대한 관찰과 기록은 전혀 의식하지 않은 채, 오로지 매장주체부와 그 속에 부장된 유물에만 관심을 두었던 것으로 발굴조사의 목적이 순수한 학문적 의도에서 이루어진 것이라기보다는 임나일본부의 흔적을 찾아 식민지 지배의 합리화에 이용하려고 한 정치적인 목적에 그 뜻이 있었음을 알 수 있다.

　일제강점기 동안 전국적으로 진행된 고적조사는 순수한 학술적 목적의 조사가 아니었으므로 조사계획이 부실하며 발굴조사도 단시간에 걸쳐 매우 거칠게 진행되었다. 그리고 그 결과 또한 제대로 보고되지 않은 부분이 적지 않은 것이 사실이다. 광복 후 60년이 훨씬 지난 현재에도 한국고고학이 일제강점기에 이루어진 부실한 조사부분을 완전히 극복하지 못한 채 아직도 우리의 역사인식체계에 포함시켜 논의되고 있다는 것에 대해서도 학계차원에서 깊은 반성이 이루어져야 할 부분이다. 일제강점기 고고학에 대한 부정적인 면과 긍정적으로 평가되어야 하는 부분에 대한 이해가 학사적으로도 다양한 시각에서 함께 고려되어야 할 것으로 생각되며, 이를 위해서는 일제강점기의 고고학조사에 대한 폭 넓은 재검토와 정리가 선행되어야 할 것이다. 특히 편향된 역사인식과 비학문적인 의도를 가지고 조사가 계획된 가야와 신라의 고분에 대하여서는 국가적인 차원에서 체계적으로 재 발굴을 실시하여 그들이 남긴 오류를 하루속히 바로 잡아야 할 것이다.

참고문헌

김재현, 2002,「함안 도항리8호분의 매장프로세스」,『고고역사학지』제17·18합집.
박광춘, 1988,「한·일 수혈계횡구식석실에 대한연구」,『고고역사학지』제4집.
이주헌, 1996,「말이산34호분의 재검토」,『석오윤용진교수정년퇴임기념논총』.
이순자, 2009,『일제강점기 고적조사사업 연구』.
이희준, 1990,「해방전의 신라가야고분 발굴방식에 대한 연구」,『영남고고학』24.
조수현, 2004,「가야묘제의 감실 재검토」,『영남고고학』35.
홍보식, 1993,「영남지역 황구식·횡혈식석실의 형식분류와 편년」,『영남고고학』12.

今西龍, 1920,「咸安 第34號墳 調査記」,『大正六年度 古蹟調査報告』.
龜田修一, 1981,「朝鮮半島南部における竪穴系橫口式石室」,『城2號墳』.
黑板勝美, 1974,「朝鮮史蹟遺物調査復命書」『黑板勝美先生遺文』, 黑板勝美先生誕生百年紀念會.
高正龍, 1996,「八木奘三郎の韓國調査」『考古學史研究』第6號.
高橋潔, 2010,「朝鮮考古學の始まりと日本考古學」,『考古學ジャナル』596.
東京帝國大學工科大學, 1906,『韓國建築調査報告』.
定森秀夫 외, 1990,「韓國慶尙南道 晋州水精峰2號墳·玉峰7號墳 出土遺物」,『伽倻通信』第19·20合集.
關野貞, 1911,「伽倻時代の遺跡」,『考古學雜誌』第1卷·第7號.
朝鮮總督府, 1916,『朝鮮古蹟圖譜』第3卷.
朝鮮總督府, 1916,「古蹟調査計劃」,『大正五年度 朝鮮古蹟調査報告』.
林 直樹, 1999,「今西龍と朝鮮考古學」,『靑丘學術論集』.

藤田亮策, 1933, 「朝鮮考古學略史」, 『トルメン』.

北鄕泰道, 2005, 『西都原古墳群』.

宮崎縣綜合博物館, 1988, 『西都原發掘75周年展』.

일제강점기 고령지역의 고고학적 조사와 그 영향

신 종 환 대가야박물관

Ⅰ. 머리말

1905년 을사늑약의 체결로 조선통감부가 설치되면서 일본은 한국을 식민지 배하기 위한 본격적인 수순을 밟게 된다. 그 가운데는 서구 열강의 식민지 정책이 그러했듯이 일본인 학자들을 앞세운 인류학, 민속학, 역사학적 조사가 포함되어 있었다. 따라서 1910년 한일 강제병합을 전후하여 전국을 대상으로 고적은 물론 건축, 미술, 민속 등 역사문화 전 분야에 대한 철저한 조사가 시작되었다. 그러한 조사 결과는 1915년부터『조선고적도보朝鮮古蹟圖譜』라는 호화판 책자로 발간되기 시작하여 1935년까지 15권 전권이 완간되었다. 이처럼 일제가 처음부터 고적조사 사업을 계획적으로 추진한 것은『일본서기日本書紀』에 보이는 임나일본부의 한반도 남부 경영과 관련된 근거를 찾고자 함이었다. 고대에 일본이 한반도 남부를 지배하였으므로 다시 한반도를 병합하는 것은 당연하다는 논리를 세우기 위해서였다. 때문에 다른 지역보다 특히 가야지역에 대한 조사가 많이 이루어졌고, 그 중에서도 물질적 잔존물이 집중되어 있는 고분에 대한 관심이 클 수밖에 없었다. 따라서 영남지역의 대형 고분군들은 거의 예외 없이 조사대상이 되었고 일제강점기 동안 지속적으로 조사가 진행되었다. 그러나 순수한 학술연구보다는 애당초 정치적 목적을 가지고 식민 지배를 합리화하기 위한 수단으로 시작되었기 때문에 조사 내용이나 결과에 대한 보고가 거의 이루어지지 않았고, 그에 따른 피해는 오늘날 고스란히 한국 고고학 연구의 부담으로 남게 되었다.

이 글에서는 일제강점기 동안 고령지역에서 이루어진 유적조사에 대해 간단히 검토해보고자 한다. 특히 일제가 각별히 관심을 가졌던 지산동고분군을 중심으로 그 조사과정에 대한 재검토를 시도하고자 하며, 이를 위해 국립중앙박물관이 소장하고 있는 당시 촬영된 사진자료를 참고하기로 한다. 그리고 이를 통해 당시 일본인들이 가졌던 고령지역에 대한 인식의 변화과정을 추적하고, 아울러 일제강점기 동안 그들의 조사가 해방 후 지역사회와 한국 고고학에 미친 영향에 대해서도 간단히 정리해보고자 한다.

Ⅱ. 일제강점기 고령지역 유적조사 과정 재검토

1. 지산동고분군 조사에 대한 제 견해

지산동고분군은 고령의 진산鎭山인 해발 310.3m의 주산主山에서 남쪽으로 발달한 능선과 거기서 동쪽으로 뻗어 내린 가지 능선들에 집중적으로 분포한다. 주산은 멀리 가야산을 배경으로 그 동남쪽으로 발달한 산지가 미숭산을 거쳐 내려온 능선의 끝 부분에 위치하며, 대가야 궁성의 배후를 감싸고 있다. 이 주산의 중복과 정상부에는 사적 제61호인 내외 이중으로 된 주산성이 자리하고 있는데 최근 외성 일부 구간의 발굴조사에서 대가야 말기인 6세기 전반대의 석축산성으로 밝혀졌다. 그리고 지금까지 연조리고분군으로 불려온 주산의 동쪽 능선에도 소형분들이 다수 분포하고 있는데 크게 보면 이 또한 지산동고분군으로 묶어 볼 수 있다. 아무튼 지산동고분군은 대가야의 최고 지배자인 왕을 위시하여 대가야의 치소지에 살았던 유력층과 일반인들의 무덤으로 구성된 고분군으로 추정된다. 현재 능선과 사면에 약 700여 기의 봉토분이 확인되어 대가야 최대의 고분군으로 인식되고 있다. 사적 제79호로 지정된 이 고분군은 대체로 5~6세기에 조성된 수혈식석곽묘가 주를 이루지만, 비교적 늦은 시기에는 횡구식과 횡혈식석실분이 조성되기도 했다.

지산동고분군에 대한 고고학적 조사는 일제강점기 초기부터 시작되었다. 그러나 지금까지 조사 회수와 조사 시기, 조사된 고분의 위치 등 기본적인 내용마저 연구자 마다 각기 다른 견해를 보이고 있다. 이러한 혼란이 야기된 근본적인 원인은 당시 조사를 담당한 일본학자들의 기록이나 보고서가 미비했기 때문이지만, 한편으로는 해방 후 그 실상을 파악하고자 하는 우리의 관심과 노력이 부족했다는 점도 부인할 수 없다. 따라서 때늦은 감이 있지만 지금이라도 당시의 조사내용에 대해 다방면의 자료를 수집하여 실상을 파악하고 재평가하는 작업이 이루어져야 할 것으로 생각한다. 이와 같은 취지로 본고에서는 몇몇 연구자들의 견해를 비교하면서 지금까지 계속되고 있는 난맥상을 지적하고, 이를 조금이라도 해소하기 위한 방편으로 국립중앙박물관이 소장하고 있는 흑백유리원판(이하 '원판'이라함) 목록집과 사진자료 일부를 참고하여 검토하고자 한다.

우선 일제강점기의 지산동고분군 조사에 직접 참여했던 아리미쓰 교이치有光敎一의 기록에 의하면 일제강점기 동안 지산동고분의 발굴은 1910년 세키노 타다시關野貞에 의한 조사를 효시로 하여 모두 5차례 이루어졌다고 한다(有光敎一·藤井和夫 2002).

김세기는 1918년 (구)1·2·3호분을 시작으로 지산동고분군에 대한 조사가 이루어졌으며, 연대를 제시하지는 않았지만 그 이후 갑호분과 병호분이 조사되었고, 이어 (구)39호분이 조사되었으며 그즈음 절상천정총折上天井塚도 조사된 것으로 파악하고 있다(김세기 2000 ; 김세기 2003). 그러나 최초로 발굴된 연도와 함께 전반적인 내용에 있어서 다른 연구자들의 견해와 큰 차이를 보인다. 특히 다른 연구자들이 갑·을·병호분을 제시하는 것과 달리 갑호분과 병호분만을 적시하고 있다. 아무튼 종합하면 김세기는 모두 4차례에 걸쳐 7기의 고분이 발굴된 것으로 보고 있다.

한편 2009년 국립김해박물관에서 발행한 특별전시 도록에는 1910년 세키노 타다시가 처음 조사하여 하나의 봉분 안에 3기의 매장시설이 존재하는 것을 확인하였다고 밝히고 있다. 이어 1915년에는 쿠로이타 가쓰미黑板勝美가 주산의 동쪽에서 갑·을·병 3기의 무덤을 조사했고 그 가운데 병호분은 석곽 안에 판석제 석상분石箱墳이 들어가 있는 구조라고 했다. 이어 1918년에는 하마다 코우삭쿠濱田耕作와 우메하라 스에지(梅原末治)가 1·2·3호분을 발굴했는데, 이들은 직경 10m 내외의 중형분이며 이 중 1·2호분은 연접해 있다고 했다. 그리고 1939년에 아리미쓰 교이치와 사이토 타다시齊藤忠가 39호분 등 4기를 발굴한 것으로 밝히고 있다(국립김해박물관 2009). 이를 종합하면 모두 4회에 걸쳐 13기를 발굴한 것이 된다.

조영현은 1910년 세키노 타다시와 야쓰이 사이이치谷井濟一에 의해 (구)갑·을·병호분이 발굴되었고, 1915년 쿠로이타 가쓰미가 갑·을·병호분을 발굴한 것으로 보고 있다. 이어 1918년 하마다 코우삭쿠와 우메하라 스에지가 (구)1·2·3호분을 발굴하였고, 1920년에는 야쓰이 사이이치가 절상천정총을 발굴했으며, 1938년에 사이토 타다시와 아리미쓰 교이치가 금림왕릉(錦林王陵)으로 전해오던 (구)39호분을 발굴하여 모두 5차례에 걸쳐 11기의 고분이 발굴된 것으로 파악하였다(조영현 2012). 이와 같은 조영현의 견해는 최초 발굴연도와 전반적인 내용이 대체로 다른 연구자들과 비슷하지만, 근거자료가 확실한 1939년 아리미쓰 교이치의 (구)39호분 발굴연도를 1938년이라 한 것은 착오인 듯하다. 한편 김종철은 1910년을 시작으로 모두 5차례에 걸쳐 발굴이 있었고, 특히 1915년의 쿠로이타 가쓰미의 조사는 2기로 파악하고 있다. 종합하면 최소 8기 이상의 고분이 발굴된 것으로 파악하고 있다(김종철 2012). 이상을 국립중앙박물관 소장 원판 사진자료와 비교하여 재정리하면 〈표1〉과 같다.

표 1. 일제강점기 지산동고분군 발굴조사에 대한 연구자별 견해와 원판의 비교

연구자 (년도)	有光敎一 (2002)	김세기 (2003)	김해박 (2009)	조영현 (2012)	김종철 (2012)	국립박유리원판 (당시)
1910	關野貞		關野貞 (1기3곽)	關野貞, 谷井濟一 (구)갑,을,병	조사	미확인
1911						
1912						
1913						
1914						제3회 사료조사
1915	黑板勝美		黑板勝美 갑,을,병	黑板勝美 갑,을,병	조사 (2기)	석곽묘 2호
1916						
1917						黑板勝美, 今西龍 12,18,22호
1918	濱田耕作, 梅原末治	구1,2,3호	濱田耕作, 梅原末治 1,2,3호	濱田耕作, 梅原末治 (구)1,2,3호	조사 1,2,3호	2,3호
1919						
1920	谷井濟一			谷井濟一 절상천정총	조사	谷井濟一 절상천정총
1921						
1922		갑, 병호				梅原末治 1,2호
1923						
1924						
1925		↓				
1926						
1927						
1928		구39호				
1929						
1930						
1931		↓				
1932						
1933						
1934		절상천정총				
1935						
1936						
1937						
1938				有光敎一, 齊藤忠(1기)		사부동4호요지, 기산동요지
1939	有光敎一 齊藤忠(4기)		有光敎一, 齊藤忠(4기)		조사	有光敎一, 齊藤忠, 洪在裕

2. 원판자료를 통한 재검토

　국립중앙박물관 소장하고 있는 유리 원판은 조선총독부가 1909년부터 1946년까지 우리나라 13도 전역과 중국 요녕성, 길림성 일대의 유적, 유물, 발굴, 민속, 자연환경 등을 촬영한 것으로 대판, 중판, 소판 등으로 분류되는 38,000여 매에 달하는 방대한 내용의 사진자료이다. 이 가운데 고령지역과 관련된 사진은 현재 224매 정도 확인되며, 이를 토대로 일제강점기 고령지역에서 이루어진 고고학적 조사내용을 재검토해 보고자 한다.

　국립중앙박물관 원판 사진에서 1910년에 세키노 타다시가 조사한 사진은 확인하기 어렵다. 다만 1910년도에 촬영된 것으로 분류된 소판 가운데 해인사의 각종 건축물과 함께 '고령객사 인빈각의 가야시대 초석'과 '향사당 남측 삼층석탑' 등의 목록명이 있다. 그리고 조사자와 촬영연도가 표기되지 않은 소판 목록 가운데에도 '주산 남방 고분군', '주산 동남산록 고분 석곽(을)', '주산 동남산록 고분출토 방추차'와 '철제이기', '파수부합', '양이호', '장경호', '개배', '패각이 들어있는 개배' 등 지산동고분과 관련된 목록명과 함께 '전 대가야왕궁지', '산성과 고분군 전경', '주산성 성벽' 등 고령읍내의 사진 목록이 다수 보인다. 이 사진들은 모두 원판 877번으로 분류되어 일련된 부번이 부여되어 있으며, 발굴된 고분으로 보이는 사진 가운데 '주산 동남산록'이라는 비교적 구체적인 위치를 표현하고 있다. 따라서 이 사진들이 1910년 세키노 타다시의 조사 사진일 가능성이 있다고 생각된다. 참고로 목록상 이에 앞선 원판번호인 876번으로 분류되어 일련의 부번이 부여된 사진들은 1913년 세키노 타다시가 조사한 것으로 기록되어 있으며 모두 진주 수정봉 옥봉고분 조사와 관련된 사진들이다(국립중앙박물관 2001: 185~186).

1914년 제3회 사료조사 때의 사진은 다수 있으나 지산동 발굴과 직접 관련된 사진은 보이지 않는다. 다른 지역의 사료조사와 마찬가지로 '고령지역 남녀 각 5인의 체격측정' 사진을 비롯하여 석불, 석탑, 석등 등의 불교유물과 함께 성지, 왕궁지, 주산主山 고분군의 전경 사진과 '지산동고분출토'로 기록된 각종 토기 사진들이 대부분이다(국립중앙박물관 1997: 107~108).

1915년에 촬영한 것으로 분류된 사진에는 '주산성'과 '주산성의 고분군', '주산성의 석곽묘 현실', '주산성의 석곽묘 발굴상황', '석곽묘내의 석관', '제2호 석곽묘 내부', '주산성 석곽묘 원경', '고분출토 토기각종', '고분출토 합', '고분 발견 합과 공헌물', '고분발견 금제이식', '은환(용도불명)', '고령수집 곡옥', '자색유리구슬', '은제식부대도' 등이 있어 쿠로이타 가쓰미의 1915년 발굴사진임을 알 수 있다(국립중앙박물관 1997: 171~172). 당시 쿠로이타 가쓰미는 총독부와는 별도로 동경제국대학의 명령에 의해 출장을 나왔는데 조선총독부로부터 경주, 선산, 고령 등 모두 6곳의 발굴허가를 받은 점으로 보아 총독부와 밀접한 관계를 가지고 조사했음을 알 수 있다. 당시 고령에서는 주산의 동쪽에 있는 갑분(두개의 평행하는 수혈식석곽), 을분, 병분의 3기를 발굴했다(早乙女雅博 2011: 24).

한편, 1917년에도 지산동고분군에서 3기의 발굴이 있었던 것으로 보이는데 이는 지금까지 밝혀지지 않았던 새로운 내용이다. 1917년 촬영된 것으로 분류된 사진에는 '지산동 주산 제12호, 18호, 22호'로 표기된 일련의 발굴사진이 있다. 조사자는 기록되어 있지 않지만 '제12호분 발굴전 동면', '석실 남면 외벽 노출상태', '남쪽에서 바라본 석실 내부', '남쪽에서 바라본 발굴 후 상태', '발굴 후 석실 내부' 등의 사진이 있다. 또 '제18호분 발굴전 남면', '발굴전 서면', '발굴중 석실 동면 외벽', '남쪽에서 바라본 발굴작업', '석실 외벽일부 노출상태',

'석실 남면 천장', '석실 남면과 석실 북면 외벽', '석실 남면과 내부의 토기 매장 상태' 등이 있다. 이어서 '제22호분 발굴전 남면'과 '발굴전 동면', '석실 남면 일부' 등의 목록이 그것이다(국립중앙박물관 1997: 207~208).

이 목록이 보여주는 1917년의 조사는 쿠로이타 가쓰미와 이마니시 류西龍에 의한 것으로 추정된다. 그해 이마니시 류는 경상남북도의 가야시대 고분군의 분포조사와 발굴조사, 그리고 고분군과 관계하는 산성의 조사를 했는데 그 가운데 고령이 포함되어 있었다. 그리하여 고령에서는 지산동고분군, 읍내면 북부고분군(현 본관동고분군?), 운수면 월산동고분군, 성산면 박곡동고분군 등을 조사한 것으로 알려져 있다(早乙女雅博 2011: 26). 그 증거로 1917년 이마니시 류가 조사 촬영한 것으로 기록된 원판목록에 '고령읍내 석불', '고령소학교 앞 비로자나불좌상', '고령읍내 석등', '박곡동 죽전산고분 석실 노출상태', '고령읍사지', '고령읍 원경', '고령 어정', '성산 박곡동 죽전산고분군 일부', '박곡동 죽전산 원경', '죽전산에서 본 전 가리현지' 등이 있다(국립중앙박물관 2001: 77~83). 또 같은 해 쿠로이타 가쓰미가 조사한 것으로 기록된 원판목록에도 '지산동고분군 원경', '주산성 성내에서 본 지산동고분군', '고령 고분출토 토기각종' 등이 있다(국립중앙박물관 2001: 78~83). 이들은 앞의 '지산동 주산 제12·18·22호'로 표기된 일련의 발굴사진과 함께 촬영된 것으로 판단되기 때문에 그 해에 쿠로이타 가쓰미나 이마니시 류가 지산동고분을 발굴한 것으로 추정하는 것에는 무리가 없다. 그리고 사진 원판의 가장자리에 쓰인 '大正六年…'이라는 기록에서도 1917년이라는 촬영연도를 확인할 수 있다(사진 1). 한편 원판번호에 있어서도 12호분 발굴사진 바로 앞에 붙여 대구에 거주하는 이나모토稻本 소장의 '전 성주군출토 청동제오층탑'과 '동 인형문장경호'라는 목록이 있는데, 그 조사자가 쿠로이타 가쓰미로 되어 있다(국립중앙박물관 1997: 207). 아무튼 이와

사진 1. 18호분 발굴모습과 원판측면의 기록(1917년 黑板勝美/今西龍)

같은 증거를 통해 1917년 쿠로이타 가쓰미와 이마니시 류가 대구와 성주, 고령을 방문한 것은 분명한 것으로 판단된다.

    1918년에 있었던 하마다 코우삭쿠와 우메하라 스에지의 조사는 다행해 간략한 보고가 있어 그 내용을 알 수 있다(濱田耕作·梅原末治 1922). 그리고 발굴연도와 내용이 원판 목록과도 잘 일치한다. 다만 1호분에 대한 원판 사진이 확인되지 않고, 2호와 3호분에 대한 사진이 많은 편이다(국립중앙박물관 1999: 224~225).

    1920년 야쓰이 사이이치의 조사도 대체로 원판 목록과 일치하고 있다. 다만 절상천정총에 대한 사진으로 '절상천정총 연도', '연도와 내부', '현실내부', '석실입구' 등 5매 정도만 확인되며 나머지는 주산성과 지산동고분군의 원경, 고령읍 전경 등 주변 경관에 대한 사진이 많다(국립중앙박물관 2001: 136~138).

이밖에 1922년 우메하라 스에지가 조사한 것으로 기록된 '지산동 제1호분, 제2호분 출토 개'라는 원판 목록이 있다(국립중앙박물관 2000: 240). 이 기록이 사실이라면 1918년에 조사한 우메하라 스에지가 1922년에 다시 고령을 방문했을 가능성이 있다. 특히 김세기와 조영현이 1918년 하마다 코우사쿠와 우메하라 스에지의 조사 고분을 (구)1·2·3호로 표현하고 있는데, 이는 1918년 이후 어느 시점에 또 다른 1·2·3호가 새로이 조사되었기 때문에, 이를 구분하기 위해 앞선 조사에 (구)를 붙인 것으로 판단되므로, 1922년 우메하라 스에지의 1·2·3호분 조사를 상정해 볼 수 있다.

1939년의 아리미쓰 교이치의 조사는 보고서에 나타난 바와 같이 1939년 6월 하순부터 7월에 걸쳐 4기의 고분발굴이 이루어졌고, 그 가운데 가장 나중에 39호분이 조사되었다(有光敎一·藤井和夫 2002). 그러나 아리미쓰 교이치는 총독부박물관의 출장명령에 따라 7월 상순부터 제2회 운강석굴조사반에 참가하게 되면서, 조사는 후임으로 온 사이토 타다시에 의해 계속되었다. 그리고 그 조사 내용은 보고서에도 잘 나타나 있으며 비교적 많은 양의 원판 사진 목록과 일치한다(국립중앙박물관 1998a ; 국립중앙박물관 1999). 다만 원판 목록의 조사상황이나 출토유물 가운데 대체로 토기류의 사진은 아리미쓰 교이치가 조사자로 기록되어 있는 반면, 금속제유물 사진은 사이토 타다시와 홍재유洪在裕가 조사자로 기록되어 있다(국립중앙박물관 1998a: 205~206).

이상 살펴본 내용을 토대로 일제강점기에 이루어졌던 지산동고분군에 대한 조사에 대해 간단히 재검토해 보고자 한다. 우선 조사시기와 조사 횟수에 대한 문제이다. 아리미쓰 교이치는 1910년 세키노 타다시의 조사로부터 시작하여

1939년 자신의 조사까지 모두 5차례에 걸쳐 조사된 것으로 정리하고 있다. 그리고 이 사실은 원판 사진을 통해서도 충분히 확인되고 있다. 다만 1910년도의 조사와 관련된 원판은 현재 분명히 파악되지 않고 있으나 향후 정밀한 검토와 분석이 이루어지면 확인될 가능성이 크다. 그리고 원판 목록에서만 확인되는 1917년의 조사는 아리미쓰 교이치의 자료(有光敎一・藤井和夫 2002)에도 전혀 언급이 없지만 당시 촬영된 사진자료를 통해 조사가 있었음을 확인할 수 있었다. 그리고 1922년 우메하라 스에지가 조사한 것으로 기록된 '지산동 제1호분 및 제2호분' 사진 역시 원판 자료 이외에는 다른 자료가 없으므로 앞으로의 검토가 필요하다.

아무튼 지금까지 여러 전공자들의 견해와 원판 사진을 종합해 볼 때, 지산동고분군에 대한 일제강점기의 발굴은 최소 6회에 걸쳐 17기가 조사된 것으로 정리할 수 있으며 1922년도의 원판 사진에 대한 분석이 이루어지면 최대 7회의 발굴조사가 있었고 더 많은 수의 고분이 발굴되었을 가능성도 있다. 그리고 이와 같은 정리를 통해 지산동고분군에 대한 조사가 1918년의 구1・2・3호분의 조사로부터 시작되었다는 김세기의 견해와, 1939년의 아리미쓰 교이치의 조사를 1938년에 1기만 조사했다는 조영현의 견해는 수정되어야 할 것으로 판단된다.

다음은 조사된 고분이 어느 것인가 하는 문제이다. 1910년 세키노 타다시가 조사한 고분의 위치에 대해서는 '주산 동남산복東南山腹'으로만 전해지며 원판 목록에도 '주산 동남산록東南山麓'으로 기록되어 있다. 아직 원판 사진이 확인되지 않아 그 위치를 추정하기 어렵지만, 주산에서 남쪽으로 내려오는 주능선에서 동쪽으로 발달한 가지 능선의 고분이거나, 주산성의 동쪽으로 내려가는 능선에서 남쪽으로 발달한 가지 능선에 분포하는 연조리고분군일 가능성도 배제

할 수 없어 앞으로의 검토가 요구된다.

1915년에 쿠로이타 가쓰미가 조사한 갑·을·병호분의 위치는 주산의 동쪽에 있다는 정도 외에는 알려진 바 없다. 다만 앞서 언급한 바와 같이 원판 목록 상으로 볼 때 당시 촬영된 사진이 많으므로 향후 이에 대한 현장 대조와 분석이 이루어진다면 확인될 가능성도 있다.

한편, 1917년 쿠로이타 가쓰미와 이마니시 류에 의한 조사로 추정되는 제12·18·22호분의 위치는 원판 목록에 촬영한 방향이 기록되어 있고, 사진 속에 보이는 배경 지형에 대한 현장 대조를 통해 어느 정도 추정할 수 있는데, 이 고분들은 주능선의 동남쪽 사면에 분포하는 것임을 알 수 있다. 제12·18호분은 가장 최근의 지산동고분 분포확인조사(대동문화재연구원 2010)에서 부여된 56·71호분이 확실한 것으로 판단되며, 제22호분은 현재의 수목 때문에 배경 능선의 대조가 어려워 단정할 수 없지만 131호분일 가능성이 있다. 앞으로 정밀 검토가 이루어지면 보다 구체적으로 확인할 수 있을 것으로 기대한다(사진 2~6).

1918년 하마다 코우삭쿠와 우메하라 스에지가 조사한 1·2·3호분도 그간 위치를 알 수 없었다. 다만 보고서에 '주산 능선의 남단'이라고만 기술되어 있다(濱田耕作·梅原末治 1922). 그런데 보고서에 수록된 사진 가운데 토기가 출토되는 모습과 유구사진 두 컷이 1918년 촬영으로 기록된 원판 사진과 일치한다. 1·2호분은 경사지에 서로 연접해 분포하고 있으나 3호분은 거창으로 통하는 국도공사로 파괴된 석곽을 정리한 것으로서 수습조사 후 보존되지 않았다. 따라서 3호분의 위치는 최근 지맥잇기 사업으로 능선을 터널로 연결시켜 놓은 대가야통문 부근으로 추정된다. 그리고 2호분은 당시 발굴사진 속의 배경 능선 형태를 현장에서 확인한 결과 현재의 408호가 분명하며, 따라서 1호

사진 2. 12호분 발굴전 동면(1917년 黑板勝美/今西龍)과 현재 56호분

사진 3. 12호분 석실 남면 노출상태(1917년 黑板勝美/今西龍)와 현재 56호분

사진 4. 18호분 발굴전 남면(1917년 黑板勝美/今西龍)과 현재 71호분

사진 5. 18호분 발굴전 서면(1917년 黑板勝美/今西龍)과 현재 71호분

사진 6. 22호분 발굴전 남면(1917년 黑板勝美/今西龍)과 현재 121호분

사진 7. 2호분 조사(1918년 濱田耕作/梅原末治)와 현재 408호분

분은 현재의 409호로 판단된다(사진 7, 도면 1).

1920년에 야쓰이 사이이치가 조사한 절상천정총이나, 1922년 우메하라 스에지가 조사한 것으로 기록된 '지산동 제1호분 및 제2호분' 등의 위치는 아직 분명하지 않다. 그러나 향후 새로운 자료의 발굴과 원판사진 목록과 인화된 사진을 토대로 정밀 분석이 이루어지면 충분히 확인될 수 있는 여지가 있다고 생각된다. 마지막으로 1939년 아리미쓰 교이치와 사이토 타다시가 조사한

도면 1. 1, 2호분 조사 평면 배치도
(1918년 濱田耕作/梅原末治)

39호분은 금림왕릉으로 전해지는 최대 고분으로서 현재의 5호분이며 이에 대해서는 이론의 여지가 없다. 다만 당시 함께 조사된 4기 가운데 나머지 3기가 어느 것인지에 대해서는 아리미쓰 교이치도 보고서에서 언급하지 않았다. 정황상으로 보면 최상부 능선상에 배열된 대형분들이 아닐까 추정되지만 이를 밝히는 것도 앞으로의 과제라고 여겨진다.

이상의 검토를 통해 지금까지 일제강점기에 조사된 지산동고분군은 1939년의 39호분의 위치만 알고 있었지만, 원판 자료를 활용함으로써 새롭게 1917년의 쿠로이타 가쓰미와 이마니시 류의 조사로 추정되는 제12·18·22호분과, 1918년의 하마다 코우삭쿠와 우메하라 스에지가 조사한 1·2호분에 대한 위치 추정이 가능하였다. 향후 원판 자료를 적극적으로 활용하면 보다 정확한 사실

에 접근할 수 있을 것으로 기대된다(도면 2).

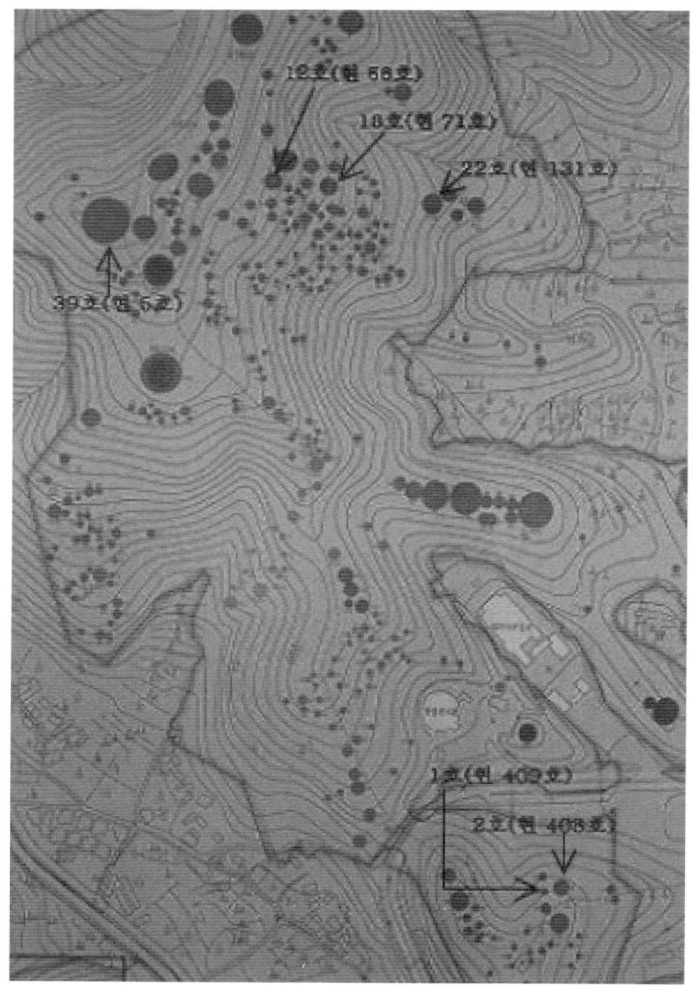

도면 2. 일제강점기 발굴고분의 위치
(1917년 12·18·22호분/1918년 1·2호분/1939년 39호분)

3. 사부리 및 기산리 요지에 대한 조사

고령군 성산면 사부리와 기산리 일대에는 분청사기 요지가 집중 분포하고 있으며 일제강점기부터 주목받아 왔다. 1963년 각각 사적 제71호와 제72호로 지정된 성산 사부동도요지沙阜洞陶窯址와 성산 기산동도요지箕山洞陶窯址는 서로 인접해 있는데, 최근 사적지 통합으로 사적 제510호 '고령 사부동과 기산동요지'(2011. 7. 28)로 번호와 명칭이 변경되었다. 해방 후 아직 한 차례도 정식 학술조사가 이루어지지 않았으나 2009년부터 2010년 사이에 88올림픽고속도로 확장구간(제14공구)부지내의 유적 일부가 구제 발굴되었다(대동문화재연구원 2012a, 2012b). 사부리 일대의 요지는 현재 사부1리 마을 입구의 고속도로변과 마을 안쪽, 사부2리 등 여러 곳에 분포하는데, 이 가운데 사부1리 마을 안쪽의 요지는 2010년 보존 정비를 위한 주변부 조사가 이루어진 바 있다(대동문화재연구원 2012c).

아무튼 1914년 제3회 사료조사사업 때 촬영된 원판에는 성산면 사부리도요지 사진이 있어 당시 사부동과 기산동 일대의 요지에 대한 현장조사가 있었던 것으로 보인다. 이 사진에는 지게를 진 한복차림의 사람들이 보여 마을에서 인부를 고용하여 발굴했던 것으로 추정된다(사진 8). 그리고 조사자는 밝혀져 있지 않지만 1938년에 촬영된 '사부동 제4호요지' '기산동요지' 등의 목록명을 가진 사진이 있는데, 현재의 유적 모습과 비교하면 정확히 일치한다. 마을 사람들을 동원하여 작업을 하는 모습과, 열상으로 길게 발굴구덩이를 판 모습이 보인다(사진 9).

사진 8. 1914년 사부동도요지와 현재의 모습

사진 9. 1938년 사부동도요지와 현재의 모습

사진 10. 1938년 사부동도요지와 현재의 모습

한편 이와 관련하여 1930년대의 일로 여겨지는 지역 주민의 증언이 있다.[1] '당시 일본인들의 조사는 3-4회 정도 있었던 것으로 기억되며 마을 입구의 요지와 마을 안쪽의 요지 모두를 조사했는데, 그 때 마다 마치 사람 묻는 널구덩이 처럼 땅을 파서 조사를 했으나 완전한 것은 나오지 않고 모두 깨어진 조각만 나왔다'고 한다. 그리고 조사한 일본인들은 군인이나 순사가 아니었고 평상복 차림의 일반인이었으며, 매번 당일에 조사를 끝내고 돌아갔는데 그때 마다 발굴구덩이를 다시 묻고 갔다고 한다. 그리고 지금의 마을 앞 저수지는 당시에는 없었으며 1942년경에 축조되었다고 한다. 이러한 증언 내용은 원판 사진과 대체로 일치한다(사진 10). 그리고 마을 안쪽의 요지에 총독부가 세운 표석이 있었는데 앞면에는 '古蹟 第百五號 星山沙鳧洞陶窯址', 뒷면에는 '朝鮮總督府'가 쓰여 있었다 한다. 이 마을에 살았던 이주탁씨(작고)가 해방 후 집 뒤에 세워진 이 표석을 뽑아 집 안방 앞의 댓돌로 뉘여 사용했는데 지금은 그 소재를 확인할 수 없다. 또 이와 꼭 같은 모양의 표석이 기산동의 기산고개와 사부2동의 요지에도 있었다고 한다.

그런데 이러한 증언의 신뢰성을 높여 주는 사실이 앞의 88올림픽고속도로 확장구간 유적 발굴조사에서 밝혀졌다. 기산고개 주변의 조사에서 조선총독부에서 설치한 고적 표석이 출토되었는데, 전면에는 '古蹟 第百六號 星山箕山洞陶窯址', 후면에는 '朝鮮總督府'가 새겨져 있다. 화강암으로 된 이 표석은 길이 155cm 정도의 장대석으로 상반부 약 85cm 정도를 치석하여, 각 면의 폭이 22cm 정도 되는 사각주상斜角柱狀이며 꼭대기는 얕은 사각추상四角錐狀이다(사

---

[1] 성산면 사부1리에 평생 거주해온 이경만(당86세)옹의 증언으로 당시 10세 전후의 일로 기억된다고 한다(2012. 3. 13청취).

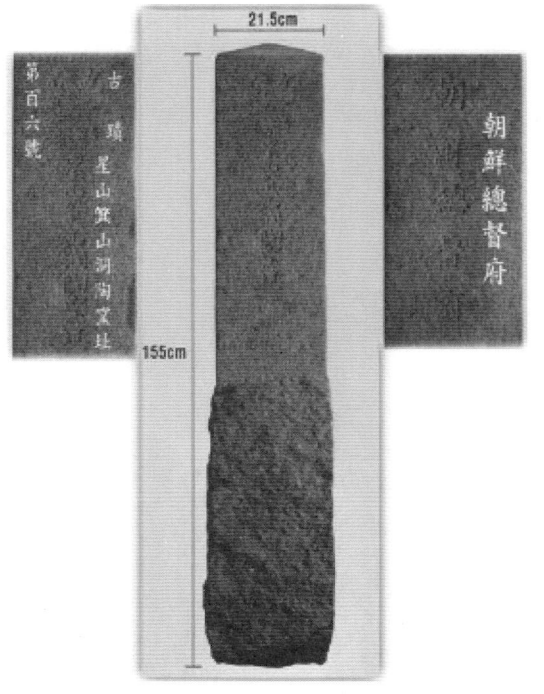

사진 11. 기산리출토표석(1939년 제작설치)

진 11).

그런데 현재 대가야박물관에 보관중인 고령 주산성 정상에 세워져 있던 표석이 있는데, 전면에 '古蹟 第九十三號 高靈主山城', 후면에는 '朝鮮總督府'가 새겨져 있으며 기산리 출토품과 규격이 동일하다. 이들은 모두 1938년 이후에 세워진 것으로 판단된다. 1938년 11월 26일자 『東亞日報』기사 가운데 "조선보물고적천연기념물보존회, 새로 101종 지정발표"라는 제하의 보도 내용이 1938년 11월 25일에 열린 제4회 총회에서 당초 '고령성산면도요지군'으로 지정 결의된 건이 고적 제105호 '성산사부동도요지'와 고적 제106호 '성산기산동도요지'로 분할지정 고시되었다는데서 추정할 수 있다(대동문화재연구원 2012a, 2010b). 아무튼 당시 대구에서 고령읍을 왕래하려면 반드시 기산리와 사부리를 통과해야 했기 때문에 자연스럽게 이곳 요지에 대해서도 여러 차례 조사가 있었던 것으로 판단된다.

4. 기타 유적에 대한 조사

일제강점기의 고령지역에 대한 유적조사는 지산동고분군과 성산면일대의 요지에 그치지 않고 다방면에 걸쳐 이루어졌다. 이 또한 원판 목록의 검토를 통해 추정해 볼 수 있는데, 1910년 촬영된 고령 객사 인빈각과 석탑 등 고건축과 불적뿐만 아니라, 1914년 제3회 사료조사사업 때 촬영된 원판 목록에서 볼 수 있듯이 인류학적 조사와 왕궁지, 어정 등 고적 전반이 망라되어 있다.

또한 주산성 뿐만 아니라 여타 산성에 대한 조사도 있었다. 1915년 쿠로이타 가쓰미가 지산동고분을 발굴할 당시 촬영한 것으로 보이는 '노고산성'은 덕곡면 노리에 있는 노리산성이다. 또 앞서 언급한 바와 같이 쿠로이타 가쓰미와 이마니시 류에 의해 12·18·22호분이 조사된 1917년에도, 이마니시 류가 조사한 것으로 기록된 '박곡동 죽전산고분 석실 노출상태', '박곡동 죽전산고분군 일부', '박곡동 죽전산 원경', '죽전산에서 본 전 가리현지' 등의 사진이 있다. 이로 보아 대규모 고분군인 성산 박곡동고분군에 대한 조사도 이루어졌음을 알 수 있다.

그리고 1921년에 야쓰이 사이이치가 조사한 것으로 기록된 목록 가운데는 앞서 언급한 주산성의 성벽과 주산성 전경 등의 사진과 함께 '운라산성 성벽 전경'이 있어 운수면의 운라산성에 대한 조사도 이루어졌던 것으로 보이며, 대정7년도 고분조사보고서에는 지산동고분군 외에도 읍내면과 운수면의 고분군이 언급되고 있어, 1918년 이전에 이미 월산리고분군이나 흑수리고분군을 파악하고 있었던 것으로 보인다.

이상 검토한 내용은 국립중앙박물관이 소장하고 있는 원판 목록 가운데 고령지역과 관련된 224매의 목록과 일부 사진만을 참고하였다. 때문에 당시의 사실

확인에는 미흡한 부분이 많았지만 향후 224매의 사진을 모두 확보하여 비교 분석한다면 지금보다 훨씬 구체적인 내용을 밝힐 수 있을 것으로 생각되어 앞으로 원판 목록과 사진자료의 적극적인 활용이 기대된다.

한편, 일제강점기의 조사 상황을 보여주는 또 하나의 자료로 1988년 국립중앙박물관에서 발행한 광복이전에 조사된 유적유물에 대한 미공개 도면이 있다. 이 자료에 의하면 고령지역에서는 1916년 닛타 오모타로우新田重太郎, 나카노 칸노스케中野勘之助, 이쿠보 쇼조井久保償藏, 스즈키 쿄우스케鈴木恭介, 혼다 세이우에 몽본多淸右衛門 등이 조를 나누어 주로 임야에 분포하는 산성과 고분을 7월 18일 하루 동안 조사하고 측량했다. 姑城(현, 덕곡면 예리산성), 典谷山(현, 고아동벽화고분?), 媼山城(현, 우곡면 소학산성?), 琴山·九万嶝(현, 덕곡면·운수면 고분군), 老姑城(현, 덕곡면 노리산성), 大壯山(현, 우곡면 도진산성), 錦山(현 고령읍 망산산성 및 고분), 正方山.後岩山(현, 본관동고분군), 月城·小鳳城谷(현, 운수면 운라산성과 월산리고분군), 茂溪山城(현, 성산면 무계산성) 등의 국유림 경계도로서 1/6,000 축척의 지형도를 작성하여 고분과 산성 등의 위치를 정확히 표현하고 있다(국립중앙박물관 1998b: 70~79, 253~254). 그리고 이와 관련된 내용은 1942년 조선총독부가 발행한 『朝鮮寶物古蹟調査資料』의 「高靈郡」조에 수록되어 있는데 그 내용이 소략하여 자세한 상황은 알 수 없지만 산성과 고분군의 규모와 현상을 간략히 기술하고 있다. 산성은 대체로 석축산성으로 기술되어 있고 고분군은 대부분 '모두 발굴되었다'는 표현이 있으나 도굴된 것인지 일본인들에 의한 발굴이었는지는 알 수 없다.

아무튼 일제강점기의 조사 실태를 좀 더 구체적으로 파악하기 위해서는 국립중앙박물관이 소장하고 있는 조선총독부박물관으로부터 인수한 각종 자료의 학술적 용도로의 제공이 시급히 요구된다. 그럼으로써 불필요한 혼란을 줄이고 일제강점기 조사에 대한 학술적 평가와 정리가 한층 객관화될 수 있을 것이다.

Ⅲ. 일제의 고령지역에 대한 인식과 그 변화 과정

1. 초기의 인식과 그 배경

흔히 일제강점기는 헌병경찰을 통한 무단통치의 시기로 규정하는 1910년대와, 민족분열을 획책하는 문화통치의 시기라 할 수 있는 1920년대, 그리고 병참기지화 정책과 민족문화의 말살통치기인 1930년대 이후로 구분하고 있다. 일제의 이러한 통치 양상의 변화는 고령지역에 대한 인식의 변화에서도 비슷하게 작용한 것으로 보인다. 일제는 한국을 식민지화하고 그것을 합리화하기 위해 한일 강제병합으로부터 1919년 3·1운동까지에 이르는 초기에는 조선총독의 강력한 헌병·경찰력을 배경으로 관학자들을 동원하여 '임나일본부설'의 근거를 찾고자 주력하였다. 이미 일본은 1868년 메이지유신 직후부터 사이고오 타까모리西鄕隆盛의 정한론征韓論을 축으로 한일 강제병합을 획책하고 있었고, 일본이 고대에 한반도 남부를 지배했다는 임나일본부설이야 말로 한일 강제병합의 역사적 근거로서 더할 나위 없이 좋은 재료로 여겼던 것이다.

그리하여 1900년부터 강제병합 직전인 1909년까지는 야기 쇼자부로八木奘三郞, 세키노 타다시, 도리이 류죠鳥居龍藏, 이마니시 류 등이 참가하는 동경제국대학에 의한 조사가 주로 이루어졌다. 이들은 1880년대에 발견된 「광개토왕릉비」의 비문 내용이 『일본서기』에 보이는 임나일본부의 조선경영을 뒷받침한다고 판단하고, 그 유지를 가야지역에서 찾으려는 목적으로 김해패총에 대한 조사를 가장 먼저 시작했다. 강제병합 이전인 1904년 야기 쇼자부로와 세타 쇼우케이施田常惠가 함께 전공자로서는 처음으로 한국에서 고고학적 조사를 시행한 것이다. 그러나 당시의 김해패총 조사내용은 자세히 알 수 없으며, 1907년 이마니시 류에 의해 조사되면서 학계에 알려지게 되었다. 이어 1920년 하마다 코우삭쿠와 우메하라 스에지가, 1934년에서 1935년 사이에는 카야모토 모리토榧本杜人가 다시 대규모로 조사 하는 등 누차에 걸쳐 끈질기게 김해패총에 매달렸다. 그러나 임나일본부의 설치보다 앞선 시기의 옹관묘군이 밝혀진 김해패총의 조사 결과는 결국 임나일본부의 실재를 증명하는 자료가 되지 못했다.

이러한 상황에서 일제는 임나의 고고학적 증거를 고분에서 찾기 위해 창녕, 성주, 고령 등 가야지역의 고총고분에 대한 조사를 동시다발적으로 시작했다. 그 가운데 특히 고령지역은 대가야의 도읍지로 알려져 있었기 때문에 고령을 임나대가야의 본부라고 인식하고 조사에 몰두했다. 물론 이 시기 경주를 비롯한 신라권과 낙동강 중심의 다른 가야지역의 대형 고분에 대한 조사도 많이 이루어졌지만 특히 고령에 조사를 집중한 것은 이러한 인식을 바탕으로 하였기 때문인 것으로 보인다. 이처럼 임나일본부의 증거 확보가 시급했던 초기의 고령지역에 대한 조사는, 대형봉토분 보다는 하루나 이틀 정도의 짧은 시간에 주체부를 확인할 수 있는 중형분 위주의 조사가 이루어졌던 것 같다. 1910년 세키노 타다시가 조사한 것부터 1915년에 쿠로이타 가쓰미가 조사한 갑·을·병호분, 1917년 쿠로이타 가쓰미와 이마니시 류에 의한 조사로 추정되는 제12·18·22호분, 1918년 하마다 코우삭쿠와 우메하라 스에지가 조사한 1·2·3호분, 1920년에 야쓰이 사이이치가 조사한 절상천정총, 1922년 우메하라 스에지가 조사한 제1·2호분 등은 대부분 중소형분으로 판단되는 것들이다. 더욱이 1918년 하마다 코우삭쿠와 우메하라 스에지가 조사한 1·2·3호분의 보고서에는

"고령고분의 성격을 파악하기 위해 충분한 지식을 얻으려고 욕심을 낸다면 주산 서남쪽 능선의 금림왕릉이라 전해오는 대고분류를 조사하지 않으면 기대할 수 없으며, 이를 위해서는 긴 시간과 큰 노력을 필요로 한다"(濱田耕作·梅原末治 1922)고 기술하고 있어 당시의 다급함을 엿볼 수 있다.

또한 보고서의 내용에서도 1918년의 조사는 도굴에 가까운 신속함을 엿볼 수 있다. 1호분은 10월 14일 인부 10명을 사역하여 오후 5시에 완료하였고, 그 도중에 오전 10시 반부터 인부 8명으로 하여금 2호분의 봉토 중앙부를 파게 하여 2시간 후 개석까지 내려가고, 오후 4시에 석곽내 유물을 수습하여 오후 5시 30분에 조사를 마친다. 이튿날인 15일은 인부 5명으로 오전 9시부터 조사를 계속하는데 고령군의 서기金氏까지 동원되고 있다. 오후 3시에 조사를 완료하고 5시에 봉토복구를 완료한다. 한편 그 와중인 14일 오후 2시경 고령-거창간 도로개착 공사장에서 석곽이 발견되어 공사를 중지시키고 수습조사 한 것이 바로 3호분인데, 이 고분은 도로공사로 보존이 어려워 유물만 수습하고 파괴되었다. 이처럼 1918년의 1·2·3호분 발굴은 이틀 만에 복구까지 완료되어 당시의 발굴조사가 마치 응급환자 수술하듯 긴박하게 진행되었음을 여실히 보여주고 있다.

이렇게 일제초기부터 가야지역에 대한 끈질긴 조사는 고고학적으로 임나일본부의 유지를 찾기 위함이었으나 결국 학술적 조사로는 그 성과를 얻기 어렵다고 판단한 것 같다. 그것은 조선총독부 고적조사위원회의 핵심학자였던 하마다 코우삭쿠의 고백 같은 술회에서도 알 수 있다. 즉 그는 유적 찾기를 끝낸 1921년 『민족과 역사』 제6권 제1호에 게재된 「조선의 고적조사」에서 "지금 갑작스레 단언할 수는 없지만 저 임나라는 것이 일본이 건국 후 보낸 식민지였다고 보는 선입관은 취하지 아니하고 감히 버리지不取敢捨 않으면 안 된다고 생각한다"고 말하고 있다(김종철 2012).

　이처럼 초기는 관학자를 내세워 임나일본부를 증명하는 학술적 자료를 확보하여 그들의 목적을 달성하고자 주력한 시기였다. 하지만 어디에서도 그들이 기대하는 결과를 찾지 못하자 그 이후 조사활동에도 변화가 있게 된 것으로 보인다.

2. 인식 전환의 과도기

　3·1운동에 위협을 느낀 일제는 종래의 무단정치에 대신하는 문화정치를 표방하며 타협적인 형태의 정치를 펴는 듯하였다. 그러나 내면적으로는 민족분열 통치를 강화하는 등 고도의 기만적 정치가 자행되었다. 이 시기 고령지역도 전국적으로 활발히 전개되는 민족독립을 위한 교육 개몽운동이 일었다. 1920년 7월 3일 고령청년회가 창립되었고 1921년 10월부터 보통학교에 입학하지 못한 아동들을 위한 야간강습회를 개설하였다. 이후 1925년에는 각 면단위에 지회가 설립되어 조직적인 활동을 하였으며, 1927년 고령청년동맹이라는 명칭으로 조직을 개편하여 활발히 활동하였다(고령군 1996: 329~330).

　그런데 앞의 〈표1〉에서 볼 수 있는 바와 같이 1923년부터 1937년까지 약 15년간 고령에서는 이렇다 할 학술조사가 이루어진 증거가 없다. 이 기간 동안 일제는 만주사변과 중일전쟁 등으로 만주와 중국에 관심이 집중되어 있었던 때이기도 했지만, 이러한 국제정세와 함께 일제의 입장에 변화가 있었음을 엿볼 수 있다. 한반도 남부지역에 한정된 임나일본부를 강조하는 것은, 한반도를 발판으로 대륙진출을 노리는 분위기에 불리하다는 판단이 섰을 수도 있다. 그리하여 고령지역을 제외한 경주 등 타 지역에서의 조사는 여전히 이전처럼 진행되고 있었고, 특히 1920년대부터 1930년대에는 평안도와 함경도, 만주일대 등 주로 북한지방에서 조사활동이 많았다.

아무튼 이 시기에 고령에서 관학자들의 움직임이 뜸해지면서 지산동고분에서는 부단히 도굴이 자행되었고 이를 수집하는 수집상들이 활발히 움직인 것으로 보인다. 도굴과 개인적 수집은 일찍이 일제 초기부터 시작되었던 것 같다. 1909년에 촬영된 국립중앙박물관 원판 목록에는 '경상도 분묘출토 토기각종', 동 '고배각종', 동 '장경호' 등 대구의 후쿠나가 세이고로우福永淸五郞 소장품이 다수 나타나 있다. 그리고 1914년 제3회 사료조사 사진에도 '지산동고분출토 파수부호', '양이단경호', '토기각종' 등의 목록과 함께 부산중학교장 히로타廣田 소장으로 기록된 '지산동고분출토 표형토기' 등이 있다. 또한 1915년 원판 목록에도 대구의 기무라木村와 메자키目崎의 소장품 사진들이 있다(국립중앙박물관 1997). 이러한 사실은 초기부터 고령지역의 고분출토 유물들이 대량으로 유출되어 대구와 부산 등지의 수집가들에게 넘어가고 있었음을 보여준다. 하지만 총독부에서 파견한 관학자들의 조사가 이루어지던 초기에는 본격적인 도굴이 쉽지는 않았을 것으로 여겨진다. 따라서 표면적이기는 하지만 문화정치를 표방하는 비교적 느슨한 분위기였던 1920년대가 도굴을 사주하고 수집하는 호기가 되었던 것 같다. 이때가 동경제대 법대출신으로 1911년에 대구전기주식회사를 설립하여 사장이 되고 1935년에는 조선합동전기회사의 사장으로 있었던 오쿠라 타케노스케小倉武之助의 전성시대가 아닌가 여겨진다.

한편, 동경공과대학(현, 동경대학공학부 건축사연구실)에는 1910년 세키노 타다시의 조사에서 출토된 유물이 일부 반출되어 있는 것으로 알려져 있다. 그 가운데는 고령의 내지인 및 당시 조선인이 소장한 것을 수집한 토기들이 있고, 특히 출토상황을 알 수 없는 장경호 1점이 있는데 그 저부에 '高靈貰受'라는 묵서가 있다(박천수 2011). 이 묵서는 토기를 비롯한 고분 출토유물들이 어떠한 형태이든 경제적 가치를 대신하여 사사로이 유통되기도 하였음을 단적으로 보여주는 사례라 할 수 있다.

3. 새로운 인식과 조사 양상의 변화

1930년대부터 일제는 이전과 크게 다른 통치 방식을 시행하게 된다. 1931년 만주사변을 일으켜 중국 대륙으로의 침략을 개시한 일본은 한국을 병참기지화 하였고, 1937년의 중일전쟁, 1941년의 태평양전쟁 등을 일으켜 끊임없이 한국의 인력과 물자를 강제로 징발한 시기였다. 1936년 제7대 총독에 부임한 미나미 지로南次郞는 신사참배神社參拜와 내선일체內鮮一體, 창씨개명創氏改名 등을 강요하며 철저한 황국신민화와 민족문화의 말살을 꾀하였다. 당시 고령에서도 학교 교장은 일인이 독점하여 민족말살 정책을 수행하면서 중일전쟁 이후의 식민지교육을 강화해 나갔다.

1920년대부터 주로 고령청년동맹 회원들이 중심이 되어 운영하던 야학, 서당, 학원, 강습소 등이 당국의 인가가 없다는 이유로 1932년 1월 31일을 기하여 모두 폐쇄 당했고, 미신타파를 내세워 지역주민이 전통적으로 산신에게 제사를 지내던 주산 중턱의 주산사당도 철폐되었다. 1938년에는 고령고적보존회를 결성하여 지산동고분에서 도굴한 유물 일부를 고령경찰서 무덕관에 전시하고 일반에게 공개하기도 하였다(고령군 1996: 337). 이를 통하여 일본과 조선은 동조동근同祖同根임이 확증되었다고 선전하고 임나일본부의 증거로 획책하였던 것이다.

특히 1939년 4월 29일 총독 미나미 지로는 고령향교 바로 옆자리에 해인사

홍류동에서 옮겨온 무게 5톤 정도의 자연석 유문암에 '任那大加耶國城址'라 크게 쓰고 그 옆에 조금 작은 글씨로 '南次郞 書'라 쓴 비를 세웠다. 그 뒷면에는 '昭和十四年' 이라 쓰여 있었다. 전면 8.8m, 측면 6.4m 정도의 장방형 대지에 화강석을 다듬어 경계석 난간을 돌리고, 그 안에 사방 3.5m 정도의 석축 기단을 1.3m 정도 높이로 비스듬히 쌓은 다음 그 위에 큰 받침돌을 놓고 비를 올린 것이다. 또한 이 비의 옆에는 같은 유문암으로 된 작은 비를 하나 더 세웠는데 높이 140cm, 최대 폭 70cm, 두께 20cm 정도의 얇고 길쭉한 판석상의 타원형 자연석으로 만든 것이었다(사진 12). 이 비의 전면에는 '調伊企難殉節址'라는 글씨와 역시 '南次郞 書'라 새겨져 있었고 뒷면에는 다음과 같은 화가和歌가 새겨

사진 12. 任那大加耶國城址碑와 調伊企難殉節址碑(1940년대초 촬영)

져 있었다고 한다.[2]

　　加羅國の城の辺に立ちて大葉子は
　　領布振らすも大和へ向きて

이 비의 내용은 『일본서기』 권19, 흠명기欽明紀 23년 7월조에 나오는 키노 오노마로紀男麻呂의 임나구원 기사와 관련된 내용이다. 562년 대가야 즉 임나가 신라에 멸망하자 키노 오노마로가 출병하였다. 이때 신라와의 전투에서 부장군 카하헤노오미 니헤河邊臣瓊缶와 함께 포로가 된 츠끼노〈끼시〉이키나調〈吉士〉伊企難는 사람됨이 용맹하여 끝까지 항복하지 않았고, 그의 아내 오오바꼬(大葉子)와 아들도 사로잡혔다. 그때 신라는 쯔끼노끼시 이키나의 엉덩이를 내어 보이게 하고 그것을 일본으로 향해 모욕적인 말을 하게 했다. 그러나 츠끼노끼시 이키나는 단호히 "신라의 왕이여, 내 엉덩이를 핥아라"라고 외치고 살해당했다. 그 아들도 아비의 시신을 안고 죽었다. 이 화가는 그때 츠끼노끼시 이키나의 아내인 오오바꼬가 읊은 것으로 전해지는 화가이다(김현구 2010: 74~77). 『일본서기』의 원문은 "柯羅俱爾能 基能陪...."로 되어 있고, 보통 '韓國의 城 위에선 大葉子는 日本을 향하여'로 번역하는데(전용신 2005), 고령에 세웠던 이 비에서는 '韓國'을 '加羅國'으로 '日本'을 '大和'로 표현한 것이 다르다.

아무튼 고령향교가 위치한 이곳은 당시 한국 어린이들이 다니는 고령공립보통학교가 들어서 있었기 때문에 학교 교정에 비를 세운 것처럼 보일 수도 있었

---

2) 향토사학자 김문배 옹(당87세)과 전 고령문화원장 최상호 옹(당81세)의 증언.

다. 하지만 한편으로는 일제가 남긴 원판 목록에서 볼 수 있듯이 일제는 초기부터 이 언덕을 대가야의 궁성지로 인식해 오고 있었던 곳이었다. 이는 1910년 세키노 타다시가 고적의 가치를 판단하여 甲. 乙. 丙. 丁의 네 등급으로 분류하였을 때, 고령의 '伽倻宮趾'와 '主山伽倻山城'은 가장 우수한 것으로 판단하여 甲으로 분류(早乙女雅博 2011)한 데서도 알 수 있다. 사실 당시 세키노 타다시의 분류에서 경주 이외 지역에서 甲으로 분류된 유적은 찾아보기 어려울 정도이다. 일제는 이곳에 총독이 비를 세움으로써 임나일본부의 근거지가 고령의 대가야이며 그 핵심인 궁성지에 상징적인 기념비를 세움으로써 그러한 사실을 공포하고자 했던 것으로 여겨진다. 다시 말해 이전의 수많은 조사에도 불구하고 선명한 임나일본부의 학술적 증거를 얻지 못한데 대한 부담이 컸던 가운데, 1930년대에 들어 복잡하게 확대되는 국제정세 속에서 임나문제에 대해서 어떠한 형태로든 정치적인 결단을 내리고 싶었던 것이라 생각된다.

 그리고 『일본서기』의 기록에 의거하여 대가야가 신라에 멸망할 당시 임나구원군으로 출병하였다가 포로가 되어 순절한 츠끼노끼시 이키나의 일화를 비로 세운 것은, 일제가 천황에 대한 충성 맹세를 강요하던 당시의 전쟁 상황에서 필요로 했던 중요한 상징조작의 하나로 볼 수 있다. 또 한편으로는 '加羅國'과 '大和'라는 역사성을 띤 용어를 사용함으로써, 일제의 식민지배가 적어도 한반도 남부에서는 역사적으로도 정당함을 고령지역 사람들에게 알리고자 했던 것일 수도 있다. 더욱이 한국 어린이들이 다니는 보통학교 교정에 이와 같은 정치적 상징물을 세우고 교육한 것은[3] 식민지배를 고착화하기 위해 고도로 계획된 수

---

[3] 전 고령문화원장 최상호옹(당81세)의 증언에 따르면 당시 일인 담임선생은 이 화가를 암송하는 숙제를 주었다고 한다.

사진 13. 현재의 대가야국성지비

사진 14. 任那大加耶國城址碑(1939~1986년)와 현재의 비(1990년~)

단이었던 것으로 보인다.

해방 후 고령군에서는 미나미 지로가 세운 비석 앞면의 글씨 가운데 '任那' 및 '南次郎 書'와 뒷면의 '昭和十四年'을 쪼아내고 그대로 두어오다가, 1986년 12월 5일 이 비석을 독립기념관으로 옮기고 대신에 1990년 12월 현재의 '大加耶國城址' 비를 세웠다(한국학중앙연구원·고령군청 2010).(사진 13, 14 참조) 그리고 옆에 있던 '調伊企難殉節址' 비도 역시 앞뒤면의 글자를 모두 쪼아버리고 현재의 고령초등학교 교정에 있는 어정御井 앞으로

사진 15. 현재의 調伊企難殉節址碑

옮겨 돌다리로 사용하다가,[4] 그 후 언젠가 인접한 고령중학교에서 가져다 '굳세고 참되고 부지런하자'라는 교훈을 새겨 교정에 세웠다. 지금은 최근 새로이 옮겨진 고령중학교 교정에 서 있는데 앞면은 원래의 글씨 흔적을 전혀 찾아볼 수 없지만 뒷면에 새겼던 화가의 글씨 흔적은 희미하게 남아 있다(사진 15).

한편, 미나미 지로가 비를 건립한지 두 달 정도 지난 1939년 6월 갑자기 아리

---

4) 전 고령문화원장 최상호옹(당81세)의 증언.

미쓰 교이치가 지산동 최대 고분인 39호분을 조사하게 된다. 이는 미나미 지로의 임나비 건립과 궤를 같이하는 것으로 일본제국주의의 입장 변화와 함께 고령에 대한 인식에 큰 변화가 있었음을 보여주는 사건이었다. 이 또한 다분히 정치적인 목적을 가진 것으로서 1918년 하마다 코우삭쿠와 우메하라 스에지가 1·2·3호분을 조사할 때 가졌던 금림왕릉 조사에 대한 욕심을 20년이 지나 아리미쓰 교이치가 실행에 옮기게 된 것이었다. 그리고 이 조사는 조선총독부의 지침과 계획에 따라 총독부박물관이 추진한 조사였다고 판단된다. 이러한 총독부의 개입은 아리미쓰 교이치가 조사 중에 급히 중국으로 파견되는 당시 상황에서도 여실히 드러나고 있다. 그리고 보고서를 제대로 발간하지 않은 것도 나름대로 정치적인 이유가 있었던 것으로 보인다. 앞서 언급한 바와 같이 아리미쓰 교이치가 당시 함께 조사한 나머지 3기가 어느 것인지 일절 언급하지 않았으나 아마도 39호분과 같이 능선상에 배열된 대형분일 가능성이 크다. 또한 최근 일제강점기의 조사 과정을 정리한 사오토메 마사히로^{早乙女雅博}의 논문에서도 39호분의 조사에 대해서는 전혀 언급하지 않고 있다(早乙女雅博 2011).

　미나미 지로의 임나비 건립과 지산동고분군의 대형분에 대한 발굴 재개는 일제가 당시 상황을 극복하기 위해 사용한 마지막 수단의 하나였던 것으로 보인다. 학술적인 한계를 정치적으로 규정함으로써 임나일본부설에 대한 비판론에 종지부를 찍고자하는 의도가 깔려 있었던 것으로 여겨진다. 고령에 있어서 일제의 임나 만들기는 이뿐만이 아니었다. 고령읍 관음사 북편 언덕에는 '任那日本府址'라는 팻말을 박아 이를 역사적 사실로 증거하려 획책했고(고령군 1996:

337), 장기동의 회천변에는 '大伐戰勝址'라는 팻말을 세워[5] 고령을 온통 임나일본부의 유지로 만들려 획책했던 것이다.

IV. 일제가 남긴 영향과 그 평가

일제강점기 동안에 한국사회가 겪은 수난의 흔적은 비단 고령지역 뿐만 아니라 전국 방방곡곡에 상처로 남겨졌다. 하지만 애당초 일제가 그들의 침략과 식민지 통치를 정당화하기 위한 임나일본부의 중심지가 고령이었다고 생각했다는 점에서, 고령에 일제가 남긴 사회 문화적 영향은 다른 지역에 비해 훨씬 강했다고 생각된다. 일제가 고령을 '임나대가야국성지'로 규정하고 통치한 결과, 해방 후 고령사람들에게는 임나일본부의 극복이라는 문제와 대가야의 도읍지라는 지역 정체성을 확립해야하는 두 가지 숙제를 동시에 안게 되었다.

그리하여 해방 직후 지역 주도층이 중심이 되어 치안유지와 함께 일제의 잔재를 말소하는데 주력했다. 고령신사 건물을 소각하여 철폐하고 일제가 심은 벚나무도 벌목했다. 매일 등교 길에 배례해야했던 일인 교장 야쓰나미 노리요시八波則吉의 불망비도 철거했다(고령군 1996: 342). 이어 한국전쟁의 비극을 거치고 차츰 안정이 되면서 고령에서는 대가야문화에 대한 새로운 관심이 일기 시작했다. 1956년 5월 사단법인 대가야향토사연구회가 발족하여 향토사학자들을 중심으로 활발히 활동을 전개하면서 나름대로 임나일본부를 극복하기 위한 노력도 계속해왔다.[6] 이와 함께 매년 대가야예술제와 같은 지역문화제를 열기

---

5) 전 고령문화원장 최상호옹(당81세)의 증언.
6) 지금까지 『대가야문화총서』라는 이름의 향토사학지를 50여권 발간해 오고 있으며, 주로 대가

도하고, 우륵 영정각과 기념탑을 건립하는 등 대가야와 관련된 행사와 사업들이 지역주민들의 자발적 의지로 추진되었다. 이와 같은 주민의식은 지산동고분의 발굴을 적극적으로 응원하였고, 1980년대 초에는 가야문화권에 처음 건립되는 국립박물관이 진주에 세워진다는데 반대하며 국립박물관 건립 유치운동을 벌이기도 했으나 좌절을 맛보기도 했다. 그러나 이러한 지역민들의 의지는 결코 꺾이지 않고 1980년 대가야유물전시관 건립에 이어 2000년 왕릉전시관과 2005년 대가야박물관, 2006년 우륵박물관 등이 연달아 문을 열게 되었다. 그리고 1990년대에 들어서는 일본 천황가의 본향인 고천원이 고령이라는 다소 학술 외적인 주장도 제기되었고, 급기야 가야대학교 교내에 고천원공원을 조성하기도 하였다. 이와 같은 일련의 과정을 통해서 일제강점기를 거치면서 고령 사람들에게 남겨진 상처가 해방 후 새로운 대가야에 대한 인식을 지향하는 방향으로 작용하였고, 그것이 향토사학자들과 지역 주민들을 통해 표출되어온 것으로 볼 수 있다.

한편 고고학적 차원에서 고령에 대한 일제의 영향은 앞서 검토한 내용을 통해 충분히 이해할 수 있을 것이다. 일제가 정치적 목적을 달성하기 위해 학자들을 앞세워 조사를 수행하게 했고, 관학자로 동원된 그들 역시 자국의 입장에 따라 학자적인 양심을 뒤로하고 조사에 임했을 것이라는 점은 부인할 수 없을 것이다. 그렇다고 일제강점기의 조사를 모두 부정하거나 비 학술적 조사로 규정해버릴 수도 없다고 생각한다. 주지하다시피 한국 고고학은 일제 고고학의 잔재 위에서 시작되었다고 해도 과언이 아니며, 해방 직후의 실정을 감안 한다면

야와 임나일본부, 한일관계 문제 등을 다루어 왔다.

그 바탕에 일인학자들의 연구 성과가 깔려있음을 인정하지 않을 수 없다. 특히 학문적 특성상 조사와 연구의 방법론에 대한 비중이 다른 학문분야보다 크다고 할 수 있는 고고학에서는 일인 학자들의 그것이 모범이 아니라 비판의 대상이라 할지라도 그 반면교사적 영향을 무시할 수 없는 것이다.

예컨대 앞서 검토한 바와 같이 1918년 하마다 코우삭쿠와 우메하라 스에지의 조사는 마치 도굴하듯이 신속하게 이루어졌다. 이틀 만에 3기의 고분을 발굴 조사한다는 것은 지금으로서는 상상할 수 없는 일이다. 하지만 그 보고서를 보면 유적과 유구의 기술, 실측과 사진 촬영 등 소략하지만 필수적인 사항은 거의 빠짐없이 기록하고 있다. 뿐만 아니라 출토된 유물의 실측과 분석, 고찰 등에 있어서도 지금의 수준에 못지않다. 기실 하마다 코우삭쿠와 같은 인물은 1905년 동경제국대학을 졸업하고 1909년 경도제국대학에 부임하면서부터 일본 고고학 발전에 큰 역할을 한 일본의 정통 고고학자였다. 1922년 『통론고고학』을 저술하여 일본에 처음으로 형식학적 연구법을 소개하였고 1933년에는 몬텔리우스의 형식학적 방법을 『고고학연구법』으로 번역하여 출간하기도 했던 인물이다. 그가 1916년 유럽 유학을 마치고 돌아온 지 2년 만에 지산동고분을 발굴한 것이다. 때문에 그의 고고학적 지식과 전문성은 전혀 의심할 필요가 없다고 본다. 당시의 조사를 '한국 고고학'이라고 말할 수는 없겠지만 약 100년 전에 한국에서 실재했던 사건이며, 근래 서양의 연구법이 도입되기 전까지만 해도 우리가 가장 중요한 연구법의 하나로 여겨온 형식과 편년 연구법의 시발점 또한 당시에서 비롯된 것임을 부정할 수 없다. 그렇다면 우리가 거기서 취할 바가 없다고 할 수만은 없는 것이다.

그리고 일제는 어떠한 이유였던 간에 고분군을 비롯한 제 유적에 대한 중요성을 인식하고, 기초조사와 함께 도면과 사진 등 많은 기록 자료를 남겼다. 일제는 1933년 「조선 보물 고적 명승 천연기념물 보존령」을 발표하며 제도적으로 문화재의 관리를 시작하였다. 아울러 앞서 살펴본 바와 같이 중요 유적은 고적으로 지정하여 통일된 규격의 표석을 설치하는 등 행정적 관리도 도모했다. 이러한 점은 해방 후 도굴을 부채질하는 부정적 측면으로 작용하기도 했지만, 우리 학계와 문화재 관리 행정에 있어 긍정적인 영향을 준 측면도 부정할 수 없다. 이러한 바탕에서 고령의 제 유적에 대한 관심이 이어져 왔고, 해방 후 1963년 고아동벽화고분 조사와 1964년 고아2리고분 발굴을 거쳐 1970년대의 본격적 발굴로 이어질 수 있었다고 본다.

V. 맺는말

일제강점기 고령지역에서 이루어진 조사는 한국 지배를 정당화 하기위해 임나일본부의 증거를 찾으려는 목적으로 추진되었다. 식민지의 유적에서 그것도 순수한 학술적인 목적의 조사가 아니었기 때문에, 조사가 거칠었고 그 결과 또한 보고되지 않은 것이 많았다. 특히 일제가 주목했던 고령의 지산동고분군은 대가야의 역사와 문화를 연구하는데 가장 핵심적인 유적이다. 이에 대해 일제강점기 동안 많은 조사가 이루어졌으나 앞서 검토한 바와 같이 아직 그 실상 조차 제대로 파악하지 못하고 있는 실정이다. 다소 늦은 감이 있지만 이러한 현실적 문제를 극복하기 위해서는 다양한 방면의 노력이 필요하다고 본다.

우선 국립중앙박물관 등 당시의 관련 자료를 소장하고 있는 기관에서는 학술자료의 공개가 시급히 요구된다. 국립중앙박물관이 해방 후 50여년이 지난 시점에 원판 목록을 정리하여 공개하였지만, 아직 사진자료의 학술적 활용은 현실적인 제약이 많이 따른다. 그리고 정부의 각 부처에 남아 있는 당시의 행정적 관련 문서들도 가능하면 전공자나 학술조사기관들이 활용할 수 있도록 제공되어야 할 것이다. 일제의 조사 활동은 개인적인 조사도 있었겠지만 대부분 조선총독부 산하의 내무부 지방국을 비롯하여 취조국, 학무국 등 다양한 행정부서에서 추진되었다. 따라서 현장 조사 담당자들이 남긴 기록이나 출장 관련 문서가 중요한 자료가 될 수 있다. 이러한 자료들이 하루속히 정리되고 학계에 제공될 수 있어야 과거의 오류들을 바로 잡을 수 있을 것이다.

한편 당시 조사에 관여한 당사자들은 이미 대부분 작고한 상태이며 일제 초기의 사건들은 이미 백년이 되어 가고 있다. 그들이 남긴 개인적 자료를 확보하는 일 또한 해외반출 문화재를 환수하는 일 못지않게 중요하다고 생각한다. 때문에 당시 조사자의 유족이나 연고자들을 추적하여 그들이 남긴 자료를 기증받거나 제공 받는 노력도 필요하다고 본다. 이와 더불어 제공된 자료를 적극적으로 활용하고 검토하는 전공자들의 관심과 노력, 그리고 그 학술적 활용이 시급히 요구된다.

한국 고고학의 입장에서 본다면 일제강점기에서 비롯된 부정적 영향을 해방된지 70년이 가까워지는 지금까지 극복하지 못한 부분에 대한 반성과, 긍정적으로 평가할 부분에 대한 이해가 함께 고려되어야 할 것이라 여겨진다. 이를 위해서는 앞서 논의한 바와 같이 일제강점기의 조사에 대한 재검토와 재평가가 하루빨리 선행되어야 할 것이라 생각한다.

참고문헌

고령군, 1996, 『고령군지』.

국립김해박물관, 2009, 『지산동고분과 대가야』.

국립중앙박물관, 1997, 『원판목록집』 I.

국립중앙박물관, 1998a, 『원판목록집』 II.

국립중앙박물관, 1998b, 『광복이전조사유적유물미공개도면』 I. II.

국립중앙박물관, 1999, 『원판목록집』 III.

국립중앙박물관, 2000, 『원판목록집』 IV.

국립중앙박물관, 2001, 『원판목록집』 V.

김세기, 2000, 「고분자료로 본 대가야」, 계명대학교사학과 박사학위논문.

_____, 2003, 『고분자료로 본 대가야연구』, 학연문화사.

김종철, 2012, 「고령 지산동 44,45호분 발굴과 대가야사 연구」, 『대가야사연구의 현황과 과제』, 대가야박물관.

김현구, 2010, 『임나일본부설은 허구인가』, 창비.

대동문화재연구원, 2010, 『고령지산동고분군 종합정비계획수립을 위한 정밀지표조사결과보고서』.

대동문화재연구원, 2012a, 『高靈 沙鳧里 窯址』.

대동문화재연구원, 2012b, 『高靈 箕山里 窯址』.

대동문화재연구원, 2012c, 『高靈 星山 沙鳧里 陶窯址』.

대동문화재연구원, 2010b, 「고령 88올림픽고속도로 확장구간(제14공구)내유적 발굴조사약보고서」.

대동문화재연구원, 2010c, 「고령"성산 사부동도요지"축대보수공사부지내 유적 발굴조사약보고서」.

박천수, 2011, 「양산부부총, 고령 지산동고분군 조사」, 『국외문화재 출처기록조사 및 D/B구축사업 관련 내부워크숍』.

전용신, 2005, 『完譯 日本書紀』, 일지사.

조영현, 2012, 「대가야묘제의 연구현황과 과제-고령 지산동고분군을 중심으로-」, 『대가야사연구의 현황과 과제』, 대가야박물관.

한국학중앙연구원·고령군청, 2010, 『디지털고령문화대전』.

濱田耕作·梅原末治, 1922, 「慶尙北道慶尙南道古蹟調査報告書」, 『大正七年度 古蹟調査報告』第一冊, 朝鮮總督府.

有光敎一·藤井和夫, 2002, 「高靈 主山 第39號墳 發掘調査 槪報」, 『朝鮮古蹟硏究會遺稿 Ⅱ』, 유네스코동아시아문화연구센터, 東洋文庫.

早乙女雅博, 2011, 「新羅考古學硏究」, 『日帝强占期 新羅古墳 發掘調査 關聯資料集』, 國立慶州文化財硏究所.

일제 강점기 신라 도성 연구와 그 의의

이은석 문화재청 발굴제도과

Ⅰ. 머리말

　일제 강점기 동안 전국 각지에서 수많은 유적 조사와 연구가 진행되었지만 고대 삼국에 대한 도성이나 고대 도시에 대한 연구는 큰 성과가 드러나지는 않았다. 그 대표적인 이유는 삼국의 고대 도성지역인 평양, 부여, 경주지역에는 고대부터 지속적인 지역 거점지로 주민들의 생활지역이었으며, 古都의 성격 파악을 위해서는 도로유구나 성곽 등에 대한 대규모 발굴작업이 수반되어야 하기 때문에 고고학적 접근이 여의치 않았기 때문이다. 그리고 당시 일인 연구자들도 평성경이나 등원경의 해석 부분에 있어서 고건축 분야로 진행되었기 때문에 당연히 삼국 도성 연구는 고고학적인 발굴 대상 보다는 건축사학으로 인식, 접근되었다. 이후에도 고려 및 조선시대 도성 연구는 고고학 분야 보다는 고건축 분야에서 주로 접근하고 있는 실정이다.[1]

　본 연구는 일제 강점기 시절에 조사·연구된 신라 도성을 중점적으로 살펴보고, 향후 조사와 연구의 방향에 어떻게 활용할지 고민해 볼 필요가 있다. 경주 연구가 100여 년이 넘은 지금, 아직도 80년 전 제작된 藤島亥治郞의 '신라왕경 복원도'가 연구자들에게 꾸준히 활용되고 있으며, 이를 능가하는 도면이 제시되지 않았다는 점은 이 분야에 몸담고 있는 자로서는 실로 부끄러운 일이 아닐

---

[1] 조선시대 궁궐에 대한 고고학적 접근은 1990년대 경복궁 복원을 위한 발굴조사를 시작으로 진행되었다. 이후 2004년 소주방 등지의 발굴로 이어졌으며, 최근 광화문과 숭례문 등의 발굴로 축조 당시의 흔적을 밝히기도 하였다. 그리고 종로 청진지구 재개발로 인해 도성내 생활유적에 대한 발굴이 진행되고 있는 실정이다.
고려시대 도성인 개성에 대한 조사는 북한측에서 과거 진행되었지만 궁궐의 일부 규모 정도만 추정할 정도였으나, 2007년부터 시작된 남북 합동조사로 인하여 고려 궁궐의 고고학적 연구가 이제 시작되는 수준으로 보아야 할 것이다.

수 없다. 따라서 왕경 연구에 대해 전반적으로 살펴보면서 남겨진 과제에 대한 어떻게 해결할 것인가를 분석해 보고자 한다.

Ⅱ. 일제 강점기의 신라 왕경 연구

먼저 본 발표의 중점과제인 일제강점기 시절의 조사와 연구에 대해 중점적으로 그 내용을 정리해 보고자 한다.

경주유적의 조사는 1902년 關野 貞의 조사로 처음 소개 된 후 1906년 今西 龍이 보완하여 밝혀지기 시작하였다.[2] 당시 조사에서는 古墳, 寺址가 중심이었으며, 도성에 대한 인식은 今西 龍이 간략하게 아래와 같이 언급하고 있다.[3]

신라 도성은 동으로는 낭산 부근에 서로는 서천에, 남으로는 오릉의 남쪽에, 북으로는 북천을 넘어 소금강산에 달했던 것 같다. 동서남북 모두 1里 내외이다. (중략) 지금 남문(경주읍성) 밖으로부터 분황사에 이르는 곧은 길은 도성시대 유적이 아닐까 여겨진다. 언양가도와 그 서쪽에서 이와 평행한 소로는 그 사이 유지의 초석 배열로 미루어 보건대 역시 도성시대 가로의 흔적일 것이다. (중략)

상기 내용은 신라도성에 대한 최초의 인식 내용이며, 고대 도로에 대한 인식을 가진 점이 주목된다. 도성 유적의 중심지역인 월성은 1914년 鳥居龍藏이 성벽을 발굴하였으나 궁궐에 대한 인식 보다는 선사시대 흔적에 대한 조사에 치

---

2) 일제강점기시때 경주 연구에 대한 전반적인 내용은 다음의 책자에 상세하게 설명되어 있어 구체적으로 언급하지는 않기로 한다.
차윤정, 2010, 『慶州 月城 基礎學術調査報告書 I 硏究報告書』, 國立慶州文化財硏究所, pp. 34~40.
3) 이부오, 하시모토 시게루 역, 2008, 『이마니시 류今西 龍의 신라사 연구』, p. 111.

중되어 그 중요성이 제대로 드러나지 않았다. 신라 도성에 대한 구체적인 연구는 1920년대 藤田元春과 藤島亥治郞이 중점적인 조사와 연구로 소개되기 시작하였다. 이후 1937년 북궁지로 추정되는 전랑지의 조사를 齊藤忠이 실시하여 도성의 형태를 일부 추정할 수 있는 계기가 되었다.

1. 藤田元春의 도성 연구

藤田元春은 1920년대 신라의 도성이 井田으로 구성되어 있다는 점을 인식, 일본 오사카 지역 구획과의 유사점을 맞추어 가면서 경주 도성에 대한 연구를 진행하였다. 그는 1929년 간행한 『尺度綜考』의 「都城考」에서 경주 읍성에 대한 조사를 진행하여 방의 크기를 산정하였다.[4]

당시 1:10,000의 지형도를 바탕으로 경주읍성의 도로, 호, 석벽 등의 유구를 실측하였고, 그 결과 경주읍성의 크기는 曲尺(日本尺/30.303cm)으로 사방 360칸이며, 읍성을 둘러싼 호의 바깥에서 읍성 내부까지의 폭은 20칸임을 확인하였다. 그러므로 성 양쪽에서 각각 20칸씩을 빼면 성 내부는 320칸이 된다고 보았다. 그는 여기에서 중국 고대 도성의 가구분할 방법인 '九經九緯'법을 적용하여 방의 크기를 산정하고자 하였다.

일단 360칸을 9등분하면 40칸이 되고 여기에 성 양쪽의 호와 성벽의 폭인 40칸을 빼면 320칸이 되어 산술적으로 40×40칸 크기의 정방형 구획이 각각 8개

---

[4] 일제강점기 조사 및 연구에 대한 내용은 최근의 발표자료에 잘 소개되어 있어 이를 인용하기로 한다.
양정석, 2012, 「신라왕경의 연구사적 검토」, 『황룡사 복원연구포럼』, 국립문화재연구소 · 경주시.

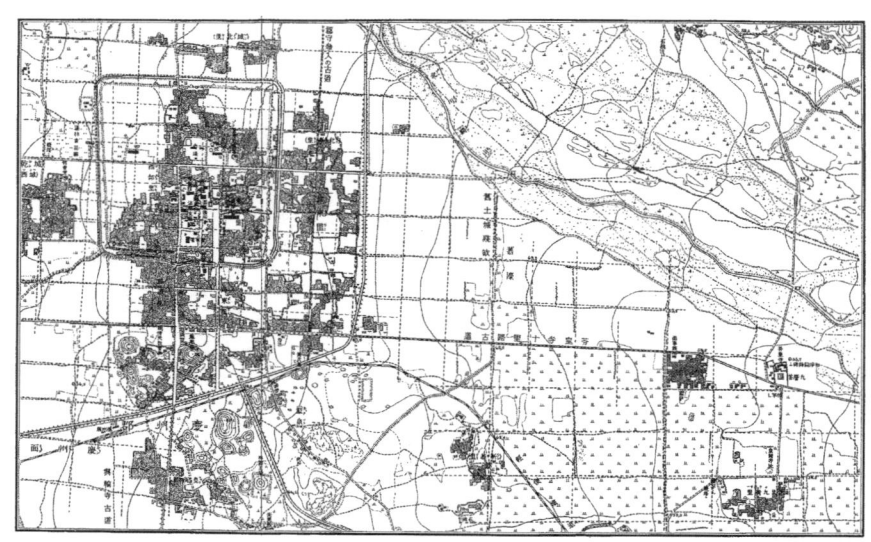

도 1. 藤田元春 경주 토지구획도(1929)

씩 존재하는 것이므로, 성 내부에는 모두 64개의 구획이 있었던 것으로 파악하였다. 그리고 40×40칸 크기의 정방형 구획을 4개 합치면 80×80칸 크기의 정방형 구획이 되며, 이러한 구획은 성 내부에 모두 16개가 존재하는 것으로 보았다. 즉 藤田는 읍성 내부는 40×40칸 크기의 정방형 구획과 80×80칸 크기의 정방형 구획으로 이루어졌던 것으로 이해하였던 것이다. 그런데 일본척 1칸은 東魏尺으로 5척에 해당하므로, 결국 읍성 내부는 동위척으로 200×200척 크기의 정방형 구획과 400×400척 크기의 정방형 구획으로 이루어졌다고 판단하였다. 더구나 성동동과 황오동, 노동동 일대에서 동위척으로 800×800척 크기의 정방형 구획이 확인되고 이 구획은 다시 '田'자의 형태로 4등분 되는 것으로 보아, 경주읍성 내부에 존재하였던 방의 크기는 400×400척(약 140m)이었다고 결론지었다. 그는 400척이 넘는 條里에 대해서는 남는 부분에 대해서 40척 내지

80척으로 두었다.

당시 경주읍성의 규모로 역산하여 고대 신라의 坊에 대한 규격화 시도는 획기적이었다고 볼 수 있다. 전체적인 범위는 확인하지 못했지만 藤島亥治郎의 연구에 많은 영향을 끼쳤다고 볼 수 있다.

2. 藤島亥治郎의 도성 연구

藤島亥治郎은 1929년 7월 25일부터 약 2주일간 동경제국대학의 명을 받아 조사를 진행하여 그의 저서를 이듬해에 발간하게 된다.[5] 그는 고대 조선은 일본과의 교류에 있어 정치, 예술적으로 관계가 있으며, 조선에 남아 있는 건축지는 일본과 밀접한 관계를 가지며 삼국시대부터 통일신라시대 및 고려시대 목조건축의 귀중함은 말로 표현할 수 없을 정도라고 표현하고 있다. 특히 근래의 조선 고고학의 활동은 세계적으로 귀중한 많은 자료를 학계에 제공하고 있고 자신의 건축사 연구에 많은 도움이 된다고 언급하고 있을 정도로 연구의 중요성을 부각시켰다.

그는 신라 왕경 복원도 작업을 위해 참모본부가 발행한 1/25,000 지도와 1/10,000 지도를 활용하려 했으나 만족할 수 없어 경주 평야의 1/1,200 지적도를 활용하였다. 藤田元春의 구획에 문제를 제기하면서 1町을 400척으로 보고 1町을 1坊으로 보았다. 그리고 '右京'이 음각된 기와가 출토되었다는 大阪金太郎의 말에 따라 도시 분류 후 이를 첨가하였다. 그의 복원안은 월성과 황룡사

---

5) 藤島亥治郎의 도성관련 연구는 1930, 『朝鮮建築史論』: 1982년 복각본, 경인문화사의 내용을 인용하면서 양정석(2012)의 자료를 활용하였다.

를 통과하는 남북대로를 중심으로 左京과 右京으로 나누고, 좌경은 동서 7,120척, 남북 12,860척, 우경은 동서 7,280척×남북 13,220척으로 복원된다고 하였

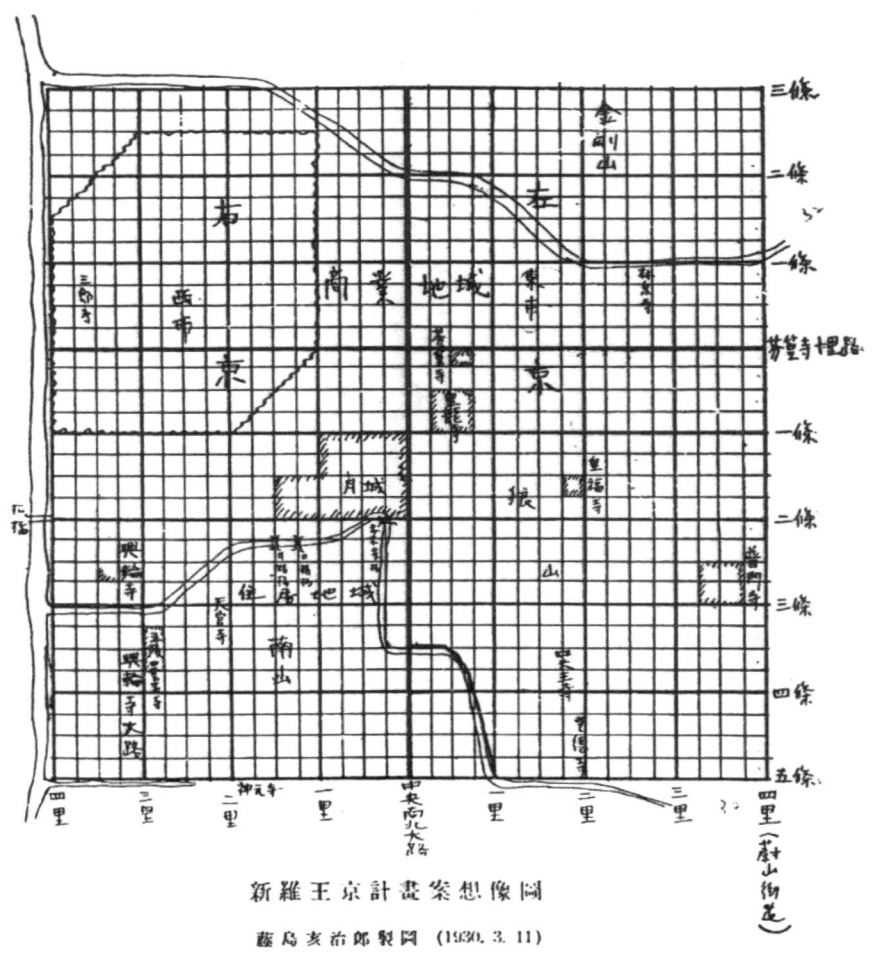

도 2. 신라왕경 계획안 상상도

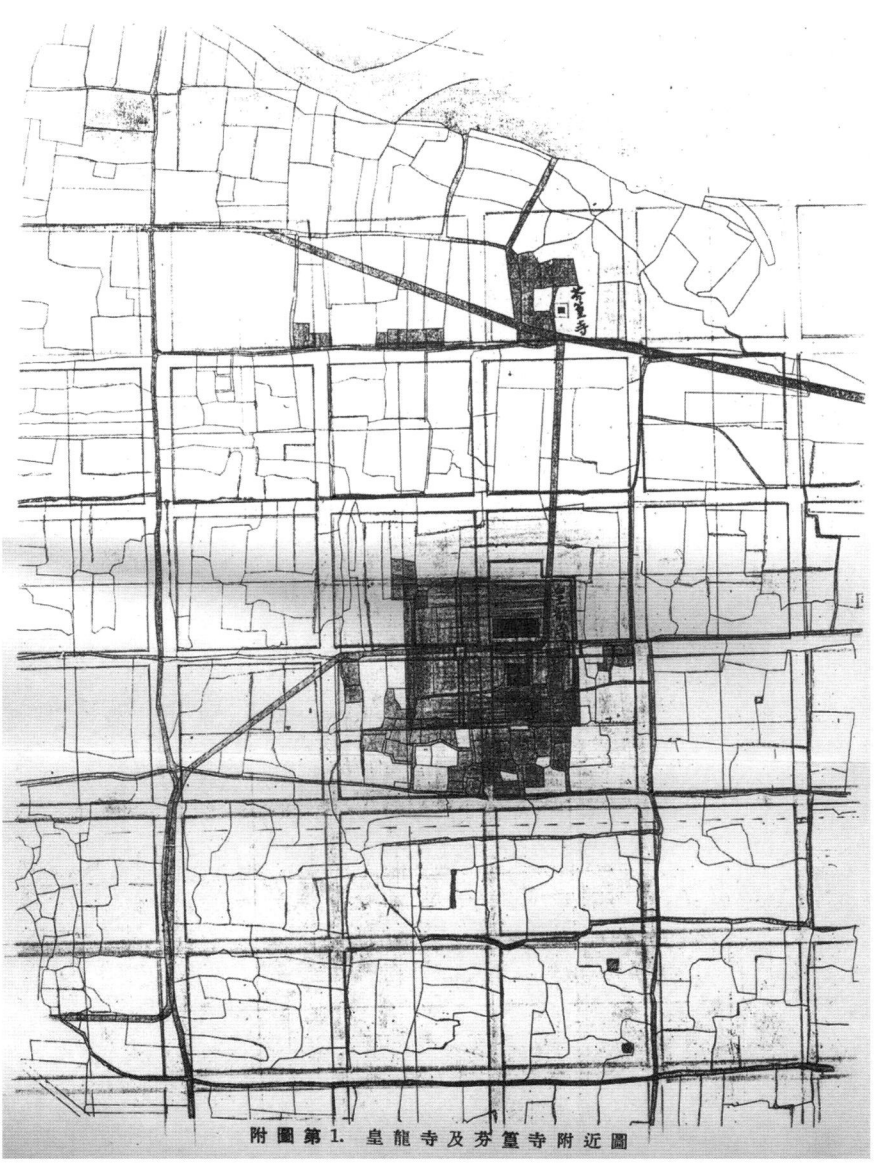

도 3. 황룡사 및 주변 지할 복원도

다. 그 범위로는 북·서·남천을 경계로 하고 동쪽으로는 보문사 일대까지로 보았다.

그의 복원안은 다음과 같이 나타낼 수 있다.

◦ 王京東西

(1里=300步=6尺×300=1,800척) /1보=6尺

左京 4里   7,120尺
右京 4里   7,280尺
합계 8里 14,400尺

◦ 王京南北(南部는 대체로 알지만 북부는 범위가 명확하지 않음)

南部南北 右京 5里   8,220尺
          左京 5里   7,860尺
北部南北   3里   5,000尺
합계   右京 8里 13,220尺
          左京 8里 12,860尺
왕경 남북   10里 16,420尺

『三國史記』에서 보면 長 3,075步, 廣 3,018보로, 1步 6唐尺으로 계산한다면

長 3,075步 = 18,450唐尺 = 15,708.33東魏尺
廣 3,018步 = 18,108唐尺 = 15,090東魏尺

계산상으로는 양자가 맞지 않지만, 경주는 남북이 10里 정도이지만 동서가 8

리이다. 전반적으로 경계가 확정되어 있지 않아 확정할 수 없고, 엄정하게 동서남북이 정해지지 않아 일부 명활산이나 남산도 포함되어 있다.

　이상에서 좌경과 우경의 차이가 있는 까닭은 도시계획이 동시에 이루어진 것이 아니라 시기를 달리하며 여러차례 나누어 실시되었다고 보고 있기 때문이다. 중앙부와 북천 위쪽 부분이 맞지는 않지만 현재까지 이 복원도는 활용되고 있는 점을 주목해야 한다.

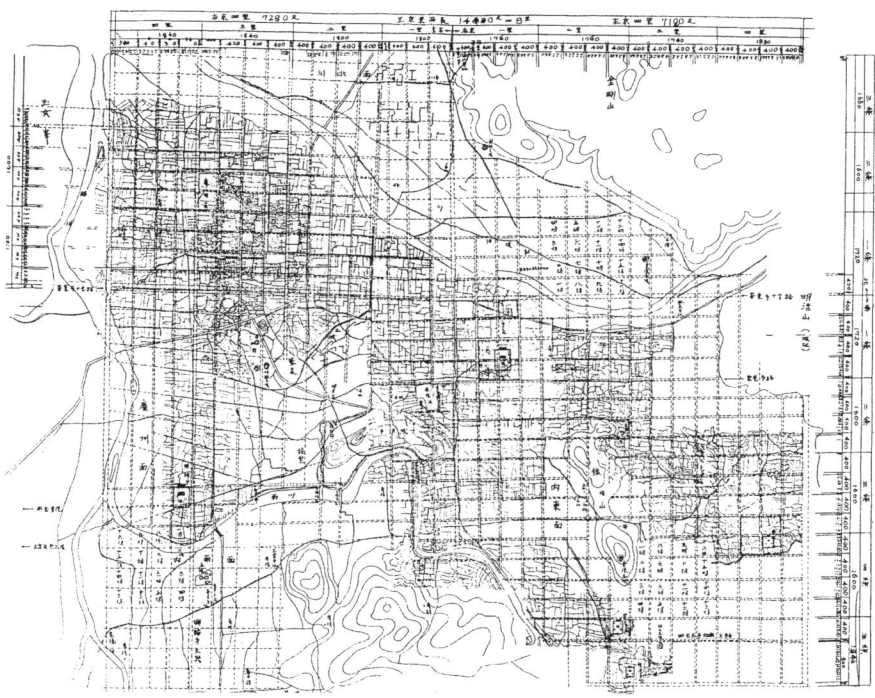

도 4. 藤島亥治郎 신라왕경 복원도

3. 齊藤忠의 도성 연구

齊藤忠은 경주 궁성을 중심으로 왕경유적의 특성을 街衢條坊의 遺制로 보았다.[6] 현존하는 대소의 도로나 畔道水構(논밭의 경계)가 동서남북으로 정연하게 구획되어 있는 것이 많고 특히 水田의 구획에 이르기까지 정연하다는 것이다. 이러한 것은 당시의 도성을 고찰할 수 있는 중요한 유적으로 보았다. 이러한 구획을 실제로 도면에 표시하면 다음과 같다.

또한 石壘가 밭둑에 접하여 길게 쌓여져 있는 것은 당시의 宅牆의 일부였을 것으로 보고 있다.[7] 특히 주위 산들 위에 산성의 존재는, 본래 중국 도성제에 보이는 羅城으로 도성을 보호하는 것이 원칙이지만 신라의 경우 이러한 형태가 보이지 않고 산성이 나성의 역할을 한다고 보았다. 이는 신라의 도성 개념이 중국과 차이가 있었음을 인식하고 있었다는 것으로 볼 수 있다.

평지에 발달한 신라 도성은 시기의 추이에 따라 확대 발전되어 갔으며, 금성의 시작부터는 아닐 것이라고 보았다. 도성의 형태를 갖추기 시작한 것은 불교가 전래되어 사원 건축이 발달한 통일의 기운이 성숙된 시기 이후로 보았으며, 제 29대 무열왕(654-660)과 문무왕(661-680)의 시기에 활발한 발전하여 이루었을 것으로 추정하고 있으며, 문헌에 따르면 효소왕(692-701)에 이르기까지 도시로서의 건축설비가 이루어졌다고 생각하였다.

즉 신라의 도성이 단계적 발전으로 이루어졌으며, 『삼국사기』에 보이는 '王

---

[6] 齊藤忠, 1936, 「新羅の王京跡」, 『夢殿』 15 ; 1973, 『新羅文化論攷』, 吉川弘文館. pp. 114-127.
[7] 이글이 작성된 것은 1936년으로 1972년 일부 자구가 수정되었으나, 1937년 전량지 조사 시 담장을 밝힌 바 있어, 방으로 구획된 도시유적의 발굴을 실시하지 않았지만 이미 석축 방장의 개념을 이해하고 있었던 것으로 판단된다.

도 5. 지적도에 보이는 條坊의 地割

殿', '南堂', '朝元殿' 및 '王宮北門', '王宮南門', '東市'의 설치, 흥륜사를 비롯한 각종 사찰의 조영 등 기사에 수록된 내용으로 별다른 이견 없이 인정하고 있다.

왕경 복원과 관련, 藤田元春과 藤島亥治郎의 업적을 인용하면서 다른 견해를 보이고 있다. 국운이 융성해서 충실한 도성이 필요로 할 때 정비된 도시계획이 행해져야 하나, 경주분지에 있어서는 정연한 구획하에 큰 규모로 평지에 계획을 실현하는 것은 곤란하다고 보았다. 서천과 북천, 남천으로 한정되어 그 내부에 조방구획이 갖춰지지만 강 바깥으로는 제대로 보이지 않는다는 점이 있다. 그리고 주위를 둘러싼 산지들도 저해요소로 낭산이 집락지의 한계점으로 보고 있다. 이러한 이유로 매우 조밀한 도시구조이나 안압지와 황룡사지역은 정연한 구조를 보이고 일정한 간격을 유지하고 있다고 보고 있다. 그는 이러한 점을 1/1,200의 지형도에 맞추어 계측한 결과를 보이고 있다.

즉 표에서 보면 다수가 80間 내외로, 145m 내외를 중심으로 하고 있다. 평균치는 동서 83.789間, 남북이 77.974間으로 계산되었다.

齊藤忠은 전반적으로 볼 때, 지형적으로 협소한 경주시내에도 불구하고 조방제와 함께 왕궁인 월성을 비롯, 각종 사찰이 택지의 집락 사이에 위치하고, 고분군이 존재하는 것은 도시의 경관에 특이성을 부여한다고 보았다.

아울러 조방제의 분할이 藤田元春과 藤島亥治郎의 의견과 그다지 차이가 없음을 알 수 있다.

표 1. 坊의 크기와 지번

※ 1間 : 181.818182cm

	동서의 길이(間)	남북의 길이(間)	지 번
노동동	87	74	77-99, 126-139
	76	74	101-122, 204-238
노서동	92	82	130-135
	90	73	162-168
황오동	93	78	1-5, 43-46
	85	76	225-251
인왕동	94	77	1-6,639,640
	87	81	330-344
	82	80	637-644
성건동	86	82	261-294,325-328
	87	81	330-334
	86	73	370-376
	87	78	302-316,453-455
성동동	72	80	38-48
	76	78	90-96
	86	75	97-102
	90	78	112-115, 117-119
	77	76	120-129
	89	76	130-142, 205, 271-299
	82	75	147-156, 161-167
	87	75	143-145, 201-215
	68	80	216-227, 231-253
	69	75	255-270
	83	74	67-86, 300-324
	70	78	327-385
	70	78	386-394, 400-418
구황동	86	90	353-356, 361, 416-418
	89	87	443-445, 485-491
	86	81	442, 451-457
	83	72	458-461
	84	76	437-439, 492-496
	88	86	580-590
	89	79	636-668
	93	80	661, 670-675
	84	77	682-689
	90	78	677-681, 690-693
	76	70	857
	75	80	858-864, 877
평균치	83.789	77.947	

이상에서 보면 동서가 넓은 편이므로 결국 坊의 형태가 장방형이라는 주장이 등장하기 시작하였다. 그러나 이를 다시 살펴보면 동서가 길다는 것은 남북 도로가 동서 도로에 비해 넓다는 결론도 도출할 수 있는 점에 주목할 필요가 있다.

4. 殿廊址 발굴과 그 성과

殿廊址유적은 1937년 북천 호안공사 시 장대석이 확인되어 齊藤忠이 6월 14일부터 7월 22일까지 조사를 실시하였다. 이곳에서는 북궁터로 추정할 수 있는 장랑지 6개소와 전당지 6개소 및 문지 2개소, 담장 석열 등이 확인되어 신라 궁

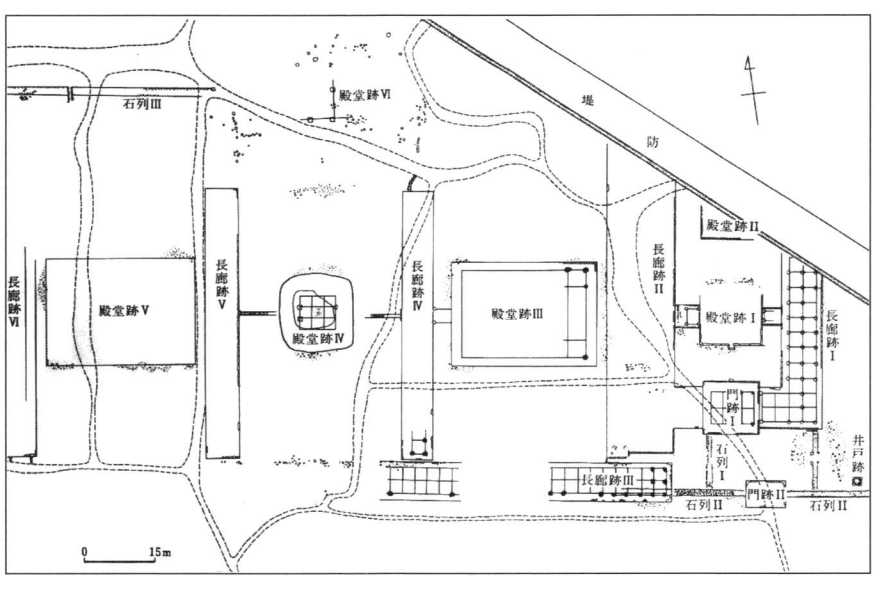

도 6. 전랑지 발굴현황도(1937)

궐의 일면모를 알 수 있게 하였다.[8]

이후 1993년 동편 일부가 조사되어 그 규모를 확실히 파악할 수 있었는데,[9] 장랑지Ⅵ의 건물지 규모가 남북·동서가 75.4×15.3m이며, 24×4칸의 규모가 확인되었다. 도면에서 보는 바와 같이 장랑지의 규모나 전당지의 규모(동서×남북, 31.5×23.1m)가 대형으로 이 일대가 궁궐지라는 것을 판단할 수 있었다. 이곳은 월성에서 북쪽 북천변에 위치하고 있어 월성과의 사이에 당시의 각종 관서 건물이 들어서 있었음을 추정하게 되고 실제로 발굴을 통하여 선덕여고 부지에서도 대형 건물지(주칸 360×550cm) 등이 확인되었다. 이를 통해 왕경의 복원에 대한 모습을 어느 정도 유추할 수 있으나, 아직까지 그 규모를 파악하기가 어려운 실정이다.

Ⅲ. 광복 이후 연구 성과와 과제

1. 연구 성과

광복 이후 1970년대 초반까지는 신라 왕경에 대한 연구는 매우 미미하였다. 그러나 1970년대 이후부터 藤島亥治郎의 도면을 주로 이용하여 다양한 복원이 시도되었다. 이후 1990년대 들어서 황룡사 동편지역에 대한 발굴 결과가 알려지면서 본격적인 연구가 시작된다. 따라서 연구의 성과 시기에 따라 크게 4단계

---

8) 齊藤忠, 1938, 「城東里 遺蹟址」, 『昭和13年度 朝鮮古蹟調査報告』.
9) 국립경주문화재연구소, 1995, 『殿廊址·南古壘 發掘調査報告書』.

정도의 획기로 나눌 수 있다.

제1기 : 신라 왕경연구 초입기(일제강점기~1945)
제2기 : 신라 왕경연구 침체기(1945~1971)
제3기 : 신라 왕경연구 시도기(1972~1996)
제4기 : 신라 왕경연구 활성기(1997~현재)

제1기는 앞서 설명한 바와 같으며, 제2기에는 국내에서 연구가 거의 진행되지 않았다.[10] 제3기인 1970년대 초반에 이르러 윤무병(1972)은 북천 남쪽으로 전랑지(북궁지)와 월성을 이어주는 곳에 주작대로가 있었을 가능성을 제시하였고, 이는 여러 연구자들에게 영향을 끼치게 되었다. 이후 장순용(1976), 김병모(1984), 윤무병(1987), 민덕식(1989), 東潮·田中俊明(1988), 田中俊明(1991), 龜田博(1993) 등은 藤島亥治郎의 원도를 이용하여 다양한 복원도를 제시하게 된다. 그러나 실제 발굴된 내용이 없어 복원도상에서 제시되었을 뿐이다.

이후 제4기로 구분할 수 있는 가장 큰 특징으로는 국립경주문화재연구소가 1987년부터 황룡사지 동편에서 도로유적과 주택지 등 1坊 주변 도로를 포함한 전체 유구에 대한 조사를 진행하면서 1996년까지 1차 전면노출조사를 완료하게 된다. 그리고 동천동 택지구역, 서부동 19번지와 선덕여고 556번지 등, 1997 1998년에 지속적으로 도성관련 유적들의 발굴이 이어지면서 왕경의 구조를 파악할 수 있는 여러 자료들이 제공되기 시작한다. 우성훈은 1996년 말 그의 석사논문에서 지적도와 지형도(1917년도)를 겹쳐 1/10,000로 제작하고 周尺으로 왕

---

10) 李弘稙, 1959,「新羅의 都京과 條坊」,『地方行政』12월호.

경을 복원을 시도하는데, 이때 작도된 도면은 이후 많은 연구자가 활용하게 된다. 박방룡(1997)은 이 도면으로 복원도를 작성하면서 주작대로의 위치가 藤島亥治郞이 설정한 좌경과 우경으로 나누어지는 월성 동편(도로 폭 23m)으로 설정하게 된다.

이은석(2003, 2004)은 왕경과 선덕여고 556번지, 서부동 19번지의 발굴 결과를 바탕으로 신라 왕경의 단계적 발전론을 제시하게 된다. 그리고 2002년 황룡사지 동편 왕경유적 발굴이 완료되면서 그 동안 발굴 결과를 보고서로 간행하게 되고 이를 바탕으로 2003년 '新羅王京調査의 成果와 意義'이라는 주제로 학술대회를 개최하면서 왕경 연구에 활기가 띠게 된다. 국립문화재연구소는 2005년부터 「일본고대도성과 한국 왕경의 형성과 발전에 관한 공동연구」를 체결하여 연구 활성화에 기여하게 된다.

2000년대 초반 당시의 가장 큰 고민은 고고학적으로 왕경 복원을 하면서 藤島亥治郞의 里 단위 복원에 4坊 단위로 대로와 소로가 구분되는지 경주시가지 발굴조사 시 계속해서 확인작업이 이루어진다. 그러나 발굴된 지역마다 도로의 폭이 다르고(4m, 5.5m, 10.2m, 12m, 15.5m, 23m 등) 변화가 있어 해결 기미는 보이지 않았다. 이에 황인호(2006, 2007, 2009, 2010)는 방의 규모는 400척(동위척, 고구려척)으로 두고, 시간이 흐르면서 도로의 폭이 60척, 40척, 20척의 규모로 그 폭이 줄어들며, 방의 규모도 축소되는 안을 제시, 중국이나 일본과는 다른 발전방향으로 추진되었다고 판단하였다. 즉 처음 황룡사 등을 중심으로 하는 중앙핵심지역의 坊制 시작단계에서는 도로의 폭이 60척(21.3m) 범위 내에서 축조되는 것이며 그 내부에서는 필요에 따라 도로의 폭을 넓히거나 줄일 수 있는 것이라 보았다. 현재 도로의 폭으로 보아 이러한 해석은 가장 타당하리라 판단된다.

표 2. 단계별 방리구획의 시행 범위 및 규모(황인호의 안)

	시행 시기	시행 범위	방의 규모	도로 부지 규모
1단계	6세기 중반~7세기 전반	구황동, 인왕동 일대	142×142m	21.3m
2단계	7세기 전반~7세기 후반	황룡사 북편과 서부동 일대	142×142m	14.2m
3단계	8세기 이후	성건동과 동천동 일대	152.65×117.15m	7.1m

양정석(2008, 2010, 2012)은 신라 왕경의 사료적 해석과 고고학적 해석을 동반하면서 정리해 나가고 있어 좋은 결과가 도출될 것으로 기대되고 있다.

2. 해결 과제

왕경 연구의 가장 큰 난제 가운데 하나는 통일신라시대 왕경 관련 연구는 역사학자, 고건축자와 고고학자의 학제간의 공동연구가 진행되어야 하나 지금 그렇지 못한 것이 현실이다. 역사학자들은 발굴된 내용을 인식 혹은 이해하지 못하거나,[11] 인정을 하지 않는 분위기가 있다. 반면, 고고학자들은 발굴조사로 증명되지 않은 사료(예를 들면 469년 방리명을 정했다는 기사)는 인정하지 않아 상호 평행선을 달리고 있는 경우가 느껴진다. 아울러 고건축 연구자의 부족으로 지상의 건물과 하부 구조와의 연결 등에 있어서 건축적인 상황을 고려하지 않은 채 고고학 연구자 나름대로 해석하는 경우가 많다. 또한 경주 시내를 발굴하는 도성 전공 연구자는 극히 드문 것도 그 요인 중 하나일 것이다.

---

11) 2005년에 개최된 나정 관련 학술대회 내지는 2008년에 개최된 '동아시아 도성과 신라 왕경을 비교연구'(신라문화제 학술논문집 참고) 등 에서 역사연구자들은 최근 10여년 내 경주지역에서 발굴된 내용을 제대로 인식하지 못하고 발표하고 있다.

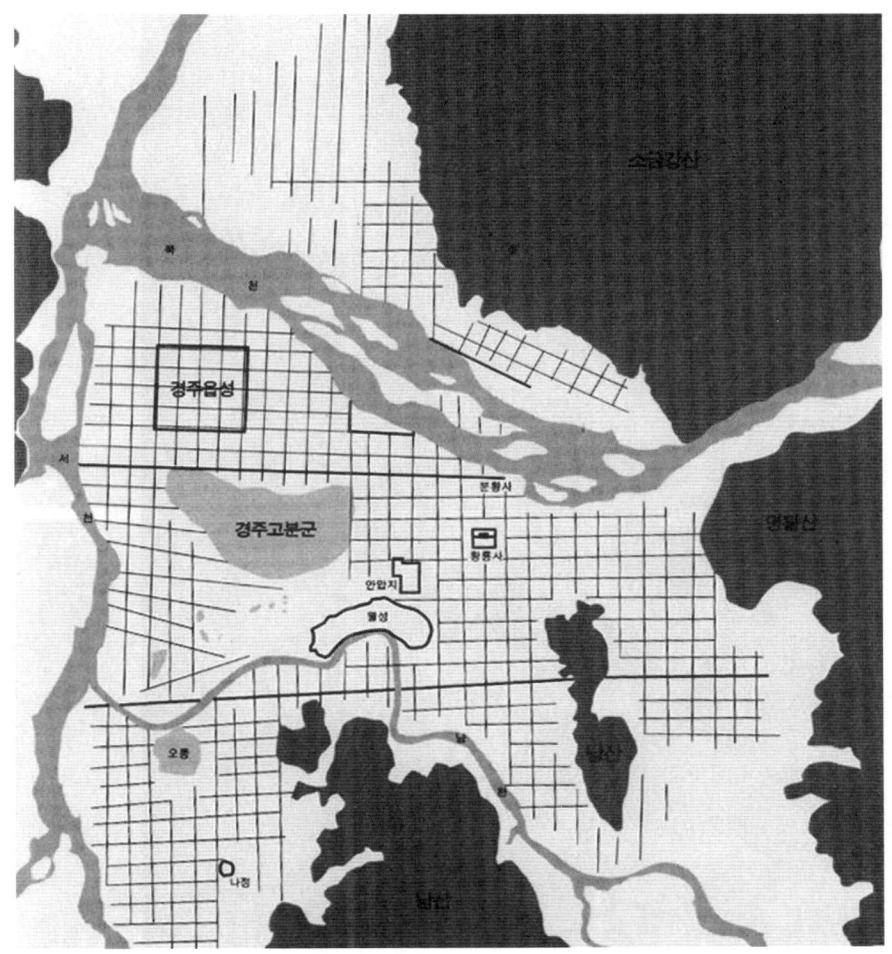

도 7. 왕경 복원도(이은석 2004)

이와 같은 난제의 효율적 해결은 발굴현장조사 시 다양한 학술적 의견 소통과 함께 공통의 주제로 토론해 가면서 해결의 실마리를 풀어나가는 것이 우선의 과제로 생각된다. 특히 제사와 관련된 시설의 위치와 도성의 구조에 따른 배치, 즉 고대 도성의 조영에 중심의 개념과 그에 따른 종묘·사직의 배치, 기사에 나타나는 나을신궁의 위치 고찰 등 도성의 구조와 건물 배치에 대한 문제부터 풀어나가야 할 것이다.[12]

아울러 왕경 도시구조는 아직도 해답을 내리기 어려운 난제 중의 하나로 기본 도성 체계, 즉 당시의 계획을 어떻게 파악해야 할지 쉽지 않은 부분이다. 택지와 도로가 각각 동일 분할의 기준으로 적용될지, 적용된다면 발굴된 유적과 해석이 얼마나 근사치로 맞춰질지는 아직도 증명이 쉽지 않다. 지금까지 발굴된 유적을 중심으로 고고학적 해석에서는 황인호가 제시한 등간격 분할에 비중을 두면서도, 최근 발굴 결과를 보면 동서도로 보다 남북도로가 넓게 확인되는

표 3. 남북·동서도로 너비 비교

도로위치	남북도로(m)	도로위치	동서도로(m)
황룡사지 동편	12.5m	황룡사지 동남편	15.5m
황룡사지 동남편	5.5m	황룡사지 동남편	7.5m
선덕여고(556번지)	16m	선덕여고(556번지)	8.2m(부분확인)
경주박물관	23m	경주박물관	16m
전랑지 동편	13.4m(부분)		
서부동 19번지	13m	서부동 19번지	4m
북문로	7m	북문로	3.5m
동천동 7B/L	6.5m	동천동 7B/L	6.5m
동천동 696-2	15m(최대)	동천동 696-2	10m(최대)

---

12) 신라의 종묘·사직의 배치는 황룡사 조영과 맞물려 왕조의례의 중심 축선은 황룡사를 기준으로 하고, 종묘와 사직단의 배치는 낭산과 현 국립경주박물관 부지로 설정, 2개의 우물에서 출토된 유물과 동물유체는 사직단의 제사와 관련있는 것으로 판단하였다.
이은석, 2011, 「상주 복룡동 유적과 경주 왕경」, 『고대 도시 상주와 복룡동 유적』, (재)영남문화재연구원 제24회 조사연구회 발표자료집.

경우가 보이고 있다. 이는 齊藤忠이 제시한 坊의 동서가 남북보다 길다는 차이점이 아니라, 남북도로의 폭이 동서도로에 비해 더욱 넓었을 가능성도 제시할 수 있다는 여지를 둘 수 있는 것이다.

위 조사내용을 보면 가장 먼저 조성된 황룡사 주변지역은 방에 딸린 소로(5.5m)를 제외하고는 남북도로의 폭이 12.5m~23m에 이르나, 동서도로는 16m가 가장 넓다. 그리고 북문로나 동천동 지역도 남북도로의 폭이 동서도로에 비해 넓은 구조로 볼 수 있는 여건이 있다는 점이다. 물론, 보다 많은 도로유구가 발굴되어 비교 자료가 충분해진다면 더할 나위가 없지만, 전반적으로 남북도로가 넓게 조성되었다는 점이 일부 인식되고 있어 해결해야 할 과제 중의 하나로 검토해 볼 필요가 있다고 사료된다.

Ⅳ. 맺음말

이상에서 일제강점기부터 최근까지의 연구 성과를 검토하고 그에 따른 과제를 제시해 보았다. 신라 왕경의 도시유적은 6세기대부터 축조되어 약 200년간 지속적으로 확대·발전하게 된다. 현재 경주 시내에서 지속적으로 발굴이 이루어지지만 전공자들의 증가는 매우 미미한 수준이다. 국내 고대도성 고고학 연구자의 전체 현황도 마찬가지로 매우 부족한 현실이며, 젊은 고고학도가 도성 발굴과 연구를 진행하면서도 시기의 불명확성 혹은 자료의 미집적화로 인해 보다 발전된 연구를 이어서 잘 진행하지 못하고 있는 것이 현실이다. 따라서 이를 극복하고 좋은 연구 성과를 내기 위해서는 선학들의 질정도 필요하거니와 학제간 연구의 활성화를 통해 보다 충실을 기할 필요가 있다고 사료된다.

참고문헌

藤田元春, 1929, 「都城考」, 『尺度綜考』, pp. 491~496. 藤田元春(1929).

藤島亥治郎, 1930, 「新羅王京復原論」, 『朝鮮建築史論』.

米田美代治, 1944, 『朝鮮上代建築の研究』, 秋田屋.

田中俊明·東潮, 1988, 『韓國の古代遺蹟』, 新羅篇(慶州).

閔德植, 1986, 「新羅 王京의 都市設計와 運營에 관한 考察」, 『白山學報』33.

_____, 1989, 「新羅 王京의 都市計劃에 관한 試考」(上·下), 『史叢』35·36.

金秉模, 1984, 「都市計劃」, 『歷史都市 慶州』, pp.131~134.

尹武炳·金正基, 1972, 「歷史都市 慶州의 保存에 대한 調査」, 『文化財의 科學的 保存에 대한 硏究 I』.

尹武炳, 1987, 「新羅王京의 坊制」, 『두계 이병도박사 구순기념 한국사논총』.

張順鏞, 1976, 『新羅王京의 都市計劃에 關한 硏究』, 서울대학교환경대학원 석사학위논문, pp. 59~79.

賀業鉅(尹正淑 譯), 1995, 『중국 도성제도의 이론』, 以會文化社.

禹成勳, 1996, 『新羅王京 慶州의 都市計劃에 關한 硏究』, 成均館大學校 碩士論文.

우성훈·이상해, 1997, 「신라 왕경 경주의 토지 분할 척도에 대한 고찰」, 『건축역사연구』, 제6권 11호.

李相俊, 1997, 「慶州 月城의 變遷過程 硏究」, 嶺南大學校 大學院 碩士學位論文.

金鎬詳, 1997, 「新羅 王京의 宮城址 硏究 -金城을 中心으로-」, 大邱曉星가톨릭大學校 大學院 碩士學位請求論文.

朴方龍, 1997, 『新羅 都城 硏究』, 東亞大學校 博士學位論文.

朴方龍, 2001, 「皇龍寺와 新羅王京의 造成」, 『皇龍寺의 綜合的 考察』, 新羅文化

祭學術論文集 第22輯, 東國大 新羅文化研究所.

이강승, 2000,「백제시대의 자에 대한 연구」,『한국고고학보』43.

朴漢濟, 2000,「五胡 赫連夏國의 都城 統萬城의 選址와 그 構造 -胡族國家의 都城經營方式-」,『東洋史學研究』, 東洋史學會.

申衡錫, 2000,「新羅 慈悲王代 坊里名의 設定과 그 意味」,『慶北史學』23.

이우태, 2002,「고대 도량형제의 발달」,『강좌 한국고대사』6, 가락국사적개발연구원.

申昌秀, 2002,「興輪寺의 發掘成果 檢討」,『新羅文化』20, 東國大學校 新羅文化研究所.

李起鳳, 2002,『新羅 王京의 範圍와 區域에 대한 地理的 研究』, 서울大學校 地理學科 博士學位論文.

李起鳳, 2003,「新羅 王京의 空間的 規模와 內部 體系에 대한 一考察」,『新羅王京調査의 成果와 意義』, 文化財研究 國際學術大會 發表論文 第12輯.

여호규, 2003,「新羅 都城의 儀禮空間과 王京制의 성립과정」, 新羅王京調査의 成果와 課題, 國立文化財研究所·國立慶州文化財研究所 國際學術大會 發表論文 第12輯.

李恩碩, 2003,「新羅王京の都市計劃」,『東アジアの古代都城』, 創立50周年記念 奈良文化財研究所學報 第66冊, 研究論集 XIV.

李恩碩, 2004,「왕경의 성립과 발전」,『통일신라시대고고학』, 제28회 한국고고학전국대회발표집.

李恩碩, 2005,「신라 왕경 발굴의 과제」,『신라사학보』5, 신라사학회.

李恩碩, 2010,「상주 복룡동 유적과 경주 왕경」, 제23회 영남문화재연구원 학술발표회.

유태용, 2005,「漢江流域 出土 高句麗尺의 性格에 대한 研究」, (사)고구려연구회

춘계학술대회 발표문.

張容碩, 2006,「新羅 道路의 構造와 性格」,『嶺南考古學』38, 嶺南考古學會.

黃仁鎬, 2004,「慶州 王京 道路를 통해 본 新羅 都市計劃 硏究」, 東亞大學校 碩士學位論文.

黃仁鎬, 2006,「新羅 王京의 變遷 -道路를 통해 본 都市計劃-」,『東アジアの古代文化』126号, 古代社會硏究所, 東京: 大和書房.

黃仁鎬, 2007,「新羅 王京의 造營計劃에 대한 一考察」,『韓日文化財論集Ⅰ』, 국립문화재연구소 · 일본나라문화재연구소.

黃仁鎬, 2009,「신라 王京의 計劃都市化 과정 연구」,『新羅史學報』17, 新羅史學會.

黃仁鎬, 2010,「新羅 王京 整備의 基準線과 尺度」,『韓日文化財論集Ⅱ』, 국립문화재연구소 · 일본나라문화재연구소.

梁正錫, 2008,「新羅 王京과 日本 藤原京」,『新羅文化祭學術論文集』第29輯. 신라문화선양회.

梁正錫 외, 2010,「황룡사 주변의 방리체계와 신라왕경」,『황룡사 복원 기반 연구』황룡사연구총서 6, 국립문화재연구소 · 경주시.

梁正錫 외, 2010,「신라왕경의 연구사적 검토」,『황룡사 복원연구포럼』국립문화재연구소 · 경주시.

윤상덕, 2009,「興輪寺 추정 건물지 및 銘文기와」,『박물관신문』454(2009년 6월1일자).

이현태, 2010,「新羅 中古期 里坊制의 受容과 王京의 中心軸線」,『先史와 古代』32, 韓國古代學會.

전덕재, 2005,「新羅 坊里制의 施行과 그 性格」,『신라문화제학술논문집』26.

전덕재, 2007,「新羅의 王京과 王宮」,『경주 월성의 어제와 오늘, 그리고 미래』, 국립경주문화재연구소 학술심포지엄 발표요지.

전덕재, 2009, 『신라 왕경의 역사』, 새문사.

井上秀雄, 1978, 『古代朝鮮史序說, 王者と宗敎』. 寧樂社.

木村 誠, 1983, 「統一新羅の王畿について」, 『東洋史研究』 42.

井上和人, 1984, 「古代都城制地割再考 -藤原京・平城京を中心として-」, 『研究論集 Ⅶ』, 奈良國立文化財硏究所學報 第41冊.

山中 章, 1997, 『日本古代都城の硏究』, 柏書房.

小澤 毅, 1995, 「條坊の復元」, 『平城京左京三條一坊十四坪發掘調査報告』, 奈良國立文化財硏究所.

小澤 毅, 2003, 『日本古代宮都構造の硏究』, 東京: 靑木書店.

小澤 毅, 2010, 「7世紀の日本都城と百濟 新羅王京」, 『韓日文化財論集Ⅱ』, 국립문화재연구소・일본나라문화재연구소.

妹尾達彦, 2001, 『長安の都市計劃』, 講談社.

山田隆文, 2003, 「新羅金京復元試論」, 『古代學硏究』 159.

山田隆文, 2009, 「新羅の九州五小京の構造と實態について -統一新羅による計劃都市の復元硏究-」, 『考古學論攷』, 彊原考古學硏究所紀要 제31책.

종합토론문

정인성 영남대학교

일본이 본격적으로 대륙 진출을 꾀하던 20세기 초부터 일제강점기 전 기간을 통해서 한반도에서 이루어진 근대학문으로서의 고고학적 활동은 일본인들이 독점하였음은 선행연구를 통해서 널리 알려졌으며, 이번 학술대회를 통해서 그 내용이 더욱 선명해진 듯하다.

또한 당시의 고적조사와 연구가 식민지의 효율적인 지배를 위한 역사 만들기에 대단히 적극적이었던 사실과, 조사과정에서 드러난 정보가 일본인들의 골동 수집욕을 더욱 자극하여 한반도 내 유적의 대규모 훼손으로 이어진 사실에 대해서도 많은 비판이 있었다.

그러나 지금까지의 선행연구는 이상의 내용에 치우친 연구가 많았으나 정작 그 내용을 꼼꼼히 들여다보고 이를 한국고고학의 시선으로 재검토, 재평가하는 작업이 충분하지 못했던 것이 사실이다. 그런데 이번 학술대회에서 그간의 선행연구에서 노정된 한계가 적어도 영남지역에서는 극복되고 있으며 주제별 앞으로의 연구방향도 선명해진 듯하다.

발표자들의 개별 주제 발표를 통해서 많은 새로운 사실을 알았으나 논의의 심화를 위하여 몇 가지 질문을 하고자 한다.

우선 함순섭 선생님이 발표한 「日帝强占期 鳥居龍藏의 慶州月城 및 大邱達城 調査에 대하여」에 대한 질문이다. 도리이 류조의 조사내용과 관련 자료의 이해에는 이론이 없으나 도리이가 他律性論과 停滯論에 근거한 주류학자들의 인식을 반박하였다고 하는 부분과 그 해석에는 異論이 있다. 그가 경주월성과 대구 달성의 문화층에서 확인되는 내용이 漢文化의 일반적인 영향이 아니라 아시아 북방과의 교류를 통한 內的成長의 결과가 반영된 것이라 주장한 것이, 최근의 한반도 중남부 지역에서 확인되는 물질문화의 변화를 한사군의 설치가 아니라 그 이전의 고조선 단계에서 시작되었다는 논의와 통한다고 하였으나, 이는 지나친 비약이다. 도리이가 漢文化와는 다른 영향에 의한 내적성장을 주장한 것은 일선동조론의 입장에서 일본역사를 내적성장론의 차원에서 말한 것이지, 조선을 주체로 여긴 주장이 아니라고 보기 때문이다.

주류학계와의 대립도 역사관의 차이에 의한 것이 아니라 조사경험의 차이에 기인한 단순한 부분에서 출발하였다. 즉 청일전쟁 이후 요동과 집안에서 중국적 전실묘와 고구려 적석총의 차이를 이미 체득한 도리이 류조와, 1909년이 되어서야 평양에서 처음 전실묘를 관찰한 세키노 다다시, 이마니시 류 등의 이해는 다를 수 밖에 없었던 것이다. 이것이 주류사학자들의 주장을 비판하는 형국이 되면서 동문이 없었던 그가 학계에서 고립된 처지가 되었으나, 그러한 콤플렉스를 극복하기 위하여 오히려 제국주의 군대의 砲煙을 가장 가까이서 맡으면서 현지조사를 감행했던 이가 도리이 류조였지 않았던가?

다음은 김대환 선생님의 발표에 대한 질문이다.

경주지역의 신라유적 발굴에서 금관총의 발견과 정리는 대단히 특별한 의미를 가지는데, 이 부분에 대한 설명이 약간 소략하다. 신공황후 신라정벌설과 관련하여 초창기의 관학자들이 가장 중요하게 생각하였던 공간의 하나가 경주이며, 초창기의 세키노나 야쓰이, 이마니시 등이 경주고분에 대한 발굴을 시도했던 것은 그러한 사실과 관련이 있다.

그러나 적석목곽분이었던 황남리 고분, 황남리 남총, 검총 등의 발굴이 모두 실패로 끝나고, 반면 매장주체부가 쉽게 드러나는 석실분에서는 그들이 기대하던 만큼의 성과를 얻지 못하였다. 1910년대의 경주지역 고분에 대한 발굴이 많지 않았던 이유는 그러한 사정을 반영한다.

그러나 우연히 드러난 금관총의 매장주체부에서 화려한 유물이 출토되면서 세간의 주목을 모았을 뿐 아니라, 출토된 곡옥과 비단벌레로 장식한 금구 등은 '신공황후 신라정벌설'와 관련된 고고자료에 목말랐던 관학자들의 소원을 한 번에 풀어주는 결과가 되었다. 당시 곡옥은 일본의 고분에서만 출토되는 유물로 이해되었고, 비단벌레 역시 호류지의 玉蟲廚子에서 익숙한 것이었기에 양자의 관련성이 크게 주목되었다. 연구자를 일본에 급파하여 금관총의 비단벌레와 옥충주자의 그것을 비교연구하게 한 것은 그러한 맥락에서 이해된다.

경주를 일본의 잃어버린 고토요 성지라 표현하면서(이교도(조선인)에게서) 회복해야 하는 예루살렘과 같은 존재라고 생각하던 이마니시 류의 인식은 이미 학계에 소개되었다. 뿐만아니라 우메하라 스에지를 앞세워 금관총 유물을 정리하여 보고서 작성을 총괄한 교토대학의 하마다 고사쿠의 隨想錄인『百濟觀音』東洋文庫 149, 平凡社(1969)에는 아래와 같은 내용이 있는데 이를 보면 당시 관학자들이 금관총을 어떻게 이해하였는지가 분명해진다.

朝鮮慶州의 大發見(pp71-80)
근년 考古學에서 가장 큰 발견으로 세계의 이목을 모은 것은 이집트의 투탄카멘 왕릉의 寶器이지만 東亞에서 최근 3-4년 사이에 가장 주목되는 것은 경주에서 고분의 발굴일 것이다. 원래 그 연대와 부장품을 파라오에 비길 바는 못되지만 고대 일본과 가장 밀접한 관계가 있는 新羅文化가 금빛 찬란한 빛을 발하면서, 게다가 그 황량한 鷄林의 땅에서 우리 눈앞에 나타날 줄이야 그 누가 상상을 했겠느냐?

신공황후가 西征하여 구주에 왕림하였을 때 신탁이 있어 그 나라는 황금의 나라인데 바로 신라이다. 라는 말을 듣고 신라를 정벌하여 신라왕 파사를 인질로 잡고 금은 채색 능라비단을 80척의 배에 싣고서 돌아왔다는 史傳이 있지만 이것이 사실인지 아닌지의 문제를 떠나서, 당시 신라가 이 고기의 문자대로 금은의 나라이고 재보가 풍부한 나라인 것은 지금에 그야말로 사실임이 드러났다. 이는 미케네가 황금이 풍부한 도시로 호머의 시에 등장하여 노래되는 것을 쉴리만이 발굴을 통해서 거짓이 아니라는 것을 밝힌 것과 같은 것이다. 오래된 전설을 파괴하는 한편(전설이 단순히 전설이 아니라 사실이라는 것을 밝혀냄), 이것을 살려가는 것이 고고학의 사명이다.

실증을 바탕한 고고학을 주창하며 일본에 근대학문으로서의 고고학을 소개하고 확립시킨 장본인이 1921년 금관총 발견의 감상을 이렇게 표현했을 진데, 경주라는 공간에서 활약했던 일본인 향토사가들이나 수집가들이 그들의 조사 및 유물 수집행위에 무한한 정당성을 스스로 부여했음은 그리 이상한 일도 아니다. 즉 오사카 긴타로, 모로가 히데오 등 경주에서 활약했던 인물들에게 경주라는 공간은 신공황후에게 정복당하고 지배된 신라, 즉 일본이었던 것이다. 불국사와 석굴암의 복원에 전력을 다한 것도 그러한 이유로 설명된다.

일개 서생이었던 모로가 히데오가 총독과 직접 통하는 지역의 문화권력자로 군림하게 되고, 금관총 이래의 당시 조사된 거의 모든 신라유적의 발굴을 주선하거나 혹은 관여할 수 있었던 것은, 총독부권력 뿐만 아니라 일본 지식인들이 광범하게 신공황후 신라정벌설을 믿고 있었기 때문이다.

금관총 발굴을 계기로 관학자들과 지역 인사들의 관심은 적석목곽묘로 집중되었으며, 나아가 일본인사회와 총독부 권력, 그리고 관학자 그룹이 서로 강하게 유착하여 고적조사를 추진하는 분위기가 형성되었다. 신라고분에서 출토된 금은제 장신구와 옥류는 신공황후와의 관련성으로 스토리텔링되어 거대 자본을 축척한 기업가들이 선호하는 수집품의 하나가 되었다. 결국 경주박물관장의 신분으로 스스로 만든 도굴 수요를 바탕으로 도굴을 사주하고 문화재를 장물취급한 모로가 히데오는 검찰에 체포되기도 하였다. 금관총이 유명세를 타면서 식민지 여행의 주요 관광지로 경주가 더욱 각광받았으며 그 과정에서 발생하는 유무형의 이익도 경주의 일본인 사회가 나누어 가졌다.

  토론자는 금관총 발굴이 가지는 의의를 이상과 같이 이해하는데 발표자는 최근 교토대학 고고학연구실에서 실시한 금관총에서 출토되어 반출된 유물을 소개하고 보고서 번역작업에도 참여한 것으로 알고 있다. 관련하여 이러한 작업에 참가하였던 교토대학 고고학연구실에서는 금관총 발견과 보고서 간행을 어떻게 평가하는지 그 분위기를 듣고 싶다. 한편으로는 현재 교토대학에 보관된 금관총 출토유물의 내용과 반출배경에 대해서도 설명을 부탁드린다.

  마지막으로 발표자 전원에게 묻고 싶은 질문이다.
  지난주에 토론자는 일본의 한 중견 연구자로부터 이런 질문을 받았다.
  '일제강점기에 일본인 연구자들에 의해 진행된 고고학적 활동을 한국고고학의 범주에 넣어서 평가할 수 있습니까?'라는. 이 질문에는 결국 일본인들이 조사의 주체였지만 한국의 고고자료를 다루었고, 어찌되었거나 해방 후에 성립된 한국고고학에 영향을 끼쳤기 때문에 한국고고학이라 볼 수도 있지 않느냐 라는 의도가 묻어있는 것으로 읽혔다. 이 질문에 대하여 토론자는 평소부터 고민을 했던 터라 망설임 없이 한국고고학이 아니라, 제국주의의 식민지고고학으로 취급해야 한다고 대답하였다. 비록 한반도의 유적을 다루었지만 조사와 연구의 주체가 한국인이 아니었고 그 목적 역시 한국과 한국인의 역사를 재구성하기 위한 것이 아니라는 점을 중요시하기 때문이다. 고고자료는 객관적이지 않으며 여기에 말을 시키는 것은 고고학자라는 고고학의 기본에 충실하다면 조사연구의 주체가 갖는 무게는 형언하기 힘들기 때문이다. 위에서 언급한 이마니시나 하마다의 언설과, 고적조사의 방향을 지남한 구로이타 가쓰미의 역사관이 대표적인 사례이다. 또한 당시의 고고학적 활동에서 얻어진 정보를 소비하는 주체에서 한국인이 철저하게 소외되어 있었다는 점도 간과해서는 안 된다.

토론자는 강점기의 고고학이 한국고고학, 혹은 그 前史가 되려면 그 내용에 대한 한국고고학계의 필터링이 반드시 전제되어야 한다고 믿는다. 속지주의적 관점에서 한국고고학사의 범주에 넣을 수 있다는 김수환 선생님의 평가, 혹은 한국고고학의 前史로 표현한 이기성 선생님을 포함한 발표자 여러분들의 의견을 듣고 싶다.